극락의 불나비
(증보판)

극락의 불나비

빛 가운데 걸어가리라

김 성 화 지음

성광문화사

책을 내면서

 오늘날 많은 자유민주주의 국가의 헌법에 보면 언론·출판·집회·종교의 자유가 보장되어 있다. 정치체제에 따라 인간의 기본권인 자유가 다소 제한받고 있는 나라도 있을 것이다. 그러나 종교 즉, 신앙의 자유는 어느 누구도 방해나 제한을 가할 수 없다고 생각한다. 또한 결코 제한되어도 안될 것이다. 본인은 불교 승려로서 오랫동안 수행과 정진을 하다가 어떤 기회에 밝은 빛 예수 그리스도의 참 생명의 도(道)를 깨닫고 기독교로 개종하였다. 그리고 지난 84년 11월 25일 본인이 출석하고 있는 부산 북교회에서 총동원 전도주일날 "극락이냐? 천국이냐?"의 간증 집회를 가질 예정이었다.
 평소에 불교의 극락교리와 기독교로 개종하면서 찾은 구원의 천국 교리를 비교, 비판 설명하려 하였다. 이것을 불교 몇몇 종교단체에서 불교에 대한 정면 도전으로 졸속 판단하고 부산지구의 불교신도들 2만명을 동원해서 부산 북교회를 포위하고 시위를 하겠다는 등, 또한 "불교비방정화 비상대책위원회"를 부산의 모 호텔에서 조직하는 등등 갖은 협박 전화를 교회나 목사님 사택에 걸었다고 한다. 이성(理性)을 잃은 무지막지한 행동이 아닐 수 없다.
 그날 총동원 전도주일이고 새 신자가 많이 오기 때문에 잘잘못은 고사하고 교회에서 소란이 있으면 모처럼 그리스도의 복음을 찾아 나오는 새 신자들의 신앙에 지장을 줄까 염려되어 간증집회를 보류하였다. 그래도 못 믿었는지 11월 25일 불교계의 승려들과 청년들 수십 명이 교회 안과 밖에서 서성거리며 본 필자의 행동을 감시하려 하였다. 경찰당국에서 본 필자의 생명과 모든 신변의 위험으로부터 잘 보호해 주신데 대해서 감사드리고 싶다. 하나님께서도 마음이 완악한 불교도 수십 명이 교회에서 목사님 설교를 듣고 무사히 예배를 드리게 하셨으며 그들에게도 복음전파의 기회를 마련해 주신 것을 한없이 감사드린다. 비방과 비판은 엄연히 구별되어야 할 줄 안다. 사람이므로 결점과 불합리한 요소들은 어느 누구나 가지고 있다. 불교의 승려들 뿐만 아니라 기독교 목사님, 카톨릭의 신부들도 이 범주를 벗어나지 못하고 있다고 생각한다. 상대방의 약점을 잡아서 야비하게 인신공격이나 하고 비방을 하는 것은 필자로서는 결코 용납할 수 없는 일이다. 필자는 다만 교리적으로 비판하자는 것이다. 불교의 처음 사미승으로 입산(入山)하게 되면 배우는 교재인 "초발심 자경문"에 보면 기독교의 창조원리나 구원관을 비판하고 있는 줄 알고 있다. 사람은 누구나 자유, 즉 천부로부터 받은 기본권이 있다. 불교를 믿다가 기독교로 개종하고 말고는 인간의 기본적 권리에 달려있다. 필자가 내 나름대로의 소신을 좀 밝히려는데 무엇때문에 그렇게 이성을 잃고 과잉반응을 보이는가? 불교 승려들에게 당부하는 것은 서로 이성을 가지고, 서면 논쟁을 하든지 어떠한 공개된 장소에서 사전에 어떠한 주제를 가지고 충분히 연구해서 공개토론을 하자는 것도 제의하는 바이다.

극락은 허황된 전설, 설화같은 것이고, 천국은 확실한 역사적인 증명 사실이다. 우의 여러가지 제약으로 직접 간증을 못하고 이 책을 펴 내니 읽어 보시고 이웃에서 사망을 향해 달려가는 불쌍한 영혼을 한 사람이라도 구원하는데 도움이 되었으면 한다. 그리스도의 참 삶의 진리로 도움이 되었으면 하는 심정으로 이 책을 썼다. 살아계시는 하나님의 역사가 일어나기를 기도하면서 이 책을 기독교와 불교에 관심을 가지고 계시는 이 땅의 모든 사람들에게 드린다.

필자가 개종하고 성경을 보면서 머리에 떠오르는 글을 여기 적어본다. "狂奔尋多門 不覺生死門 此冊大道門 後日誰我愚 : 미친

듯이 분주하게 여러 문을 찾아다녔네. 생사의 문을 깨닫지 못했는데 이 책이 큰 도의 문인 것을 후일에 어느 누가 나를 보고 어리석다 하리오."

「주간종교」의 12월 5일자 전면기사로써 본인을 비방하지만 필자는 정토종에서 종단 내분으로 인해 교도소에서 징역을 살았고 그 판결문과 진정서, 정토종의 내막을 할 수 없이 공개하고자 한다. 본인은 비방을 하지 않으려 하였으나 독자 여러분께 공개함으로써 승려와 무당을 구별하는 현명한 판단을 바라며, 종교를 빙자한 가증한 사회악을 저지르기 때문에 이 글을 쓴다. 그렇게 함으로 다시는 어리석은 무당에게 속지말자는 것이다. 양심있는 불교 승려와 신자들도 본인의 의견에 동조하리라 생각된다. 이 글을 읽고도 본 필자를 비방한다면 그것은 순수불교의 승려와 신자가 아니고 오탁악세에 날뛰는 무당화행의 부류라고 단정한다.

내 자신이 이 글을 쓰면서 구역질이 나올 정도로 추한 감정을 느꼈다. 그러나 정녕 국민들에게 알려야겠기에 망설이지 않고 이 글을 썼다. 참 진리를 찾아서 마음의 평안과 영혼의 구원을 얻기를 바라면서 나는 생명의 위험을 받는 가시밭길을 택하련다. 참 진리의 길이 있기에, 하나님께서 생명을 주시는 한 바울 사도의 뒤를 따라가련다.

먼저 믿는 성도 여러분! 우리 주변에 죽어가는 영혼을 위해서 기도하며 우리 다같이 복음전도에 힘쓰자. 필자는 불교의 포교승(布敎僧)으로서 지금 생각하니 적어도 50만명은 지옥으로 안내하였다고 생각한다. 하나님 앞에 적어도 4배로 갚기 위해서는 2백만명을 회개시켜서 하나님 앞으로 그 영혼들을 돌아오게 하려는 소명감에서 이 글을 썼다. 독자 여러분들도 이 책을 읽고 전도에 힘쓰기를 간절히 바란다. 지금도 부산 북교회 목사님 이하 전 성도님들께서는 이 죄인의 괴수를 위해 기도해 주시고 있다.

이 글을 읽는 불교신자 여러분, 양심적이고 현명한 판단으로써 살아계시는 하나님 앞으로 돌아오라. 참 삶의 진리가 여기 있다.

진정한 불교의 허무한 것을 알고 싶거든 본인의 저서 「나는 이렇게 예수를 믿게 되었다」를 읽기를 권한다.

1985. 3.
저자 김 성 화

개종후 감격의 학습을 받고나서 성경찬송을 선물받고 있는 모습.
그는 성도들의 진실된 사랑에 감격스런 눈물을 흘리기도 하였다.

차 례

● 책을 내면서 / 4

제1부 금호강의 저녁노을 …………………………………… 11
  1. 어린 시절 / 13
  2. 은해사의 사미승 / 16

제2부 학창시절 ……………………………………………… 23
  1. 대구에서 야간학교 공부 / 25
  2. 대학진학, 군생활 / 28

제3부 불교정토종이란 이렇다 ……………………………… 29
  1. 정토종 승려들의 실상 / 31
  2. 80년 불광동 수련법회의 추태 / 36
  3. 정토종의 수계식과 일본에 호스테스 수출 / 40
  4. 82 전국 승려 및 신도회장 수련법회 / 42
  5. 가칭 대한불교정토대학 설립 / 44
  6. 승려의 타락상 / 47
  7. 이병철〔가명〕과 승려들의 배신 / 60
  8. 억울한 옥살이 / 64

제4부 기독교세력 말살음모 ………………………………… 81
  1. 불무도란 무엇인가 / 83
  2. 청송 감호소 / 85
  3. 가전식당, 정치활동 낙제생들 / 86
  4. 위장된 저명인사 포섭을 / 88
  5. 대한불교정토대학 운영 목적은 / 89

6. 서울을 위시한 전국도시를 소용돌이에
      휘몰아 넣으려 하였다 / 90
   7. 정부 당국으로부터 관대한 용서를 받다 / 91

제5부 고도소생활 복음을 받고 개종 ················· 97
   1. 어느 목사님의 기도 / 99
   2. 개종에 있어서의 갈등 / 100
   3. 극락은 설화다 / 105
   4. 천국에 대하여 / 107
   5. 염불의 심리학적 분석 / 108
   6. 결단촉구 / 110

제6부 한국불교의 현주소 ····························· 115
   I. 석가모니의 약전 / 117
   II. 한국불교의 현실과 앞으로의 전망 / 131
   III. 개종으로 찾은 진리 / 134
   IV. 부적의 실체는 무엇인가 / 139

제7부 간지스강에서 요단강까지 ······················ 147
   ● 미륵과 메시아 / 149
   ● 약초비유와 일반은총 / 152
   ● 말세에 나타나는 현상 / 154
   ● 진리와 생명 / 156
   ● 돌들이 외치는 소리 / 158
   ● 죽음에 대한 가치관 / 161
   ● 자자와 회개 / 163
   ● 길과 생명 / 165
   ● 마지막 남긴 교훈 / 168
   ● 고(苦)와 은혜 / 170
   ● 보살행과 그리스도인 / 173
   ● 사랑에 대해서① / 175

- 사랑에 대해서② / 177
- 백성의 참상을 보며 / 179
- 죄의 본성? / 182
- 불교와 기독교에서「참다운 친구」란 / 185
- 해탈과 구원 / 188
- 出家와 所有 / 191
- 자유의지에 대해 / 193
- 마음의 두얼굴 / 195
- 경건에 대한 교훈 / 197
- 독사의 비유 / 200
- 몸과 귀신 / 203
- 사랑과 도취 / 205
- 마음의 형태 / 207
- 돈오(頓悟)와 중생(重生) / 210
- 동전의 불상에 대하여 / 213
- 無常과 常 / 216
- 범아일여와 인격신 / 219
- 신심의 체험 / 222
- 샤론의 꽃과 우담발화 / 224
- 시간과 영원 / 226
- 극락과 천국(1) / 229
- 극락과 천국(2) / 232
- 통치자의 욕심 / 235
- 나라를 다스리는 교훈 / 238
- 여인과 우물 / 241
- 충신의 힘 / 244
- 불국토와 하나님나라 / 247
- 한 중생과 한 영혼 / 250
- 돈과 지조 / 253

제 1 부
금호강의 저녁노을

제 1 부
금호강의 저녁노을

1. 어린 시절

   대구에서 영천쪽으로 20km정도 가면 하양읍(河陽邑)에 닿는다. 지금은 공해에 시달리는 중소도시로서 볼 품이 없지만 내가 유아기를 보낼 때만 하여도 지명 그대로 옛날에는 산자수려하고 특별히 물이 좋다하여 하양(河陽)이라는 유래가 있는 곳이다. 뒤로는 병풍처럼 펼쳐 우뚝 서있는 무학산(舞鶴山), 앞으로는 늘 파아란 물줄기를 넘실거리며 낙동강(洛東江)으로 흘러가는 금호강(琴湖江)이 있다. 거문고 가락에 맞춰 춤추듯이 와촌(瓦村)들을 기름지게 젖을 주면서 흘러가는 금호강, 깊은 곳이 많지않고 얕은 여울목이 많아 한여름 개구장이들이 물놀이로써 동심을 키우는 엄마의 가슴같은 포근한 강(江)이다.

   내가 살던 마을은 금락동(琴樂洞)이다. 거문고 금자, 즐길 락자이니 옛부터 풍류와 멋이 깃든 마을이었다. 읍(邑)으로서 원(員)이 계셨고 향교(鄕敎)께는 양천(陽川) 허씨(許氏)들이 한 달에 두어번씩 제사(祭祀 : 선현들에 대한 추모)를 지낼 때 나같은 어린애들도 떡을 얻어먹던 기억이 있다. 기차 철뚝 건너 금호강변의 기름진 땅에는 일본 사람들의 사과밭이 많았다.

   하양에는 일본 사람이 상당 수 살았기 때문에 동부 국민학교는 일본 아이들만의 별도 학교가 있었다. 상당히 많은 일본 군인들이 주둔하여 말을 타고 훈련하는 광경도 재미있는 구경 중 하나였다. 봄이 오면 장군산에 진달래 꽃을 꺾으러 가고 철길따라 이어진 능금밭에 하얀 능금꽃이 피면 마을 처녀들이 사과밭에서 노래를 불러가며 일하던 모습이 지금도 눈을 감으면 그때의 낭만이 떠오른다. 여름철 강에서 물놀이 하다가 배가 고프면 아무 사과밭에나 가서 "능금 좀 주이소"하면 낙과(落果 : 바람에 떨어진 사과)나 약간 상한 것을 소쿠리에 내어 놓고 먹고 싶은대로 먹고 가지고 가도 돈을 내라고 하지 않는 인심이 좋은 시골이었다. 지금 같으면 그런 사과도 돈을 받고 팔지만 그때는 팔지 않고 남으면 소나 돼지도 먹이던 때이다. 인심좋고 물좋던 곳이라 해방 후 극성스럽게 유행했던 콜레라에 다른 지방에서는 사람이 많이 죽어갔지만 하양에서는 한 사람도 콜레라에 걸렸거나 죽어간 사람이 없다고 한다.

 우리집은 아리랑고개 마루턱의 높은 곳에 위치하고 있었다. 아버지와 어머니, 형님, 동생, 나, 이렇게 단출하였는데 아들만 삼형제였고 여자형제는 하나도 없었다. 아버지는 영천 죽림사(竹林寺) 주지(住持) 스님으로 계셨고, 형님은 영천 은해사에 있는 오산불교학교에 다니고 있었고, 어머니와 나, 동생은 하양의 넓은 집에서 생활하고 있었다. 토지는 상당히 많아서 가을이면 소작인들이 벼를 소달구지에 싣고와서 창고에 넣는 것을 본 기억이 있다. 정확한 양(量)은 나이 어려서 모르겠으나 지금 생각하니 여러 날 계속하는 것으로 보아 상당히 많았던 것 같다. 집도 나중에 팔릴 때 한 사람이 산 것이 아니고 세 사람이 한 채씩 갈라 샀다고 할 정도로 컸다고 한다.

 여름방학이 되면 우리 가족은 아버지가 주지로 계시는 죽림사로 간다. 영천에서 금호강을 건너 한 2km정도 올라가면 천축산(天竺山) 속에 자리잡은, 신라 때부터 내려오는 아담한 고찰(古刹)이다. 나는 어렸을 때 아침 저녁 독경(讀經 : 불경, 염불을 외우는 것), 범종(梵鍾 : 절에서 예불 때 치는 종) 소리를 들으면서 자랐다. 그 범종소리가 내 일생에 피맺힌 가시밭길의 인생행로를 예고해 주는 소리로 들려지는 지는 미처 몰랐다. 아버지의 속명(俗名 :

호적상의 이름)은 천우(天祐), 법명(法名 : 불교에서 스님이 될 때 받는 이름)은 범해(凡海)이시다. 아버님은 은해사에 사미승(沙彌僧 : 불교에 처음 들어와서 10계를 받고 승려가 된 초년생)으로 계실 때 다섯 분이 같은 날 계(戒)를 받고 의형제를 맺으셨는데 해경(海慶), 범해(凡海), 춘해(春海) 스님만이 기억나고, 이외 두 분은 내가 너무 어렸으므로 지금은 안타깝고 아쉽지만 기억할 수가 없다. 항상 말씀이 없고 인자하신 어머니, 은해사에 있는 오산불교학교(이 학교는 후에 지금의 대구 능인중고등학교가 되었음. 부친은 이 학교 설립에 참여하였음)에 재학중인 둘째 형 슬근이, 그리고 무엇이든지 알려고 질문 많이하고 염불을 잘하던 나, 실근(實根 : 어렸을 때 부르던 아명임), 울고 떼를 잘쓰던 동생 태근이 이렇게 많지 않은 식구가 행복하게 살아가고 있었다.

영천 기차역에서 옛날 역 근처 금호강의 얕은 여울목을 건너 좁은 길로 접어들어 일본 사람들이 운영하다가 폐광(廢礦)된 금광을 지나 올라가면 절이 보이는 곳에 울창한 송림(松林)이 있다. 소나무 숲 가지마다 금호강에 앉아있는 백로떼들은 아름다운 선경(仙境)이요, 백로들이 노니는 소리는 자연의 오케스트라 바로 그것이다. 백로떼와 송림을 지나 백팔번뇌를 잊으려고 백팔계단을 한 계단 한 계단씩 부처님께 합장하는 마음으로-서방정토(西方淨土 : 극락세계)가 따로 없고 바로 여기라 생각하며-아미타불을 염(念)하며 올라가면 양편에 도토리나무가 우거진 죽림사 산문(山門)이 나온다. 절 안에 들어서면 5층 석탑과 대웅보전, 극락전, 나한전, 칠성각, 스님들이 거처할 수 있는 승방(僧房)들, 그 중에 백여 명이 한꺼번에 공양(供養 : 절에서 하는 식사) 할 수 있는 판도방(判道房 : 高僧과 僧侶들이 공부하는 큰방)이 있다. 이곳에서 나는 철모르게 탑을 돌며 대웅보전(大雄寶殿)을 왔다갔다하면서 아미타불(阿彌陀佛)을 염(念)하면서 아버지로부터 천자문(千字文)을 배우고 갖은 사랑을 다 받으면서 자랐다. 동근형은 아버지 상좌(上佐 : 행자, 師僧의 대를 이을 사람 중에서 가장 높은 사람)로 계셨고 지금은 경북 경산군 자인면에 있는 제석사(諦釋寺) 주지로

있다. 가을철 동근형의 등에 업혀서 절 주위에 있는 도토리나무에
가서 동근형이 큰 막대기로 나무를 때리면 "우-우, 두-두두-"
떨어지는 도토리를 줍던 일, 여름에는 매미를 잡고, 아침 저녁으로
부처님께 공양(供養 : 예불 때 밥, 음식 등을 차리는 것)을 올리며
아버지를 따라 뜻도 모르면서 염불을 외던 어린 시절. 달밝은 밤
아버지와 스님들 우리가족들은 탑돌이를 하면서 염불을 외우면
나는 아무 뜻도 모르면서 합장하고 뒤를 좇아 돌았다. 지금 생각하니
어린 시절이 바로 부처님의 극락정토(極樂淨土)-동심 즉 불심
(童心卽佛心)이었다. 나이가 불혹(不惑)인 마흔을 지나 갖은 사바
세계의 번뇌와 고해를 항해하면서 깨달으니 제법(諸法)과 제행
(諸行)이 어찌 이리 무상한지? 그간 수도(修道)가 물거품과 같
았다.

금강경어 "何以故一切 有爲法 如夢幻汽影 如露 亦如電 應作
如是觀 : 어떤 까닭이냐 하면? 일체 유위법이 꿈과 환상과 물거
품과 같으며 이슬과 같고 또한 번개같으니 응당 이와같이 보아라."

성불(成佛 : 부처가 되어보겠다는 것)하려고 피나는 수행이 위의
금강경과 같이 되어버렸다. 생을 전환하면서 생각한다. 이 세상에
유위법(有爲法)이 아닌 것이 어디 있으며, 이름만이 무위법(無爲
法)이지 살아있는 사람으로서 무위법의 수행이 가능한 사람이
있을까? 천만에 하나도 없다.〔有爲法 : 나와 타인 즉 주체, 객체가
있어서 셈이 있는 법, 번뇌 속에 거래되는 법, 無爲法 : 나와 타인
즉 주체, 객체가 없고 셈이 없는 법, 번뇌가 없는 가운데 거래되는
법〕.

2. 은해사의 사미승

- 가진 자는 역사의 수레를 타고 못가진 자는 그 수레를 밀고
가는 주인이다 -

(1) 정월 대보름달은 슬픔의 인사인가?

1945년 8월 15일 불볕 태양이 내리쬐는 무덥고 긴 여름, 나는

여덟 살 나이로 죽림사에서 아버지곁에 있었다. 그때 아버지께서는 우리도 독립이 되었다 하시면서 그 이튿날 하양의 집으로 가셨다. 은해사(銀海寺)에서 공부하던 형이 주선하여 우리집 사랑채는 야간 한글강습소가 되어 글을 배워야 한다고 마을의 아저씨, 아주머니, 총각,처녀들이 모여서 "가갸, 거겨" 하면서 글공부하던 모습이 지금도 눈에 선하다. 그해 여름 나는 학질에 걸려서 몹시 앓고 있었다. 마을마다 거리마다 들뜬 기분에 술렁이는 변화가 있었고 일본 갔던 한골 아저씨도 돌아오고 만주 간 칠성이네도 돌아오고 그 많던 일본 사람들은 어디로 갔는지 보이지도 않았다. 가을이 되면서 우리집 넓은 마당으로 소작인들이 소달구지에 싣고오는 벼가마니가 창고에 쌓이기 시작하였고 일본아이들이 다니던 국민학교에 미군 군인들이 주둔하였다. 약삭빠른 위조는 미국사람들로부터 과자를 얻어와서 우리들 보는데 먹으면서 좀 달라고 하니 "이 과자를 먹으면 미국사람같이 머리가 노랗게 된다"하며 혼자 먹는 것이었다. 지금 생각하니 쵸코렛과 드롭프스인 것같다. 그때 일을 돌이켜보니 웃음이 나온다. 겨울이 되면서 비구승(比丘僧), 대처승(帶妻僧)의 한판 싸움의 판가름으로 아버지께서는 차웅준(가명)씨에게 죽림사 주지를 물려주고는 집에서 염불하는 재가승(在家僧)이 되었다. 이때부터 우리집은 어둡고 긴 불행의 여정이 시작되었다.

　1946년 봄 막내동생이 태어났다. 어머니께서는 산후조리가 나빠서 하양에서 대구 동산병원까지 택시를 타고 다니셨고 집의 사랑채에는 의원(한의사)이 끊일 날이 없었다. 막내동생은 세상에 태어나서 엄마젖을 마음대로 먹지 못하고 외할머니께서 암죽과 엿물을 띄여 겨우 자라고 있었다. 가을에 접어들면서 소작인들도 자유(自由)라는 병에 걸려서 소작료를 작년의 절반수준도 되지않게 내었다. 아버지께서는 기울기 시작한 가정을 바로 잡으려고 밤잠을 자지않고 걱정하시는 것을 보았다. 그러던 정월 보름날 우리집에는 의원들이 분주히 왔다갔다하고 여러사람이 움직이는 것을 보고 어린 마음에도 집안에 무슨 일이 일어났다는 것을 느낄 수 있었다. 아버지께서 "실근이는 밖에 나가 놀다오너라" 하시기에 나는 병조,

상철이와 같이 대보름날 달불을 놓으러 장군산에 갔다. 오후늦게 돌아오니 지붕에는 엄마의 흰옷이 올라가 있고 외할머니께서 "실근이는 어데 갔다왔노? 엄마는 먼 곳에 갔다."하는 것이다. 모인 사람이 우니 나도 따라 울었다. 엄마 상여가 나가는 날 동네 아줌마들이 술근(형의 아명)이는 다 컸지만 실근, 태근(동생의 아명), 젖먹이는 어찌 할 것이며 어찌 살겠느냐면서 구슬피 우시는 그때에도 내 운명의 가시밭길이 시작되는 것을 몰랐다. 젖먹이 막내동생은 외할머니의 보살핌도 보람없이 엄마가신 지 두어달만에 죽고 말았다. 저승 염라대왕의 사자는 아직도 우리집에서 몇사람이나 더 데리고 가려고 그러는지? 몇 해가 지난 봄철에 토지개혁을 당하여 아버지께서는 양식(糧食)할 논 몇마지기분이다 하시면서 면사무소에서 주는 미국과자를 가지고 와서 "이것을 논 문서하고 바꾼 것이다"고 말씀하시고 우리한테 먹으라고 주시기에 철없이 나와 동생은 달고 새콤한 과자를 맛있게 먹었다. 어머니 병환으로 가산은 기울어졌고 형은 대구의 반월당 근처에 있는 동화사의 말사(末寺)인 보현사에서 사미승으로 있으면서, 오산불교학교가 대구로 이전하면서 능인중학교로 바뀌어진 학교에 다니고 있었다.

(2) 거친 바다로 흘러가는 외로운 행자(行者 : 불도를 수행하는 사람)

내가 국민학교 3학년 때 2월 보름날, 아버지와 나, 동생 태근이, 이렇게 세 식구가 점심을 먹는데 아버지께서 갑자기 피를 토하시며 내 무릎을 베고 말씀 한마디 없이 운명하셨다. 집에는 외할머니와 서사동 아주머니가 가사를 돌보아주고 있었다. 너무나 갑자기 당한 일이라 어린 나이에 정신을 차릴 수가 없었다. 대구서 공부하던 형이 오고 집안 친척들과 은해사에서 아버지와 친하게 지내던 스님 몇 분이 오셔서 불교의식으로 다비(茶毘 : 승려들이 죽으면 하는 화장)를 하였다. 나와 동생 태근이는 보지 않는 것이 좋다하여 장례식에 따라가지 않고 집에 있었다. 정월 보름날 엄마가 돌아가시고 이월 보름날 아버지가 돌아가셔서 그후 오늘날까지 밝은 보름달을 쳐다보면 슬픔의 인사처럼 느껴져서 따가운 태양이 더 좋았다. 그럭 저럭 장례를 지내고 형은 공부를 계속하기 위해 대구의 보현사로 가 버리고 나와 동생은 외할머니하고 넓은 집에서 생활하고 있었다. 그 많던 재산은 다 어디로 갔는지? 자갈밭에 물붓는 것같이 다 없어져 버리고 집도 친척들이 팔은 것으로 알고 있다.

나는 아버지의 친구되시는 은해사의 해경(海鏡) 스님께서 상좌로 데려가고 동생 태근이는 팔공산 파계사의 춘해(春海) 스님께서 파계사로 데리고 갔다. 아버지께서 불교에 몸을 담고 큰 절 작은 절 주지스님으로서 중생을 제도하였건만 전생의 무슨 업로가 있었기에 가실 때 말씀 한 마디 없으시고 나이 어린 나와 동생을 두고 가셨는지? 죽림사에서 탑돌이 하시면서 나무아미타불(南無阿彌陀佛)을 염하시면서 서방정토(西方淨土)가 그리워 그렇게 빨리가셨는지? 어린 두 형제를 사바세계에 아무렇게나 던져 놓으시고 자비하신 관세음보살께서 보살펴 주실 줄 믿고 가셨는지? 헐벗은 어린 두 형제는 깜깜한 밤중에 방향도 키도 없이 고해(苦海)를 향해 고사리 손을 휘저으며 흘러갔다. 우리 삼형제는 만날 기약도 없이 보현사로, 은해사로, 파계사로 흩어졌다. 어린 나이에 부처가 무슨 의미가 있는지? 인간의 삶이 무엇인지? 고행자체가 무엇인지? 아무것도 모르면서 남의 손에 이끌리어 고된 수행(修行)이 시작되었다. 아버지와 의형제를 맺은 해경 스님께서 "너는 너의 애비처럼 중이 되어야지? 공부 많이 하고 너무 똑똑한 중이 되면 오래 못산다. 염불이나 하고 일이나 하는 중이 되어야지. 공부 많이 할 생각 아예 말아라." 하시면서 나를 상좌로 거두어 주셨다.

은해사는 산문 옆에 복해라는 조그만한 폭포가 있고 넓고 큰 창고가 여러 채 있고 발동기를 놓고 벼를 직접 정미하고 승방도 많고 대중(大衆 : 많은 승려)도 많은 큰 가람이었다. 100일치 쌀 세되를 주고 공양주(供養主 : 사찰에서 식사를 맡아보는 승려) 스님께서 큰 목탁을 치면서 각 승방을 돌면 하루분 쌀 삼홉을 드리면 받아가는데 중은 하루에 삼홉밥을 먹고 공부하게 되어있는 것이다. 아침 세시에 큰 목탁을 치면서 청이 시작되면 우리같은 사미승들은 찬물에 세수를 하고 다기(茶器 : 부처님께 찬물을 올리는 그릇, 인도에는 더운 지방이라 낮에는 물에 벌레가 있기 때문에 새벽의 깨끗한 물을 올렸다 함)에 물을 붓고 촛대에 불을 켜고 향로에 향을 꽂고 법당에 따라서 아침예불이 시작된다. 석가모니불을 모신 대웅전에는 중덕(中德 : 사미승보다 한계단 높은 승려) 스님의 종성(鍾聲 : 종을 치면서 하는 예불)이 시작된다. 종성과 장엄염불(부처님 세계의 위엄과 덕을 생각하는 긴 염불)이 끝나면 각단, 즉 극락전, 칠성각, 산신각, 명부전, 나한전 등에서 각각 맡은 사미승들의 예불이 시작된다.

-아금청정수 변위감로다 봉헌삼보전 원수애납수(我今淸水 變爲甘露茶 奉獻三寶前 願垂哀納受 : 나의 지금 맑고 깨끗한 물이 단이슬같은 차로 변하여 삼보(부처님, 부처님의 법, 스님) 전에 받들어 드리오니 원컨대 받아주옵소서- 이렇게 시작하여 정근(각 전에 따로모신 부처님의 이름을 반복해서 부르는 것, 예를 들면 대웅전에서는 석가모니불, 극락전에는 아미타불, 관음전에는 관세음보살)을 하고, 축원(祝願 : 국가와 절과 신도들의 무병장수 재수 대통을 비는 비용)으로써 아침 예불이 끝난다. 대체로 5시 정도에 끝이 나서 청소와 잔심부름을 하면 7시경이 된다. 아침 공양이 시작되는데 바루(승려들이 사용하는 식기)를 펼쳐 놓으면 물을 받아 바루를 씻고 밥은 한 홉밥을 뜨 주지만 반찬은 각자 먹을만치 스스로 가져온다. 대덕(大德 : 큰 스님) 스님께서 공양게(供養揭 : 식사할 때 드리는 말씀)를 하고난 뒤에 식사가 시작된다. 이 절차는 까다롭고 말 한마디없이 무언으로 끝이 난다. 식사 때 음식씹는 소리라든지 국을 마시는 소리, 그릇을 부딪치는 소리가 나면 불벼락이 떨어진다. 식사 후에 전에 그릇 씻은 물로써 다시 그릇을 씻고 그 물을 남김없이 마셔야 한다. 승려는 음식을 버리지 않기로 되어있다. 만약 밥풀이나 반찬 찌꺼기를 버렸다가는 큰 야단을 맞는다. 한홉밥은 어린아이 주먹만한 밥이다. 그나마 지나가는 객승이나 불목처사(나무하는 일꾼)가 식사 때 갑자기 오면 우리들이 받은 한홉밥에서 한 순갈씩 덜어 내어야 한다. 한창 커가는 나이에

언제나 배가 고팠다. 아침 공양 후에는 공부가 시작된다. 점심공양후에는 잔심부름 등 일을 한다. 저녁예불 후에 저녁공양이 끝나면 밤 열한시까지 공부를 하고 잠자리에 든다. 공부는 초발심자경문(처음 불교에 들어오면 공부하는 책), 한문, 염불, 불교의식 등 차츰차츰 불경공부를 하게된다. 요즈음 같으면 불교서적이 한글로 주(註)를 해 놓고 염불도 카셋트 테이프가 있으니 쉽게 배울 수 있지만 내가 공부할 때만 하더라도 그 어려운 한문을 스님의 입을 따라 음과 훈과 뜻을 새겨 배웠으며, 염불도 스님의 입을 따라 청과 가락을 맞추어야 했다. 조금만 어긋나면 회초리와 꾸중이 날아왔다.

엄마, 아버지, 형, 동생 생각이 날 때면 남모르게 눈물도 많이 흘렸다. 눈물을 보였다가 스님이 알면 야단을 맞는다. 부처님도 눈에 들어오지 않았다. 언제 하얀 쌀밥을 배부르게 먹어보나 하는 생각뿐이었다. 여름 밝은날 저녁에 자명등(自明燈 : 절에 있는 石燈)에 불이 켜지면 사미승들은 합장을 하고 탑을 돌면서 "관세음보살, 관세음보살………"하고 염불을 한다. 그 당시에는 몰랐는데 툳가에 몸담은 지 어언 수십년 혹시 큰 절에 볼 일이 있어 가면 사미승들이 합장하면서 "관세음보살, 관세음보살……"하는 것이 "엄마야, 엄마야……"하며 간절히 엄마의 치마를 잡을려는 애절한 소리로 들리기에 눈시울이 뜨거워질 때가 여러번 있었다. 봄, 가을철에 학생들이 절에 소풍와서 노는 것을 보면 얼마나 부러웠는지 모른다. 나는 어린 시절에 너무나 큰 상처를 받았기에 동심을 가꾸지 못했다.

절에 큰 불공이나 제(祭 : 죽은 사람의 영혼의 극락왕생을 기원하는 불공)가 있으면 매우 바빠진다. 요즈음에야 꽃(즈화나 생화)을 돈주고 사고 음식도 돈주고 사면 되지만 그때는 전부 절에서 만들었다. 문종이에 물감을 들여서 꽃 만드는 스님, 음식 장만하는 스님, 사미승들은 잔심부름을 하며 배운다. 밤이나 잣을 목기(木器 : 나무 그릇)의 가운데 쌀이나 보리쌀을 넣고 조청을 묻혀가면서 높다랗게 쌓아올리는 일은 여간 힘든 일이 아니다. 공양주 스님들은 넓다란 바위에다 자루에 찰밥을 넣어서 큰 데로 떡을 친다. 떡치는 바위곁에는 잔디가 보기좋게 나있다. 나같은 사미들이 떡치는 바위곁에 서있으면 메를 드신 스님께서 일부러 힘껏 쳐서 어린애 주먹만한 떡이 튀어 잔디밭에 떨어진다. 우리들은 얼른 주워서 법당 뒤로 가서 잔디를 털고 흙이 약간 묻은 떡을 먹던 일이 생각난다. 스님들께서는 우리 사미들의 배고픈 심정을 잘아시기에 그렇게 해 주셨던 것이다. 어떤때는 잔심부름을 가면 인정이 많으신 스님은 자기 방에 들어오라 하여 유과라든지 홍시, 감, 인절미를 화로에 구워서 조청을 내어놓고 많이 먹으라고 권하시며 "너의 아버지가 이 은해사 주지로 있을 때 나도 덕 많이 보았다. 어쩌다가 아버지 어머니 한꺼번에 잃고 너마저 중이 되었노. 너희들은 귀한 자식 이었데이 중노릇 참말로 힘들제? 앞으로 우짤끼고, 너를 상좌로 데리고 있는 해경 스님도 너무한기라. 고마 대구 보내서 공부나 시킬 것이지 산골 절에 쳐박아서 뭐할끼고, 내사 마 답답해서 안 그라나 어서 입닦고 가거라. 뭐 얻어 먹었다 하지마라. 옷도 이래 얇아서 얼마나 춥노"하고 걱정을 해주셨다. 그래도 아버지 밑에 있던 스님들이 나를 무척 생각해 주었다. 내가 만일 다른 스님들에게서 무엇을 얻어 먹은 것을 스님께서 알면 불호령이 떨어지고 회초리를 들며 "이놈아 절에 중질하러 왔지 빌어 처먹을라고 왔나. 어서 나가거라. 다리 밑에 바가지 들고 빌어 먹으러 가거라." 이렇게 야단만 칠 것이 뻔하기 때문에 배가 고파도 참아야 했다. 고되고 고된 승방(僧房) 생활이었다.

제 2 부
학창시절

제 2 부
학창시절

1. 대구에서 야간학교 공부

　은해사에서 승방 생활도 3년 가까이 지났다. 6.25 사변도 은해사에서 별로 고통스러움을 모르고 지냈다. 다만 난리통에 허어진 형제들 소식이 알고 싶을 뿐이었다. 하루는 나를 특별히 불쌍히 여기시는 동오스님과 은해사의 살림을 맡아보시는 재무스님, 또 한 스님은 기억이 나지 않는데 이 세 스님이 내가 거처하고 있는 해경스님에게 와서 나의 장래문제로 언성을 높이시는 것을 들었다. 그 당시 해경스님은 은해사에서 노장 원로스님이었다.
　"해경스님 저 범해(凡海 : 나의 아버지를 가리킴)의 자식을 언제까지나 공부는 안시키고 이대로 내버려둘껍니까?" "절 공부 잘하고 있다. 무슨 놈의 공부가 또 필요하노?" "참말로 노장스님 몰라서 그럽니까? 절 공부도 공부지만 어린 것 장래를 생각해서 세상공부를 좀 시켜야 될 것아닝기요." "오냐, 오냐 이제보니 느그가 짜고와서 날 늙었다고 퍼붓고 있제. 내 상좌 내 마음대로 하는데 느그가 와 그라노?" "상좌도 상좌나름이지요. 저 실근이는 이 은해사 주지로 있던 범해스님의 자식인기라예. 이곳 중치고 범해스님 덕 안본 중이 어데 있습니꺼. 참말로 음으로 양으로 그 어른 덕 많이 본기라예." "덕 보았으면 느그가 보았지 날 보고 우째라는 기고?" "노장스님요, 노장스님하고 범해스님은 같은 날 계(戒)를 받고 의형제를 맺어서 친한 사이가 아닌기요. 실근이한테는 큰 아부지뻘 되는 기라예. 큰아부지가 우예 그렇습니꺼?" "본래 나는 저놈아 저그 애비 장가가는 것 말렸는기라. 아무리 시절이 바뀌도 중은 장가가는 것 아니라고, 억지로 내말 안듣고 장가가서 아들만 삼형제 내버리고 저그들이 먼저 죽어버리니 낸들 우짤끼고?" "노장스님예 인지 죽은 사람들한테 장가가고 안가고 따져보았자 무엇 할낀기요. 왜정 때 조선 중치고 장가 안간 중 있는기요? 세월이 그런 것 이제사 한탄하면 우짭니꺼?" "그래 안그러나 내사 저놈아 실근이는 지애비처럼 세상 공부 안시키고 산골에서 중질이나 똑똑하게 시킬라 안카나?" "중질도 우리처럼 이런 산골 절에서 일이나 부뚝부뚝 하다가 늙어 죽을 때 되면 매린당(승려들이 죽음을 대기하는 방)에 들어가 버리는 기라요." "중 팔자가 그런 것 낸들 우짤끼고?" "참말로 똑똑한 중은 서울 총본산(本山)에다 있고 공부도 많이 한 것이라요. 노장스님예 실근이 똑똑한 중질 시킬려거든 어서 공부시키이소." "나보고 우짜라는 기고?" "노장스님은 공부시킬 수 있지요. 대구의 석담스님한테 부탁해도 될 것 아닙니꺼?" "나는 그렇게 못한다." "노장스님이 안되면 실근이 우리한테 맡기이소. 우리 셋이서 대구가서 남의 집 머슴을 살든지 지게품을 팔더라도 저놈아 하나 공부 못시킬라고?" "오냐 느그 멋대로 해라. 느그들 좋은 사람되고 나는 인심 박하다 소리듣고." "온 은해사가 다 압니더. 노장스님 너무 하시다고." "내사 모르겠다. 느그 마음대로 해라. 실근이 데리고 대구가서 공부를 시키든지 빌어먹든지 마음대로 해라."

그후 스님은 몇일간 누워서 일어나시지도 않으셨다. 한 주일 후에 저녁공양을 마치고 "실근아 내일 대구가자. 동오한테 가서 내일 대구간다고 말하고 오너라."고 말씀하셨다. 나는 동오스님과 재무스님과 같이 오신 스님에게 내일 노장스님과 같이 대구가게 되었다고 말씀드렸더니 "참말로 고집불통인 노장스님이 마음을 돌렸다. 희한하다 희한해. 우째 산골노인이 대구출입을 다 하시노?" 그러시면서 세 스님은 기뻐하신다. 털실로 짠 양말, 장갑, 수건을 주시면서 공부 열심히 하라고 당부하신다. 그러면서 석담스님은 보현사에 계시니 형의 소식을 들을지 모르겠다고 하신다. "너의 형 술근이도 은해사에서 공부할 때 참 순했느기라. 공부도 잘했다."
 그 이튿날 보따리를 들고 하양까지 걸어가서 기차를 타고 대구에 가야하기 때문에 삼 년간 고된 승방 생활이었지만 산문(山門)을 나설 때 여러 스님들이 공부 잘하라고 하시면서 전송해 주신다. 아버지가 그 옛날 머리깎고 사미승으로 불가(佛家)에 입산하신 곳, 형도 이곳에서 중이 되었고, 나 또한 어린 나이에 갈 곳이 없어 배고파서 머리깎고 중이 되었던 은해사, 2대에 걸쳐서 불타(佛陀) 전에 범종소리 들어가면서 예불드리던 곳, 배고픈 설움도 많았으나 자꾸 되돌아 보고 되돌아 본다. "실근아 부디 공부 많이 하여 훌륭한 스님이 되거라"고 부탁하시는 여러 스님과 같이 있던 사미(沙彌)들의 전송을 받으면서 내 고향 하양으로 향하여 갔다. 하양에는 나의 어린시절의 동심을 키우던 곳, 그러나 지금은 아무도 반겨줄 사람이 없는 타향과 같은 곳이었다. 조계종 하양포교당에는 아버지와 친한 지석담스님께서 주지로 계시기에 나는 스님과 같이 포교당에 들어가서 좀 쉬고 있다가 대구가는 기차를 타게 되었다. 하양포교당의 주지 지석담스님의 자제되는 분은 지준모선생으로서 지금 경북 시조시인협회장이시며 대구 중앙상업고등학교 교사로 계신다. 대구의 보현사에서 혜운스님에게 맡겨져서 나는 고달프기는 마찬가지인 행자생활이 시작되었다. 전쟁중이라 보현사에 왔으나 나의 형님은 학도병으로 갔다는 소식뿐이고 동생 소식은 영영 들을 수 없었다. 나중에 휴전 후에 상당한 세월이 지나서 비록 상이용사가 되었으나 건강하게 삼형제가 서울의 형님 집에서 만났다.
 대구 향교는 반월당 고개마루에 있는 보현사와 가까운 곳이다. 이 향교에 가교실을 만들어서 주간에는 대구대학이 되었고 야간에는 그 교실이 그대로 건국고등공민학교로 운영되고 있었다. 나는 국민학교 3학년 중퇴하고 입산하였으므로 사실상 공부가 중단되었으나 나이도 있고해서 고등공민학교는 중학과정인데 욕심으로

2학년에 편입하였다. 처음에는 기초가 없어서 도저히 따라갈 수가 없었다. 참고서도 변변찮고 그 어려움 속에서도 강의록을 보며 아침 일찍이 YMCA학원에서 영어를 배우고 피나는 노력을 하였다. 그 결과 고등학교 검정고시에 합격하였다. 낮에는 절에서 행자로 일을 보기때문에 야간학교밖에는 진학할 수 없어 대구상업고등학교에 진학하였다. 춥고 덥고 배고픈 야간학교 3년간의 세월이 지나서 고등학교 졸업장을 받게 되었다. 축하객 하나 없는 외로운 졸업이었다. 다행히 공부는 상위권에 들어가서 지금 농협의 전신인 금융조합에 취직이 되었으나 오로지 대학진학의 꿈뿐이었다.

2. 대학진학, 군생활

수중에는 돈 한 푼 없이 무리한 꿈만 꾸는 것이었다. 스님은 동국대학 불교과에 진학시켜줄 것을 간청하였으나 중은 고등학교만 나와도 똑똑하다. 대학은 무슨 놈의 대학이냐? 석가모니도 대학 나왔다는 소리 못들었다. 역시 큰 스님 조사스님도 대학 문 앞에도 가지 않아도 다 중질 잘하였다. 아무 소리말고 은해사로 돌아오라는 말뿐이었다. 그러나 나는 고뇌의 아픈 몸을 이끌고 경북대학교 문리대 수학과에 응시하였다. 그 당시의 여러 교수님의 도움으로 교수장학금과 대구시비장학생으로 허흡시장님으로부터 장학금을 받으며 아르바이트를 하며 은적사, 칠불사, 동천사 등을 전전하며 무사히 대학을 졸업하였다.

1962년 2월 26일 대학졸업식장에는 구름같이 많은 축하객이 모였으나 나를 위해서는 단 한 사람도 없었다. 언제나 나혼자 걸어가야하는 외로운 구도자(求道者)의 길이었다. 62년부터 65년까지 군복무를 마치고 선방 강원을 전전하면서 오직 부처되어 보겠다는 일념으로 피나는 수행을 하였다. 그동안 교사생활, 해외활동 등은 지면상 쓰지 못하는 것을 몹시 안타깝게 여긴다. 이점은 이해하시기 바란다. 나중에 기회가 주어진다면 그 모든 일들을 밝혀보고 싶다.

제 3 부
불교정토종(淨土宗)이란 이렇다

제 3 부
불교정토종(淨土宗)이란 이렇다

1. 정토종 승려들의 실상(實相)

　정토종이란 옛날 석가모니가, 성불(成佛) 하는데 스스로의 힘으로 수행하는 참선법으로는 중생들이 대단히 어려워하므로 누구나 쉽게 부처될 수 있는 방법을 가르쳤으니, 서방정토(극락)의 주인인 아미타불을 염불하면 부처되어 극락갈 수 있다고 하였다. 염불하는 것은 자기 스스로 하는 것이 아니라 아미타불의 힘에 의해서 할 수 있다고 석가모니는 설법으로 평소에 생각하던 이상세계를 소설의 요소가 있는 설화로써 그렸다. 불교도들은 마치 절대적인 타력(他力) 신앙이라고 하나 이것은 어디까지나 한 사람이 지어낸 허황된 설화지 신앙의 대상이 될 수 없다는 것을 거듭 천명한다. 그러면 불교의 개종파인 정토종의 법맥에 대하여 살펴보자.
　석가모니로부터 용수, 천친, 세친, 마명은 인도에서이고, 도락, 선도는 중국이었고, 원효, 의천, 사명당은 한국에서이다. 누구든지 입으로 나무아미타불의 여섯 자만 전심전력으로 염불하면 부처되어 극락왕생할 수 있다고 가르치는 것이 정토종이다. 참선 외에 염불하는 것은 정토종이며 일본에서는 법연(法然), 친란, 최증 등이 발전시켜서 현재 일본불교의 약 70%를 차지하고 있다. 옛날 조사(祖師)들이 염불하는 것은 번뇌를 끊고 마음을 한 곳에 모으려하는 의도였지 염불한다고 극락왕생한다는 것은 결코 아니다.

그러면 한국의 정토종의 실태를 살펴보자.

정토종 종통 신정환은 함경도 단천에서 1·4후퇴 때 단신으로 월남한 사람이다. 한때 기독교 가정에서 성장한 것은 자신의 이야기로 알 수 있다. 불교란 불자(佛字)도 모르는 사람으로서 피난지에서 혈혈단신으로 의지할 곳이 없어 군에 지원입대하였다. 휴전 후라서 전쟁의 위험도 없고 해서 위생병으로 야전병원에 근무하게 되었다. 그 병원에는 한번 결혼에 실패한 간호장교인 윤순(尹順)씨가 신정환 사병을 당번병으로 데리고 있었다. 신정환 상병보다 몇 살 연상인 윤순 간호장교는 자기의 육체적 욕망을 채울려고 당번사병인 신상병을 유혹하였고 신정환 상병도 의지할 곳이 없으니까 누나같이 의지하다가 아름답지 못한 불장난을 저지르게 되었다. 그들 두 사람은 서로의 결함이 있으니까 쉽게 그 당시 관습으로 볼때 지탄받는 결합이 되었다.

필자가 조사한 바로는 윤순씨는 충남 예산이 고향이고 일본가서 산파(조산원) 양성소를 나와서 어느 기독교 병원에 종사한 줄로 알고 있다. 신정환이 사병이니까 먼저 제대하고 부산에 피난민이 많기 때문에 혹시 고향사람이라도 만날까하고 부산에 왔으나 일정한 직장도 없고 배고픔과 헐벗음에 지쳐서 거리를 방황하다가 부산의 대각사 근처의 어느 무당 화랭이 집에서 심부름을 하여 주면서 박수무당일을 배우고 있었다. 몇 년 후에 제대한 윤순씨도 신정환을 찾아왔으나 두 사람 모두 무일푼이라서 거처할 방 한칸 얻을 형편이 되지 못했다. 휴전후라서 실업자가 득실거리는데 아파도 병원에 찾아가는 사람이 없으니까 병원도 되지않고 간호원 취직자리도 쉽게 구할 수 없었다. 요즈음 같으면 제대비라도 있지만 그 당시의 군장교들은 월급도 없었는데 제대비는 생각도 못했다. 여자로서 쉽게 찾을 수 있는 것이 다방이나 유흥음식점 종사밖에 더할 것이 없었다. 그간 두 사람도 생활의 폐허 위에 서로 만나서 격렬한 육체의 욕구의 불길을 태울 때에만 모든 고통을 잊을 수 있었다. 그후에 신정환은 서울로 옮겨왔으나 뚜렷한 기술이 없는데 밥을 먹여줄리 만무하여 그간 몇년간 대각사 앞에서 박수무당의

심부름하던 실력을 발휘하여 봉원사(奉元寺)의 불목지기(절에서 나무하고 일하는 머슴)로서 밥을 굶지 않게 되었다. 봉원사에서 신정환은 스님들이 염불하는 것과 생활하는 것을 먼 발치에서나마 배울 수 있었다. 윤순도 서울에 올라왔으나 뚜렷한 직장이 없으니까 부산서 하던 유흥음식점에 종업원으로 취직하게 되었다.

그즈음에 미모보다 구변과 수완이 좋은 윤순은 윤마담이 되어서 평소에 거래가 많은 유흥음식점에 종사하는 마담과 종업원 고객들로부터 돈을 빌려서 서울 불광동에 셋집을 얻어 해광병원을 의사를 고용하여 개업하였는데 두 사람 다 군병원에 종사한 경력을 살려서 일을 하였기 때문에 상당히 번창한 줄 알고 있다. 그때는 두 사람 다 약간의 행복을 맛보면서 근처 교회도 출석하며 성실히 살아보려고 노력하였다. 교회에 나가면서도 신정환은 가끔 절에 가고 무당굿하는 염불도 외우고 할 때에 윤순은 처음에는 말리면서 교회로 이끌려고 많은 노력을 하였다. 그러나 신정환은 부처를 믿는다하며 옳은 불교가 아니고 무당에 가까운 불교 흉내를 자꾸 내기 시작하였다. 5·16혁명이 나고 공화당이 조직되었을 때 윤순은 서울 어느 동의 공화당 부녀부장을 맡았고 그 당시에 군에 근무하던 연줄을 찾아 신정환은 불교의 한 파로 등록을 하게 되었다. 신정환은 불교의 어떤 단체로 등록을 할 줄 몰라 봉원사의 주지스님을 찾아가서 상의하니 정토종으로 등록을 하라하여 이때 처음 정토(淨土)라는 말을 알게 되었다. 윤마담이 빚을 내어 그당시 문교부장관에게 경비를 써서 "대한불교정토회"라고 하였으나 그후에 문화공보부가 따로이 독립하고 해서 "대한불교정토종"이 되었다. 신정환이 교회를 걸리하고 무당들과 어울리니 병원에 근무하는 의사가 가짜로 밝혀지고 도저히 병원을 유지하지 못하자 빚만 지고는 약간의 돈을 정리하여 서울 불광동 산위에 무허가 암자를 지었다. 신정환은 학력이 자기 말로는 고등교육을 받았다하나 평소 언행과 필체 등 모든 것으로 미루어 볼 때 국민학교 정도밖에 더 되지 않은 것같다. 이 두 사람의 결합은 누구가 보더라도 정상적이라고는 말할 수 없는 것같다. 석가모니의 가르침에서 벗어나서 무당들을 끌어 모으고 무당을 양성하고 있으니까 하나님께서 그대로 놓아둘리 만무하다. 불광동 무허가 암자도 자연보호 운동으로 말미암아 헐리고 지금 서울서 셋방살이를 하고 있다. 종헌종법(宗憲宗法)에 종신제 종통이 되도록 문화공보부에 등록하였다.

총무원장 강국현(가명)은 비교적 괜찮은 춘천농고를 나와 단국대학 통신부에 수학을 하고 공군에 복무하였다. 제대 후에 일정한 직업이 없어서 무작정 서울로 올라와서 방황하다가 사주관상 보는 사람 밑에서 배우며 일을 거들어 주다가 공군에서 행정을 본 경험을 살려서 태고종 총무원에서 사무를 보다가 불교에 접하게 되었고 염불 몇 마디 배워서 행정능력도 있다하여 총무원장이 되었으나 부처의 불자(佛字)의 뜻도 모르고 여전히 기복, 우상, 무당굿을 한다.

경북종무원장 이병철(가명)은 국민학교 3년 중퇴자로서 해병대 탈영병이라서 징역 1년을 복역한 적이 있다. 경북 달성군 옥포면에서 폭력배였고 노름판을 붙이고 시골 장날 야바위꾼들의 경비를 보아주는 등 인간으로서 못할 짓을 하였다. 때로는 무면허 의료행위, 음식점 경영, 실로 이 사회에 뿌린 악이 많은 사람이다. 나중에는 별일을 다하여도 생활이 되지 않으니까 자살을 기도하다가 소생하여서 대구의 백운학 사주관상보는 철학관에서 조수노릇하면서 사주, 관상, 무당일을 배워서 본격적으로 무당으로 나섰다. 달성 고령지구 영남 역우회장까지 맡았다. 역우회란 점치는 박수무당의 단체다. 이병철도 한때 교회에 나가서 서리집사까지 한 적이 있다고 한다. 성경, 찬송, 주기도문, 사도신경을 외우는데 본 필자는 그당시에 신기하게 생각하였다. 그후에 이설오(가명) 스님에게 계(戒)를 받고 중이 되어 지금은 정토종 경북종무원장까지 하고 있다. 경북지방의 무당, 점장이들에게는 많은 영향력을 행사한다.

최종수(가명)는 안동 영남산 수종사(受宗寺)의 주지로 있으며 한때 안동, 의성, 영주, 봉화, 청송지방의 제22교구 원장으로 있던 자이다. 국민학교 2년 중퇴하고 왕초 밑에 양아치, 구두닦이, 열차에서 껌팔이 등등을 전전하다가 잔뼈가 굵어서 안동지방의 모양복점에서 양복기술을 배우는 견습공 생활을 하였다. 돈도 벌리지 않고 실의에 빠져 헤맬 때 무당집에서 심부름을 하고 구차하게 침식을 해결하고 어깨너머로 무당굿하는 것과 점치는 것을 배웠다. 그때 마침 그 무당집에 조계종의 비구니(여자 중)로 있다가 일을 거들어 주고 있는 강복자(가명)와 눈이 맞아 서로가 결합하고 그 무당집을 나왔다. 지금 수종사가 있는 자리는 공원 녹지다 인데 무허가 건물을 짓고 점도 하고 불공도 하며 신도들을 끌어 모았다. 최종수는 염불을 못하니까 그의 처 강복자가 비구니로 있을 때 배운 실력으로서 염불과 불공을 했다. 정말 한심한 일들이다.

　박주찬(가명)은 대구 신암동의 용원사 주지로 있으면서 정토종 총무국장, 재무국장을 맡아보는 자다. 일찌기 동화사(조계종)의 사미승으로서 5년간 입산 수도하였다. 염불은 잘하나 부처의 가르침을 한 마디도 모른다. 경전공부에 실력이 없으니까 조계종에 더 있어보았자 일만 하게 되니까 반 강제에 의하여 속가에 내려오게 되었다. 할 일이 없으니까 무당을 따라다니면서 염불이나 하여주고 돼지머리, 떡부스러기, 몇 푼의 돈을 얻어서 근근히 생활하였다. 박주찬이 정토종에서는 염불을 잘한다고하나 조계종에 있을 때 불경도 공부하지 않았고 선방에 가서 참선공부도 하지 않았다. 무당들과 야합하여 살아가고 있다.

　이와같이 정토종 승려의 몇 사람의 실상을 예로 들었다. 불교같은 불교도, 중같은 중도 전혀 찾아볼 수 없다. 전부 무당에게 붙어사는 기생충이었다. 본 필자는 이런 내용을 잘 알면서 왜 정토종에 들어갔느냐고 독자들은 당연히 반문할 것이다. 나는 솔직히 말해서 한국의 사찰이 정토불교(淨土佛敎)를 하는 줄 알았지 78년까지 정토종이라는 단체가 있는 줄 몰랐다. 일본의 정토종 계통인 대곡대학(大谷大學)과 용곡대학(龍谷大學)과 교류를 하다가 보니 한국에도 정토종이 있다는 사실을 문화공보부 발행 종교연감을 보고 알았다. 일본의 정토종과 교류를 하면서 이 땅에 신라, 고려의 찬란한 불교의 영광을 되찾으려고 불교대학을 만들고 개인적으로는 정토종의 우두머리가 되어보자는 생각과 석가모니의 가르침에서

멀어진 승려들과 신도들을 잘 교육시켜서 순수 불교에 돌아오게 하려고 형편없는 종교단체인줄 알면서도 정토종에 들어가게 되었다.

독자 여러분도 읽고 짐작이 가겠지만 정토종의 정통으로부터 간부, 일반승려까지도 부당이지 승려가 아니다. 몇몇 사람들의 예만 들었지 다 들지 못하는 것은 지면상 생략한다. 정토종의 경전인 무량수경, 관무량수경, 아미타경을 보지도 듣지도 못한 사람이 대부분이며 경을 보는 사람은 몇몇에 지나지 않고 불교의 기본 예불인 천수경도 대부분이 못외운다. 그 중에는 한글도 모르는 승려가 상당수 있다.

2. 80년 불광동 수련법회의 추태

불교에서 계(戒)라는 것은 석가모니 이후부터 자기 몸을 지키기 위해서 여러사람 앞에서 하는 일종의 맹세며 약속이다. 승려는 장가를 가지 않으니까 은사(恩師)를 정해서 계를 받으면 그 은사의 제자이고 아들이다. 석가모니로부터 여러 조사(祖師 : 불교의 큰스님)를 거쳐 계를 받으므로 불법(佛法)의 맥을 면면히 이어오는 것이다. 불타 앞에서 이런 것을 지키겠다는 것이 계다. 마땅한 은사스님이 없으면 스스로 맹세하는 자서계(自誓戒)가 있다. 은사스님이 상좌에게 계를 줄 때는 불가(佛家)에서 아들을 삼았다는 증표로써 5조가사(승복 겉에 두르는 다섯 조각으로 된 천)와 바루(승려들이 밥을 담아 먹는 그릇)를 하사한다. 정토종에서는 선물은 고사하고 계를 받는 사람이 5만원에서 15만원까지 돈을 내어야만 계를 준다. 사미승은 10계가 있고 그후 은사스님을 찾아가서 적어도 십년정도 수행하면 남자는 비구 250계가 있고 여자는 비구니 348계가 있다. 즉, 250가지 내지 348가지를 지키겠다는 약속이다. 살생하지 말라, 거짓말하지 말라, 도적질하지 말라 등등해서 250가지, 348가지이니까 그 내용은 별의별 것들이 다 들어 있을 것은 말할 필요도 없다. 그것을 다 지킬려면 숨 한번 크게 못쉰다. 계를 받을 때는 은사(恩師), 업사(法師), 증사(證師), 율사(律師), 계사(戒師), 이렇게 다섯 분의 고승(高僧)을 모셔놓고 한다. 사실 이러한 복잡한 계가 아무런 존재가치도 없다하여 간단한 정취삼계(淨聚三戒)를 시행한다. 그 내용이란 모든 계율을 지켜라, 모든 착한 일을 하라, 모든 중생을 제도하라 이다. 사실 일본의 정토종 창시자 법연상헌이 주장한 정토종에서는 무계(無戒) 즉 계를 주고 받을 필요가 없다고 하였다. 그런데 한국의 정토종에서는 신정환(가명), 윤순(가명) 부부는 승려로서 수행도 필요없고 무당이든지, 택시운전사이든지, 돈만 주면 마구잡이로 계(戒)를 주는 것이다.

  80년 날씨도 무더운 7월 중순경에 정토종 본부인 서울 불광동 산꼭대기의 무허가 암자에서 전국 승려수련법회 및 수계식(受戒式 : 계를 주는 의식)을 가지니 필히 다 모이라는 공문이 왔다. 나는 탐탁찮게 생각하였으나 어떻게 하는가하고 가보았다. 전국에서 승려는 몇이 안되고 거의다 무당들이 모여왔는데 한 350여명 가까이 되었다. 2박 3일 일정이라 좁은 무허가 암자에 다 잘 수가 없고 마침 여름철이라 밖에 자는 사람이 많았다. 나는 수계의식이나 옳게 하는가 하여 호기심으로 바라보고 있었다. 정토종 종통 신정환, 그의 부인 윤순은 정토종 중앙본부장이라 하며 판자집 법당의 상석에 앉아 있고 옆에 무당이 큰 북을 둥, 둥 치고 또한 꽹과리와 징도 울린다. 그 소리에 맞춰서 "나무아미타불"을 연속 합창하는데 무당굿하는 식이다. 그러면서 한 사람씩 나와서 계를 받으라 하니 줄을 서서 돈을 내면 돈을 세어보고 신정환은 향불로 팔에 지졌다. 이러한 것이 꼴불견인데 더욱 한심한 것은 무당은 몰라서 그렇다 하고, 대구시 팔달동 광원사 주지 박성철(가명) (법명 : 수산) 스님은 조계종에 있다가 왔는데 잘알면서도 돈을 내고 계를 받았다. 한 줄로 세워서 돈은 윤순이 받고 신정환은 향불로 팔에 지지고 이렇게 해서 수계식이 끝났는데 나를 보고 왜 계를 안받는가 묻는다. 나는 계라는 것은 아버지를 정하는 것인데 두 번 받으면 아버지를 또 정해야 하니 그런 불효자식이 어디 있겠오. 나는 조계종에서 받았으니 받을 필요가 없다고 생각한다는 내용의 설명을 하여도 말귀를 못알아 듣고 우선 돈벌이에만 눈이 어두워 야단법석이었다. 나는 조계종에서 목탁과 은은한 독경과 계를 설하는 법어(法語 : 고승이 하는 설법) 등 엄숙장엄한 의식을 보아오다가 기절초풍할 풍경에 현기증이 날 지경이었다.

어떻게 하나 끝까지 지켜보기로 하였다. 수계식이 끝난 후에 늦은 점심으로 국수가 나오고 돼지머리(고사 지내는 것)와 돼지고기와 소주가 나와서 먹고 마신다. 신정환은 "정토종은 대승불교니까 복장자유화로써 평소에는 양복을 입고 법당에 들어갈 때나 법복을 입고 머리를 깎을 필요없이 기르고 음식도 자유화라서 고기먹고 술먹어도 괜찮다"고 떠들고 있다. 그뿐이랴. 한술 더 떠서 "석가도 죽을 때 춘다가 준 돼지고기와 버섯을 넣은 요리를 먹고 설사병이 나서 죽었다. 여러분 목탁을 치든지 굿을 하든지 돼지머리를 갖다가 술 한잔 하는 맛도 좋은 일이다."하고 기고만장이다. 남, 여 할 것 없이 술 취해서 갖은 추태를 다 부린다. 나를 보고 한잔 하자고 권하는 것을 끝까지 사양하였더니 "혼자서 고상한 중질하는 척하지 말라. 세상은 먹고 마시고 즐기는 것이다. 불법(佛法)이 있기는 뭐가 있어. 이렇게 술먹고 비틀거려도 신도들은 돈 갖다놓고 불공하고 있다. 부처라는 것은 굉장한 신통력이 있어 석고로 된 것 1만 5천원 주고 사다 앉혀 놓으니 똑똑한 사람도 별 것 없더라. 돈 놓고 절을 꾸벅꾸벅 하니까 말이다. 창경원에 원숭이는 먹여야 재주부리고 돈벌이 하지만 부처는 사료값도 안들고 돈을 갖다주니 이 이상 더한 신통력이 어데 있소?" 한다. 이들은 석가모니의 가르침과 너무나 거리가 멀다.

나는 어떻게 해야 이들을 진정한 불자(佛子)의 길을 가게 할까하고 가슴이 메이고 눈물이 났다. 진정 불타의 가르침이 이렇지 않을진대 한국불교의 앞날에 먹구름이 덮쳐오고 있다고 생각했다. 그날 저녁에 모두 술에 취해서 아무렇게나 뒹굴면서 남·여 무당들이 뒤엉키어 잤다. 나는 밖에 조그만한 평상 위에 거의 뜬눈으로 밤을 새웠다. 그 이튿날 아침에 황대동(가명) (경북 안동시 옥정동 만각사 주지 겸 정토종 감찰원장)은 윤순을 보고 "이 ×같은 년

가랭이를 찢어 죽일 년"하며 차마 입에 담지 못할 욕을 퍼부어 댔다. 이에 윤순은 "왜 내 서방 내가 끌어 안고 자는데 왜 야단이야 너도 네 여편네 끌고 와서 데리고 자면 될 것 아닌가?" "이 ×년아 그래 며칠을 못참아서 수련법회 한다고 전국의 승려들을 다 끌어 모아놓고 방이 비좁아서 한 방에 여럿이 자는데 ×만도 못하게 그 지랄이야!" "내가 못할 짓을 했나 남의 서방 붙어 먹었나? 남이 다 하는 것 참고 못참고가 어디 있어? 내 서방 내가 끌어안고 자는데 너 놈 눈치보게 되어 있나?" "야 너가 그래도 한 종단의 대표며 정토종 종통인가, 이년아 니가 뭐 본부장이라고, ×벌여 주는 본부장이나 해라. 이 따위 집구석 불질러 버리고 말겠다"하며 어디서 났는지 성냥과 석유통을 들고 뛰어다닌다. 그때야 모두들 황대동을 붙잡고 말린다. 그사이 신정환은 파출소에 전화를 걸어서 경찰관이 오고 말로 다 할 수 없는 추태가 벌어졌다. 아무리 육체적 욕구를 억제 못한 인간이라고 하자, 속인(俗人)도 못할 짓을 이 나라의 한 불교 종단의 우두머리가 행하니 한심한 생각뿐이었다. 나는 신정환을 조용히 불러서 "윤순씨의 계(戒)는 누가 주었소?" "그야 내가 주었지요." "부처님 법에 계를 설한다는 것은 바로 아버지와 자식간이요, 비록 속인(俗人)으로 볼 때는 부부지간이나 일단 계를 주었으면 아버지와 딸과의 관계요 이것이 불법(佛法)이니 이혼을 하고 같이 잠자리를 하는 일없이 종단의 본부장을 시키든지 하시오. 석가모니 가르침에는 당신 부녀(父女)간에 간통을 하고 있소. 오늘 아침에 그런 추태가 어디 있을 수 있는 일이요?" 나는 단호하게 힐책을 했다. "혜경법사스님, 석가모니도 부인을 궁궐에 두고 혼자 출가를 하니 외롭고 적적해서 나중에 부인도 출가시켜서 가끔 잠자리를 같이 했다고 생각하오. 어찌 나쁩입니까? 법화종의 김갑연(가명)도 자기 남편으로부터 계를 받아서 같이 동거생활하다가 남편이 죽고는 법화종의 종정(宗正)이 되지 않았소. 이것이 다 생활불교요, 혜경스님은 고지식해서 탈이요." 나는 신정환의 궤변에 아연실색할 수밖에 없었다. 언제 석가모니가 부인이 그리워 출가시켰나, 부인이 억지로 와서 사정사정하여 마지못해 출가를 시켰고 경전에 보면 평소에 만난 일도 거의 없었는데 신정환은 자기 편리한대로 해석한다. 나는 가슴이 천근 만근 무거움과 압박을 느꼈다. 이 땅에 정녕 불타의 가르침으로 신라, 고려의 찬란한 영광을 되찾을 수 있을까? 저들을 어떻게 교육하여 부처님의 바른 가르침으로 돌릴 수 있을까? 나는 눈물이 앞을 가려서 불광동 수련법회장을 내려오면서 악마같은 저들과 어떻게 일을 같이 할 수 있을까? 회의와 절망에 몸부림치면서 내려왔다.

3. 정토종의 수계식(受戒式)과 일본에 호스테스 수출

정토종 종통 신정환이 진정한 불자로서 석가모니의 가르침을 한 가지라도 실천하였으면 나는 이 추잡하고 더러운 부분을 쓰지 않았을 것이다. 종교를 빙자해서 돈벌이에 혈안이 되었으니 그것도 좀 염치나 차리면서 돈을 긁어 모으면 말을 하지 않겠으나 더러운 방법으로 긁어모아 호텔과 나이트클럽을 다니면서 추잡한 여자들과의 좋지 못한 소문이나 뿌리고 다니기에 이 글을 쓴다. 다시는 국민들이 더 속지 말아달라고 하는 간곡한 부탁과 경종의 의미도 있다. 아울러 깊고 깊은 산사(山寺)에서 진정한 수행에 열중하는 수좌스님들이 도매금으로 넘어가는 안타까움을 금할 수 없어 이렇게 붓을 들었다. 선방(禪房)과 강원(講院)에서 오직 불타(佛陀)의 참 가르침에 열중하는 스님이 스님이지 그 외에는 대부분 내가 쓰는 글과 같은 내용의 부류들이다. 이런 사이비는 다시는 이 땅에 존재하지 못하도록 경계하시기 바란다. 국가에서 종교단체 등록을 허가할 때는 국민을 정신적으로 순화계도하라고 하였지 돈벌이 수단으로 개인의 육체적 향락으로 일삼으라고 종교단체 등록을 허가하지는 않았을 것이며 마땅히 문제가 생기면 그 단체의 등록을 취소하여야 옳을 것인데 수수방관만 하고 있으니 갖은 악과 비리가 사회에 만연하다.

정토종 신정환은 돈주면 안되는 것이 없다. 적어도 승려가 될려면 상당한 수행과 덕행이 있어야 되는데 아무나 돈을 가져오면 계를 주고 승려로 임명한다. 서울시 은평구 장미장의 마담 임정자(가명)는 다방과 요정을 전전하다가 신정환과 눈이 맞아 돌아다니다가 나이도 늙고 요정마담도 더 할 수 없으니까 굿(푸닥거리)하는 것을 배워서 어엿한 승려가 되어 서울시 은평구 진관외동 산 77번지에 정토종에 등록한 대운정사라는 간판을 걸고 불교승려 행세를 하면서 목하 무당굿이 성업중이다. 어디 이뿐이랴 자기의 동지여인이 유흥음식점 출신을 이용하여 호스테스를 승려로 만들어 일본에 문화여권 발급받을 때 추천서에 날인 작성하여 주고 여러 명을 일본에 보내다가 82년 8월에 부산 페리호 터미날에서 출국담당 관리에게 승려증과 문화여권을 가지고 있는데 화장이 진하고 호스테스표가 나므로 적발되었다. 부산지검의 고영주 검사로부터 그것도 종교단체 대표로서 평화통일 자문위원이라 50만원 벌금을 물게하고 그만 두었다. 신정환이 돈과 여자들과 추잡한 소문을 뿌린 것을 지면상 다 열거하지 못함을 독자 여러분께 죄송하게 생각한다.

　81년도 6월경에 신정환은 안동의 황대동(가명)과 쑥덕공론을 하고 기발한 돈벌이 생각을 벌렸으니 이 책을 읽는 여러분은 부조리를 없애고 정의사회 한다는 제5공화국에서 이런 일이 있을 수 있느냐고 아연실색할 줄로 짐작한다. 전국의 승려와 신도들에게 안동댐에다 "전두환 대통령 각하의 만수무강을 기원하는 수륙방생법회"에 전부 참석하라는 공문이 하달되었다. 정토종의 무식한 승려와 무당은 현직 대통령각하를 위한 방생법회에 참석 안할 수가 없어 신도들과 도합 1,500여명 가량 참석하여 무당굿하는 식으로 방생법회를 하고 비용이라야 그까짓 미꾸라지 몇 마리 안동댐에 넣고 염불 몇마디 하고 돈이 천 수백만원의 불전이 들어 왔는데 그것도 갈 곳이 없이 몇몇이 착복하고 말았다. 그 자리에서 "어느 사찰이나 현직 대통령 사진을 걸라"하여 전두환 대통령 각하의 칼라 존영 1매에 2만에서 3만원씩 시주금 명목으로 50여매 팔았다. 종교단체 대표로서 대통령을 존경해서 사진을 걸고 싶으면 마땅히 종단의 비용으로 사서 갖다줄 것이지 어떻게 시주금 명목으로 받아

들여서 횡령 착복할 수 있는지 풍토가 한심스럽다. 부처를 팔아서 돈벌이가 잘 안되니까 현직 대통령의 사진을 가지고 돈벌이를 해도 당국에서는 종교의 자유라 해서 묵인하니 이런 몰염치한 신정환 같은 작자가 활보하는 세상이 되었다. 일본에 신도가 있어서 그것도 일정때 천황을 숭배하였지 요즈음 일본에는 그런 것이 벌써 없어졌다. 그런데 신정환은 정토불교를 한다고 하며, 현대판 신도(神道)를 이 땅에 실현하려 하는가?

4. 82전국승려 및 신도회장 수련법회(정토진종 회원증 판매)

82년도 9월 20일부터 2박 3일간 경북 달성군 옥포면 본리동 장수사에서 본인의 주관하에 전국승려 및 신도회장 수련법회를 개최하였다. 나는 신도회장과 승려들에게 정토종의 교판론(敎判論)과 정토사상에 대해서 비록 짧은 일정이지만 참으로 부처님의 가르침대로 얼마든지 좀 가르쳐 볼려고 교안을 짜고 시간표대로 진행시켰다. 무당푸닥거리나 하고 사주, 관상, 손금을 보던 이들에게 정토사상을 되도록이면 쉽게 가르친다고 나는 노력하였는데 이들은 귀찮게 여기면서 도무지 공부는 하지 않고 잡담만 한다. 나에게 노골적으로 불평을 한다. "우리는 석가의 그 어려운 가르침이 필요없다. 부처만 모셔 놓고 북과 꽹과리만 치면 사람들은 돈을 놓고 절을 하는데 무슨 놈의 경전(經典)이 필요하며 염불이 소용 있는가? 우리 멋대로 염불을 하다가 생각이 잘 안나고 막힐 때는 북소리만 세게 내면 신도들은 돈을 더 놓고 절을 더 열심히 한다. 혜경스님의 가르침이 우리에게는 별로 소용이 되지 않소" 한다. 나는 온 몸에 힘이 쭉 빠졌다. 짐작하지 않은 바는 아니지만 해도 너무 한다고 생각했다. 이들을 어떻게 불타의 바른 가르침으로 이끌 것인가? 고뇌의 몸부림을 쳤다. 그날 저녁에 박청산, 한명조, 도쌍출(가명)이 셋이서 수련법회장을 빠져나와 면사무소 근처의 상점에서 소주를 얼마나 마셨던지 상점의 기물을 파괴하고 술주정을 부리고 경찰관이 오고 말로 다할 수 없는 추태를 연출하였다. 수련법회장인 절에서는 남·여가 술이 취해서 엉망이 되었다. 그들은 부처가 있는 절을 청정도장이라고는 하나 말뿐이고 술타령하는 장소가 되었다. 이런 추태를 보고도 신도회장 및 신도들은 몇 사람만 돌아가고 오히려 재미있는 듯이 바라보면서 술도 같이 먹고 무당들과 희희낙락이라 도저히 눈뜨고는 볼 수 없는 광경이 벌어졌다. 수련법회를 개최한 내 자체가 후회막심이었다.

 마지막 날이었다. 신정환은 명색이 종단의 대표인데 한 말씀할 시간을 좀 달라고 너무나 간청하기에 나는 우려하면서 시간을 주었다. 신정환은 단상에 올라가서 불타의 가르침을 한 마디도 전하지 않고 "여러 스님들 불법은 어려운 것이 아니라 쉬운 것입니다. 답답한 심정을 가지고 여러분을 찾아 오거든 불경을 읽고 설법을 하고 목탁을 치고 염불하면 그 사람의 마음에 만족을 주지 못합니다. 손쉽게 푸닥거리를 하고 부적을 팔고 사주나 관상보는 것이 그 사람의 답답한 마음을 위로해 줄 것입니다. 이것이 부처님의 가르침이니 여러분이 편한대로 돈벌이 잘되는 방법을 택하십시오. 이번에 문화공보부로부터 정토진종이 허가가 났는데 이 회원증만 사면 무당 굿을 해도 경찰에서 간섭하지 않고 오히려 보호해 줍니다. 이 회원증을 사기 바랍니다."하며 회원증을 들어 보인다. 이들은 좋다고 하며 싱글벙글하여 박수가 터진다. 마음대로 푸닥거리를 할 수 있는 증명서가 나왔다는 얼마나 반가운 소리인가? 신정환은 버스안에서 외판원이 물건을 파는 것같이 푸닥거리 회원증을 들어 보인다.

 정토진종 즉, 문제가 된 푸닥거리 회원증의 내용을 자세히 보니 상법 제16조 상업처리규칙에 의하여 영업감찰을 가지고 상호등기를 하였다. 상호명(商號名): 정토진종 영업의 종류 (1) 불교서적 출판 판매 (2) 불교포교 교육 주간지 발간 판매 등등을 하여 놓고 문공부장관이 허가된 종교단체인양 회원증을 판매하였다. 불교단체는 불교재산 관리법으로 문공부장관으로부터 종교단체 등록을 허가 받아야 되는데 정토종 승려들이 법률상식이 어둡다 하여 상업등기를 하였으며 마치 국가에서 무당 푸닥거리하는 허가증이 주어졌는 것같이 선전하였다. 독자 여러분 가령 "여정다방"이라는 상호는 여러 곳에서 아무나 할 수 있다. 그런데 신정환은 이런 엉터리 회원증을 한 매에 2만에서 3만원까지 받고 팔았다. 나는 이것이 법률적으로 타당한가 여부를 문공부장관에게 문의하였더니 불법이며 상호등기를 말소하라는 회신공문이 왔다. 이 사건에 대해서는 뒤에서 말씀드리겠다. 나는 신정환에게 "종교단체는 문공부장관의 허가가 있어야지 인정이 되는 것이지 상호등기는 엉터리다"고 이의 시정을 요구하였다. 정토종 간부는 수단과 방법을 가리지 않고 돈벌이에 혈안이 되어 급급하므로 수련법회장은 수라장이 되고 말았다. 정말 한심한 일이었다.

5. 가칭 대한불교정토대학 설립

나는 문공부에 일본의 정토불교가 한국의 종교단체 등록에 가능한지 문의를 하였다. 문공부에서는 불교를 5계열로 구분하였는데 선(禪), 정토, 화엄, 법화, 진언돈 대충 이런 것인데 이미 한국에 정토종이 있는데 일본 정토종을 한국에 들여와 포교한다는 것은 불가능하다는 회신을 받았다. 사실 종교활동에 있어서 민족감정을 앞세우는 것은 바람직하지 못할지라도 불교는 우리가 일본에 전해준 것을 후세에 이 땅에 역수입한다는 것은 내 양심상 용납되지 않았다. 그렇다고 썩어진 정토종을 그대로 방관만 할 수가 없어서 일본에 교류하고 있던 승려들과 몇몇 불교대학 관계자들과 협의를 하였다. 오늘날 한국불교가 타락한 것은 불교의 교학(敎學)이 뒷받침되지 않아서 즉, 승려양성이 제대로 되지 않았기 때문에 점점 불교가 쇠퇴해가고 있다고 생각하였다. 한국의 불교를 한번 살펴보자. 일천만 신도라 하지만 동국대학교 불교학과 일년에 50명 선(禪)학과 25명, 원불교 계통인 원광대학 몇십 명, 그 외에 조계종에서 선방, 강원등에서 자체양성하는 인원을 합해도 승려같은 승려의 숫자가 절대적으로 모자란다.

나는 결심하였다. 이 땅에 불교대학을 설립하여 찬란한 신라,

고려때의 영광을 되찾아서 이 땅을 성스러운 불국토(佛國土)로 건설하려고 다짐하였다. 일본에서는 한국이 10억원의 재산을 모으면 일본서도 연차적으로 10억원 재산을 기부하였으며, 일본의 불교대학 분교로서 한국에서 수업을 하고 마지막 졸업학년은 일본의 절에서 숙식을 제공받으며 일본의 불교대학을 졸업하기로 자매 결연을 하였다. 모집대상 학생은 고졸 또는 전문대학 출신으로 학사학위가 없기 때문에 내가 한국에서 설립한 불교대학에서 2년 교육받고 마지막 졸업학년은 일본에 가서 1년을 마치고 학사학위를 취득하기로 계획을 세웠다. 머리도 삭발하지 않고 원불교처럼 신사복을 입고 현대화시키며 목탁들고 염불도 하지만 기독교식으로 성가대를 만들어 찬불가도 부르고 주일마다 모이고 불교에 대한 제반 의식을 현대 감각에 맞게 개혁하여 1년에 1,000명씩만 승려로 양성하면 저 갈가마귀떼처럼 떠드는 기독교를 이 땅에서 대항해서 기독교 세력을 없앨 계획을 세웠다. "가칭 대한불교정토대학" 설립을 위해 동분서주 하였다. 뜻있는 신도분들에게 대학설립에 필요한 재산의 기부헌납을 호소하였다. 그 결과 대구시내에서 버스회사를 경영하는 우진교통 신상호(가명) 사장이 학교부지로 대구시 수성구 의천동 산 123번지의 대지 30,000평을 기부하였으며, 안동의 윤정주(가명)씨는 독실한 불교신자로서 허심탄회하게 안동군 풍산읍에 있는 임야 270만평과 울진 매화에 소재한 규석광산 2구반 감정원 감정가 3억원 상당을 기부하였다. 이 규석 광산은 포항종합제철과 강원산업에 철강제조에 필요한 자재의 납품으로 활발히 운영되고 있는 것이다. 그 밖에 안동의 신시장 곁의 김삼분(가명) 보살은 혜경스님이 불교대학을 짓는데 그냥 있을 수 없다 하여 집 한 채를 기부하였고, 대전의 어떤 신도는 대지를 900평 기부하였고, 대구 광명그룹의 이수왕 회장은 2억원 상당의 건축공사를 시주하였고 어떤 신도분들은 시멘트 한 푸대 감벽돌 몇장값이라 하며 눈물어린 재산의 시주가 있었다. 단시일내에 합계 10억원 정도의 재산이 기부헌납되었다. 나는 그때 아직도 이 땅에 불타의 가호가 있어서 전국 불교신도가 열망하는 참신하고 멋진 불교를 이 땅에 실현하고 타락된 불교를 중흥시키고자 불타고 있었다. 서울의 문교부에 교섭하여 대학설립의 제반절차를 의논하는 중 우선 종단 자체적으로 학생모집을 해도 좋다는 언질을 받고 분주한 학사일정을 짜고 현판식과 입학원서 모집요강 뺏지까지 만들었다. 대학학장으로는 비교적 참신하고 순수한 불타의 가르침에 매진하는 젊은 학자 김만권(가명) 법사(동국대 불교학과 및 동대학원 졸업)가 임명되었고 나는 교무처장에 임명되었다.

 82년 10월 25일 대학설립 현판식 때 신정환의 소란과 추태를 이야기하지 않을래야 않을 수 없어 독자 여러분께 알린다. 정토종 명의로 된 대학이니 신정환 개인에게 불교대학 설립용으로 뜻있는 신도들로부터 기부헌납된 재산 중에서 현금 1억원을 주든지 그렇지 않으면 불교대학이고 뭐고 설립하지 못한다고 궤변을 토하면서 떠들어대니까 그날 현판식에 참석한 이사들 중에 한 분인 신우현(가명) (예비역 장성, 서울 삼환건설사장) 이 재산은 우리 이사들이 기부 출연해서 문교부에 불교대학 설립을 추진하는데 정토종이면 어떻고 조계종이면 어떻소. 당신 종통으로서 여기에 시멘트, 벽돌 한장이라도 기부하였소? 이 대학은 정토종과는 하등의 관계가 없소. 혜경스님(본인을 가리킴)이 일본과 국내에 여러 곳에서 활동하였으므로 오늘의 결과가 되었소. 어느 개인 것은 아니니까 당신은 입을 벌릴 하등의 권리가 없소. 이렇게 왈가왈부하다가 신정환은 초라한 모습으로 쫓겨가고 말았다.

 이것이 불씨가 되어 서로가 진정과 고소로써 법정에 서게 되고 「주간종교」라는 신문에서는 나에게 최국광(가명)이라는 기자가 찾아와서 50만원만 주면 신정환을 내리칠 수 있다고 돈을 요구하기에 나는 정정당당하게 대처하지 그런 돈은 줄 수 없다고 거절하였더니 본인을 2회씩이나 매도하는 기사를 게재하였다. 이번에 기독교로 개종하고 나서 84년 12월 5일자의 전면기사로써 엉터리로 보도하기 때문에 「주간종교」라는 신문이 통일교 교주 문선명이 후원하는 신문인 줄 알고 있는데 나는 영적으로 무장하면 부당과 통일교를 쳐부수는데 남은 인생 이 목숨을 바쳐 싸울 작정이다.

그후 불교대학 설립은 신정환과 나와의 법정시비로써 중단되고 말았다. 이 문제는 뒤에 상세히 말씀하겠다.

6. 승려의 타락상

여기서「주간종고」에서 본인에게 전과 사실을 열거한다 하여 보복으로 쓰는 것은 결코 아니다. 어디까지나 독자 여러분에게 사실을 사실대로 알려서 우리 주변에서 개인과 가정의 수많은 불행으로부터 벗어나게 하는 길잡이가 되고자 이 글을 쓴다.

(1) 일심사 주지의 여자관계

우용학(가명)은 경북 칠곡군 대판읍에 있는 일심사(一心寺) 주지로서 씨름꾼이며 수영실력이 있어서 낙동강에서 발생하는 수많은 익사사고를 방지했기 때문에 칠곡 경찰서장으로부터 명예경찰의 대우를 받고 있다. 본처 외에 2호 3호까지 거느리고 있는 자이다. 평소에 자기 말로는 관계한 여자가 1,000명이 넘는다 한다. 특히 자식 못 가지는 여자들이 불공을 오면 초저녁에 적당히 생남불공 (生男佛供)을 하고 부녀자 혼자서 법당에서 부처에게 1,000번 절하라고 시켜 놓고 자욱한 향을 피워 놓고 한잠 자고 밤 12시나 1시쯤 법당에 들어가면 아기 갖기를 원하는 부녀자는 거의 그로키상태에 있다는 것이다. 우용학은 평소에도 씨름과 수영으로 체력이 단단한데 정상적인 여자도 그힘에 당해내기 힘들 것인데 불공과 부처에게 수많은 절과 향냄새에 취해서 정신이 아찔할 때 끌어안으면 반항도 없이 봄눈 녹듯이 그 여자는 꼼짝을 못한다는 것이다. 한번 당한 여자는 다시는 그 절에 찾아 오지 않아야 되는데 그렇지 않고 10명 중에 7, 8명은 더 자주 절에 찾아 오고 있으며 심지어 어린애를 낳았는데 아이까지 업고 찾아 온다는 것이다. 그래서 그는 자기 자식이 수없이 많다는 것이다. 지금은 호적상 남의 자식이 되어 있어도 저승에 가면 다 아들 딸이 아버지라고 찾는다는 것이다. 심지어 젊은 시어머니가 불공을 드리려 왔기에 어두운 밤중에 낙동강 물소리 들어가면서 법당에서 관계를 하고 나니 모레는 며느리를 불공드리려 보낼 것이니 아이 가지도록 잘 해 달라고 하여 그 후에 시어머니와 며느리를 번갈아 가면서 관계를 계속하였다는 것이다. 우용학은 자랑삼아 떠 벌린다.
 "혜경스님 중은 염불하려 하니 목아프고, 불경(佛經) 공부 하려하니 머리 아프고 그저 남자는 양기가 세고 남근(男根) 하나 좋으면 재미보고 돈도 쉽게 벌이고 말입니다. 평소 내 실력으로 남의 여자 한 명 꼬일 수 없지만 중이 되고 나니 여자는 줄로 서 있고, 부처님의 신통력이 참 좋은 것입니다요." 나는 하도 기가 차서 원숭이도 나무에서 떨어진다는 말이 있듯이 조심하라고 타일렀다. 내가 개최한 수련법회에 참석하여 공부는 하지 않고 서울서 온 무당 윤임개(가명)의 딸이 간질병이 있는 처녀라 같이 법회에 참석하였다. 우용학은 공부는 하지 않고 언제 꼬였는지 수련법회가 끝나고 왜관의 일심사(一心寺)에 수양시킨다고 데려다 놓고 동거 생활을 1개월 가량 하다가 서울의 집으로 돌아가게 하였는데 공교롭게도 그 처녀가 임신이 되었다. 엄마 되는 무당 윤임개는 우용학과 타협이 되지 않아 경찰에 "강간죄"로써 고소를 제기하게 되었다. 나는 그래도 인생이 불쌍하고 걱정이 되어 면회중에 "진작 내 충고 좀 들을 것 아닌가. 그랬으면 오늘 같은 창피는 안 당할 것 아닌가?" 하였더니 "혜경스님 걱정마이소. 다 내가 관계한 여자들이 돈을 내서 합의보고 나갈겁니더. 이때 누가 잘 하나 보아서 잠자리 같이 해 주면 될 것 아닙니꺼." 나는 어안이 벙벙해서 또한 정신 못 차리는 인간에게 면회같은 것도 시간낭비라고 생각하여 한심하게 생각하고 돌아왔다. 아니나 다를까 대구의 신암동 사는 정보살과 몇몇 여자들이 800여만원이라는 돈을 거두어서 합의보고 공소기각으로 풀려났다고 한다. 이것은 어디까지나 정확한 사실이다.
 김오동(가명) (경기도 평택군 진위면 건산리 진위사 주지)은 어릴 때 부모를 잃고 보살펴 줄 변변한 친척 하나 없이 고아로서 떠돌아 다니다가 장로님이 경영하는 기독교 계통의 고아원에서

착실히 성활하며 중학교를 졸업하였다. 예수님 믿고 착실히 신앙생활이나 하였으면 오늘같은 비정상적인 생활은 하지 않았을 것이다. 내가 독자 여러분께 말씀드리는 것은 위에서도 언급한 바와 같이 처음에는 기독교의 복음을 받았다가 무당이 된다는 사실이 문제다. 현재 기독교 신자가 양적으로 많이 팽창하였으나 질이 문제다. 한번 복음을 받았으면 다시는 뒤돌아 보지 않고 앞으로 나아가는 신자가 되어야 한다고 생각한다. 이렇게 되기까지는 어디까지나 각 개인의 믿음이 문제겠지만 교역자들과 먼저 믿는 당회 제직들의 격려와 보살핌이 있었더라면 불교승려 내지 무당으로 전락하지는 않았을 것이다. 앞으로는 우리 주변에 다시는 낙심과 실족하는 사람이 없도록 서로 격려와 기도하자.

　김오동은 고아원을 뛰쳐나와서 방랑벽이 되살아 나서 여러 곳을 방랑하다가 전남 구례군에 있는 조계종 화엄사의 행자로 들어가게 되었다. 어제까지 찬송과 기도와 성경읽던 그 입으로 염불을 하고 불경을 보고 너무나 쉽게 예수님을 잊을 수가 있었는지 하등의 양심의 가책도 없이 중이 되었다. 행자로서 수행(修行)을 위해 여러 곳을 떠돌다가 경기도 평택군 진위면 견산리에 있는 다 찌그러져 가는 무허가 암자에 정착하였다. 그때 평택읍에서 남편은 몸에 병이 있어 여러해 고생하니 가세를 도울 겸 얼마의 재산을 정리하여 다방을 경영하는 엄마담이 김오동이 죽치고 앉아 있는 무허가 암자에 구병시식(병자의 쾌유를 비는 불공)을 하러 드나들게 되었다. 다방마담이라 해서 얼굴이나 몸매가 좀 예쁜 것이 아니라 모양보고 과일 이름짓는다는 것은 여기 엄마담에게는 걸맞지 않은가 보다. 눈은 가늘고, 족제비 눈처럼 찢어졌고, 코는 들창코. 목은 절구통처럼 짧고 정말 여자로서 지지리도 못 생겼다. 그런데 자기 남편의 약간의 돈으로써 다방을 직접 경영하니까 엄마담이라는 과분한 칭호가 붙었다. 엄마담은 병든 남편과의 사이에 딸이 하나 있고 중 오동이보다는 15살 위나 연상이라 처음에는 불공을 할 때 스님과 신도관계에서, 차츰차츰 동생과 누이 관계로서, 급기야는 세상사람들이 아무리 다방마담이라 하여도 의젓이 남편이 있는 유부녀로서 연하의 남성인 중 오동이와 불륜의 관계를 맺는 용서될 수 없는 일을 저지르고야 말았다. 정욕에 눈이 어두운 엄마담은 병든 남편을 위해 약과 치료는 고사하고 밥도 제대로 주지 않아 비록 병들었다 하여도 한 많은 생을 마치도록 하였다. 엄마담은 애정행각에 장애가 되는 남편이 죽자 가까운 친척들에게도 잘 알리지 않고 고속식의 장례를 치르고 모든 재산을 정리하여 부허가 암자로 옮겨와서 건물수리를 대충하여 "정토종 진위사"라는 간판을 달고 엄마담에게 엄보살로 그 칭호가 변경 승격되었다. 지금은 김오동이와 사이에 아들 딸 남매를 두고 기세 당당하게 살아 가고 있다. 한 여자가 늙어도 추하고 더럽게 늙어가고 있으며, 유행가의 "연상의 여인"같이 비록 연령의 차이는 있더라도 그 동기가 좀 순수해야 될 것인데 엄보살과 김오동은 동기자체가 불순하며, 너구나 부처를 신봉하는 중으로서 하등의 양심의 가책도 없으니 정말 구역질이 날 지경이다. 이것도 모르고 신도들은 "스님, 스님"하며 자주 갖다 바친다. 이 땅에 불륜과 가증한 악을 저지르는 "땡초중놈들"은 큰소리치고, 우리같이 글줄이나 공부하는 중은 설 곳이 없으니 바로 불교가 썩어 문드러져서 냄새가 나기 때문에 도저히 정화불능이다.

(2) 용덕사 공양주 보살과의 만남

이때까지는 남의 이야기만 하였고 본 필자가 당한 이야기는 지금부터 공개하고자 한다. 오해 마시고 사실은 사실대로 음미하고 받아들이기 바란다.

전용덕(가명)은 대구시 동인동에서 이발관을 경영하는 이발사였다. 시골에는 그래도 부모들이 물려 준 약간의 재산이 있고 공부하기가 싫어서 무작정 가출하여 도시로 전전하다가 이발기술을 배워서 시골의 논밭을 정리하여 와서 이발관을 하나 직접 경영하게 되었다. 그간 면도사 출신의 부인도 이발소에서 만나게 되어 결혼하여 아무 탈없이 살았으면 별문제가 없는데 또 젊은 면도사 아가씨와 불륜의 관계를 맺으니 본처와 가정불화가 일어나게 되었다. 이발소는 본처가 자식들 하고 벌어먹도록 주어 버리고 젊은 애인과 같이 애정도피로써 팔공산 갓바위 근처에(경북 경산군 와촌면 대한동 44) 용덕사(龍德寺)라는 자기 이름을 딴 무허가 건물인 암자를 설립하게 되었다. 불교(佛敎)의 佛字도 모르며 애정도피 행각으로 절 간판을 달았다. 용덕사 근처에 바위 틈에서 나오는 물은 시멘트 손질을 하여 용왕이 내리는 약수라 선전하니 등산객, 위장병 등 각종의 질병이 있는 사람이 몰려오니 염불 한 마디 하지 않아도 부처 앞에 동전놓고 절을 마구 해대니 이것같이 수지맞는 장사가 없다. 이발소 할때는 손님데게 갖은 친절과 아양을 떨어야 돈벌이 되는데 이것은 가만히 있어도 1만5천 내지 2만원짜리 석고로 된 부처만 갖다 앉혀 놓으니 어리석은 신도들은 돈을 놓고 절을 한다. 부처가 춥다고 옷을 달라 하나 배고프다고 밥을 달라 하나 아프다고 병원에 가자하나 밑천 한 푼 안 들고, 어제까지는 별로 존경받지 못하던 이발사를 "스님, 스님"하며 존경하지 세상에 이런 아라비안나이트에 나오는 요술램프가 바로 부처라는 것을 신기하게도 알았다. 정토종의 신정환에게 돈 십오만원 주니 승려증과 주지발령장이 내려오지 않나, 대구시 반월당 근처의 삼영불교서점에서 부적 1장에 50원 하는 것 10,000원만 주면 200장 준다. 부적도 옛날에는 육갑을 짚고 관상을 보고 먹과 귀명주사(귀신을 불러서 귀신을 쫓아 낸다는 붉은 빛 나는 광물된 물체)로써 직접 그려 주어야 되었는데 요사이는 여자들이 밀가루 반죽해서 국수 뽑는 것을 수고로 덜어준다 하여 라면 등 각종 인스탄트식품이 있듯이 부적도 아예 인스탄트로 인쇄되어 있다. 전용덕은 한문으로 된 복잡한 육갑도 못짚지만 이발소 하면서 사람을 많이 상대해보았고 눈치밥도 많이 먹었기 때문에 적당한 말로 얼렁뚱땅 둘러치면 50원짜리 부적 한 장이 2만원으로 그것도 외상없이 현찰로 둔갑한다. 좀 미심쩍은 사람이 있으면 부적은 불에 태워서 그 재를 약수에 타서 마시게 할 때 염불이라고 할 수 있는 것은 "나무아미타불"뿐이니까. 나무아미타불만 불러 주던 여자들은 부적을 태운 재를 약수에 타서 마시고는 마치 가슴에 응어리져 있는 것이 탁

풀리면서 금방이라도 소원성취가 된 줄 알고 절을 몇번 하며 일금 십만원까지 내어 놓는 것이다. 무허가 암자 용덕사 설립한 지 8개월만에 젊은 애인을 위해 24평짜리 아파트를 구입할 수 있었다. 전용덕은 시장에서 밑천 들여가며 목이 터져라 장사하는 사람들은 바보치고 가장 멍청한 바보라고 생각하였다. 시장바닥은 불경기가 있지만 부처 앞에는 불경기가 없다. 오히려 문전성시(盛市)라. 용덕사가 번창하니 밥하는 공양주보살을 월 8만원씩 주기로 하고 고용하였다. 나이는 45세이고 딸 하나 데리고 있는 과부다. 전용덕은 처음 몇 달은 월급을 주다가 아까워서 어느날 밤에 반강제로 덮쳐서 자기 사람을 만들었다. 한 달에 한번 정도 본처에게 갔다가 아파트에 있는 애인집에는 1주일에 한번 정도, 절에는 아쉬운 대로 공양주보살이 있고, 그것뿐인가. 밑천 안 드는 장사 잘 되고 "용덕 스님 살판 났다"는 인생의 최고의 성취만족, 이것 이상 더 있을까? 항상 기분이 좋다.

그뿐인가, 대구시 근처의 무당들은 정초(正初)에 무당 푸닥거리를 하고 여름에 푸닥거리가 없을 때에는 절에 산기도 하러 온다. 신의 영통함을 받아야 가을과 다음 정초까지 푸닥거리와 점괘가 잘 풀린다 하여 여름 푸닥거리 불경기때 산기도라는 명목으로 절에 와서 1주일 내지 15일까지 불공과 산기도로써 마귀의 힘을 저장하는 것이다. 무당들은 한창 신이 내리고 나면 산에서 만난 남자 특히 중은 더 좋고 반드시 육체관계를 해야 1년 내내 점과 푸닥거리가 많이 들어온다는 것이다. 그래서 전용덕은 시내의 무당과 아무 부담감 없이 산신령의 도움으로 15여명과 육체관계를 맺었으니 이들 무당들로부터 팔공산 갓바위 근처의 용덕암은 선전이 되어서 신도들이 더욱 많이 찾아오게 되었다.

나는 81년 여름의 더위가 기승을 부리던 8월 20일경에 종단 일로 용덕암에 들러서 하룻밤 자게 되었다. 마침 가는 날이 장날이라 용덕암 주지 박수무당 전용덕은 시내에 볼일 보러가고 없다고 하는 것이다. 12km이상 산길을 걸어왔기 때문에 무척 피곤하였다. 공양주 보살은 저녁을 정성스럽게 차려왔다. 저녁식사 후에 과일과 음료

제3부 불교정토종이란 이렇다 53

수도 가지고 와서 "큰 스님 멀리까지 오시느라 수고 많으십니다. 모기가 심하니 이따 모기향과 모기장은 쳐 드리겠습니다." "공양주 보살님 제가 모기향 피우고 모기장 칠 수 있으니 이 방 출입은 그만두시고 밤도 깊었으니 편히 쉬십시오." 나는 심하게 거절하지는 못하고 알아듣기 쉽도록 거절하였다. 그래도 한참 후에 공양주 보살이 들어와서 모기향, 모기장을 쳐 주고 이부자리도 펴 주고 나갔다. 나는 너무 고단하기 때문에 잠이 오지 않아 여름밤 산골의 시원함과 정적을 음미하며 잠 못 이루고 이리 뒤척 저리 뒤척 하고 있는데 문이 열려 있는 내 방에 두 사람의 여인이 여름 속옷바람으로 들어오는 것이다. 나는 누구며 어떻게 된 사람인가고 물어 보았다. 저녁을 차려 나온 공양주 보살과 그의 딸 스무살 정도의 처녀가 같이 들어왔다.

　독자 여러분. 여자들의 여름 속옷이란 거의 벗은 것과 같은 것이다. 나는 현기증을 느끼면서 이 여인들을 꾸짖기 전에 필히 무슨 곡절이 있을 것이라 생각되어 분노를 억제하며 이야기를 나누기로 하였다. "공양주 보살, 이 밤중에 여자의 본분을 지키시오. 왜 이런 해괴망측한 행동을 하오?" "큰스님 저의 딸을 불쌍히 여겨서 한번만 동정하여 주십시오." "동정이라니 내가 어떻게 하는 것이 공양주 보살과 딸에게 도움이 되겠소." "스님같은 분과 잠자리를 같이 하면 산신령님으로부터 영통함으로 받아서 굿일이 많이 생기면 지금과 같이 공양주 노릇도 안 해도 되고 제 딸과 같이 영통이 되면 둘이서 평생 벌면 집도 사고 형편이 나아질 것이 아닙니까? 스님! 제발 좀 동정해 주세요." "스님들하고 잠자리 같이 하면 산신령으로부터 신통력을 얻는다고 누가 그렇게 합디까?" "스님은 모르시는 말씀입니다. 점하고 굿하는 신도보살이 여름에 산기도 와서 스님과 잠자리 같이 하고 산신령으로부터 신통력을 얻어 얼마나 굿이 잘 되어서 돈을 많이 버는지 아십니까? 돈을 버니까 금목걸이와 다이아반지도 하고 힘 안 들이고 돈벌이 잘 됩니다. 그러니 평생 은혜를 잊어 버리지 않을테니 저와 제 딸을 동정해 주십시오." 나는 분노에서 관심있는 흥미거리가 되어서 후덥지근한 여름밤에 가련한 이들 모녀에게 이야기를 더 시켜 보았다. "공양주 보살, 만일 그러다가 임신해서 어린애라도 생기면 어떡합니까?" "아이고 어린애 생기면 얼마나 반갑겠소. 산신령님이 점지해 주신 것 아닙니까? 아들보다 딸이 더 좋습니다. 딸은 신령한 신통력을 가지고 태어나기 때문에 나중에 처녀동자로서 점과 굿일이 많아집니다." 나는 여기서 무당들의 모계사회(母系社會)의 단면을 보았다. 나는 점점 흥미를 느껴서 관심있는 것을 더 물어 보았다. "남자무당인 박수는 누구와 잠자리를 같이 합니까?" "스님! 말도 마이소. 남자도사는 멀쩡하게 본처가 있으면서 총각도사니 무엇 이상한 이름을 붙여서 산기도 할 때 여자 무당과 같이 관계를 하거나 안 그러면 소원성취 기도한다고 여자신도들 하고 같이 와서 처음에는 딴 방에 자다가 언제 붙어 버렸는지 그만 부부간보다 더 다정한 기라예. 그것도 저것도 못 차지하는 것은 우리같은 공양주한테도 막 접근 안 합니까?" "그러면 그사람들과 관계하지 어떻게 나같은 사람에게 부탁하는기요." "참말로 스님도 그것 말이라고 합니까? 그까짓 화랭이 하고 백날 잠자리 해 보았자 몸만 상하지 산신령님으로부터 신통력을 못 받습니다. 스님! 우리 모녀에게도 신령님의 은혜를 받도록 해 주시고 내일 아침에 법당에서 예불해 보면 아시지만 산기도하는 신도보살이 많습니다. 한 열흘간 여기 있으면서 그 사람들에게도 은혜를 베풀어 주고 가십시오. 그것 다 적선하는 것 아닙니까?" 나는 이들 모녀에게 부처님법이 그렇지 않다는 것과 잘못 알고 있다는 사실과 산신령을 섬기지 않는다는 것 등을 설명하면서 점잖게 거절하느라 땀을 뺐다. 그 후에 나는 문화재관리국을 통해서 인간문화재로 지정된 김백화, 권경화씨 등과 토론한 결과 진짜 무당은 그런 추잡한 행동을 하지 않는다는 것을 알았다. 선무당이 사람 죽인다는 말이 있듯이 가짜무당들이 별 해괴망측한 행동을 하고 있다. 그 이튿날 새벽에 법당에서 예불을 해 보니 어느 구석에서 왔는지 젊은 무당들이 7, 8명 가량 들어와서 같이 예불을 드리고 부처보고 절 몇 번 하고 자꾸 나를 쳐다본다. 그 눈빛이 너무나 정욕적이라서 아침공양을 얻어먹고 잡는

제3부 불교정토종이란 이렇다 55

것을 뿌리치고 절을 떠나고 말았다. 정말 불타(佛陀)의 가르침이 저렇게 지저분할까? 후~후 한숨과 절망의 소리가 절로 나온다. 독자 여러분! 사업이 잘 안된다 하여 부인을 무당 따라서 산기도 보내지 말라. 재산잃고 부인 잃는다. 우리 주변에 "나는 절에 불공해서 부처님 덕으로 태어났소. 3대 독자였는데 우리 어머니가 백일기도 드려서 내가 이 세상에 태어났소." 이런 소리 심심찮게 듣는다. 이들 중의 70%는 승려들과 불륜의 관계로써 태어난 생명이다. 이것을 구체적으로 역사적으로 설명하겠다. 이때까지 그런 말을 한 분은 앞으로 하지 않기를 바란다. 여기서 잠시 인도의 힌두교도의 행사르 화제를 돌려보자.

다음 글은 1830년경 영국이 인도의 서부지구에 철도부설을 하는데 힌두교 시바파가 이의 저지 기도행사에 영국인 토목기사 J. 데이비드씨가 참가한 목격담을 소개한다. 스도시에 남, 녀 나체로 된 인형을 가마에 앉혀서 힌두교 승려들이 메고 시가행진을 한다. 그 인형 안에는 각종 동작을 할 수 있는 기계가 장치되어 있고 승려가 조작함에 따라 각종 섹스씬이 연출된다. 그 옆에는 승려들이 각종 주문을 외우는데 인형의 동작에 따라 그 씬에 알맞는 바로 섹스 관계의 분위기를 고조시키는 주문이었다. 주문이라기보다 정욕에 울부짖는 동물의 단말마의 몸부림 같았다. 그 뒤를 따라 남, 여, 노, 소 가릴 것없이 수많은 시민이 장사진을 이루어 들뜬 기분으로 사원(寺院)을 향해 따라간다. 사원에는 특별히 마련된 어두침침한 동굴로 안내되어 들어갔다. 동굴 정면에는 흑모(검은 어머니란 여신)상이 조각되어 있었다. 눈은 붉게 충혈되어 있고 입은 피가 뚝뚝 떨어지면서 잔인하게 벌리고 있고 머리는 삭발하였고 손은 4개인데 두 개는 남자의 목이 잘려져서 피가 뚝뚝 흐르는 목을 쥐고 있고 나머지 두 손은 금방 잘라져서 피가 흐르는 남근(男根)을 쥐고 있으며, 몸에는 구렁이가 칭칭 감겨 있으며, 발은 문어발처럼 무수히 많은데 그 발 하나하나가 다음 희생의 재물이 될 남자를 밟고 서있는 끔직스러운 모습이다. 동굴에 가득 들어선 남, 녀는 "오 제이 마이 케리, 오 제이 마이 케리"를 외친다. 그 뜻은 오 나의 흑모여 제사를 기쁘게 받으시고 복을 주소서 하는 뜻이란다. 이윽고 강단 전면 왼편에 천민으로 보이는 남자가 나체로 묶여서 반듯이 누워있다. 그때 승려들이 북소리에 맞춰서 나체의 창녀가 관능적인 춤을 추면서 그 천민에게 접근하였다. 음악에 맞추어서 갖은 기교를 다 부리니 남자의 링감(인도의 범어로 남근이란 뜻, 우리 말에 영감, 대감도 이 말에서 온 것 같다)이 수평으로 일어섰다. 그 천민의 남자는 야성의 동물같이 울부짖는다. 그때 그 춤을 추던 창녀는 여니(인도는 범어로 여자의 음부라는 뜻, 우리 말에 여자를 이년, 저년하는 년이 여기서 온 것 같다)에 링감을 삽입시키니 북소리는 더욱 요란하고 사미승은 쟁반을 받들고 노승은 삼치창(세 가지로 된 창)과 칼을 가지고 가서 창으로써 그 천민의 옆구리를 찔러 창자를 끄집어 내고 칼로써는 링감(남근)을 잘라서 쟁반에 담아서 흑모앞에 갖다 바치는 제사를 지낸다. 그때 북소리는 한층 더 요란하게 울리며 수많은 사미승들은 창녀의 여니(여자의 음부)를 손바닥으로 수없이 치면서 관중과 같이 "오! 제이 마이 케리, 오! 제이 마이 케리"하면서 고함을 친다. 이때 남, 녀는 신분의 귀천이 없이 옷을 벗고 완전 나체가 되어 혼음을 하는 것이다. 인도같이 4계급 제도(①브라만 : 사제, ②크샤트리야 : 왕족, ③베이샤 : 농공상, ④슈드라 : 천민)가 철저한데 이 순간만은 비록 귀부인이라도 옆에 남편이 있어도 천민과 같이 혼음을 한다는 것이다. 이때 제물로 희생된 천민은 가족을 위해 얼마간의 돈을 받으며 자기자신은 옆구리에 창으로 찔려 바람을 내어 악신을 제거하고 극락에 간다는 것이다. 최고의 만족한 상태에서 해탈의 즐거움을 만끽하며 죽어간다는 것이다. 힌두교 사원에는 춤을 추는 여자들과 창녀들을 양성한다. 평소에는 승려들과 관계하다가 관람객이 적당한 돈만 집어 주면 몸을 판다는 것이다. 오전 10시에 사원(寺院)에서 종이 울리면서 승려들이 거리에 쏟아져 나오면 이때 아이 못 낳는 여자는 그 중에 아무 승려나 자기 집에 데리고 가서 동침한다는 것이다. 그 남편은 브라마신의 화신이 승려를 통해서 자기 부인에게 잉태되는 아기는 귀하게 여기고 기른다고 한다. 남편 없는 과부는 사원을 순례하면서 승려들과의 관계로써 육체적인 환락을 맛본다는 것이다. 영국이 식민지 통치를 하면서 기독교 정신에 입각해서 산 사람을 종교행사에 희생의 제물로 드리는 것을 막았다고 한다. 힌두교 사원에는 남, 녀 섹스관계의 가지가지의 기교와 환각제, 마약들이 비밀스럽게 발달되어 왔다고 한다.

필자가 구질구질하게 힌두교 이야기는 왜 하느냐그 독자 여러분께서는 반문하는 분도 있으리라 생각한다. 위에서 말한 흑모(검은 어머니 : 케리)가 불교에서는 관세음보살(크옹남)로 변신하였다는 것을 이야기 하고자 하는 것이다. 눈썹이 부드럽고 자비스럽게 생긴, 우리의 소원을 모두 들어 주고 성취시켜 주는 관세음보살은 사실 힌두교에서 산 사람의 목숨과 남근(男根)을 즐겨 제물로 받는 흑모였다는 것이다. 그래서 그런지 관음경에서는 관세음보살이 중생제도를 위해 창녀로도 화신(化身)할 수도 있다는 것을 말하고 있다. 기독교의 구약시대는 간음한 자는 돌로 쳐 죽이며 엄격히 다스렸다. 불교에서는 석가모니의 가르침에는 간음을 엄격히 경계하고 있으나 어디까지나 말이고 실제는 기독교보다 엄격하게 다스리지 않았다.

티벳을 중심한 라마불교는 완전히 섹스불교다. 중앙아시아로 중심한 인도의 북부지방을 지형적으로 볼 때 여자의 자궁같이 생겼다 하여 이른바 태장사상(胎藏思想)이란, 승려나 신도가 염불하는 것이나, 참선하는 것과 남, 여 섹스행위 하는 것과 삼매의 즐거움은 같은 것이다. 극락이란 별것이 아니라 남, 녀의 육체관계 즉 성행위의 즐거움과 같은 것이다. 남, 여의 그런 관계는 시간적으로 짧고 염불이나, 참선은 그런 즐거움이 시간적으로 좀 오래간다는 것이다. 이 라마불교 승려들은 원나라의 궁궐에서 궁녀들에게 섹스의 갖은 기교를 다 가르쳤으며 부처중에도 환희불이란 것을 만들어 가장 깊이 숭배하였다. 얼마전에 문교부 추천도서인 소녀경(素女經)이란 것도 라마불교에 그 근원을 둘 수 있다. 문교부 장학관까지 인사조치 되었던 사건의 책이다. 고려말의 요사스런 승려 신돈은 경남 창녕 옥천사의 여자종의 아들이었는데 그 애비는 아마 잘 알려져 있지 않으나 절의 승려같다고 생각된다. 신돈은 중국에 가서 참선범이라든지 정식불교는 배우지 않고 티벧에 가서 라마불교를 배워 왔다. 신돈이 고려말의 조정을 얼마나 문란하게 하였는지 독자 여러분은 잘 알 것이다.

옛날 중국에 사이비불교 중에 한 파인 오두미(五斗米)교라는 것이 있었다. 여자가 아들 낳기를 원하면 쌀 다섯말을 머리에 이고 절에 가서 생남 불공을 하면 아들을 가진다는 것이다. 만일 아들이 아니고 딸일 때에는 쌀 다섯말 시주한 것을 도로 돌려 준다는 것이다. 승려들은 사상의학 또는 오온육기(五蘊六氣) 다시 말하면 사람의 얼굴의 모습과 피부의 색깔과 눈동자, 몸매를 보아 질병 및 건강상태를 진단할 수 있었다. 여자들은 월경이 있을 때를 부정하다 하여 절에는 가지 않고 절에 갈 때는 목욕제계하고 절에 가는 것이 정성으로 되어 있다. 절의 승려들은 여자들의 얼굴모습만 보아도 월경주기를 피하고 어느 정도 정확한 배란기 즉 임신의 적기를 알아 맞출 수 있는 것이다. 지정된 불공드릴 날자에 연약한 여자가 쌀 다섯말을 머리에 이고 꼬불꼬불 산길을 걸어 절에 오면 몸의 기운이 다 빠질 것이다. 그뿐인가? 생남불공 때 수없이 부처 앞에 절을 하고 향을 태울 때 그 냄새에 취해서 녹다운 될 것은 명약관화한 사실이다. 이때 밤은 깊고 깊은데 산골 절에서 성관계는 자연적으로 이루어질 것이다. 또 임신될 확률도 상당히 높다. 오늘날 절에서도 그런 일이 없었다고 정확하게 말할 사람이 있을까? 분명히 밝히고 지나갈 것은 인도의 힌두교로부터 불교를 통해서 중국을 거쳐 한국까지 불교가 전해 오는 과정에서 비밀스런 섹스행위의 방법이 비밀로 전수될 수 있었다는 것이다. 가까운 일본만 하더라도 섹스불교인 비밀스런 행위를 하는 불교단체가 엄연히 있다는 것이다. 불교행사하는 날에는 승려들은 목욕을 하고 비밀스런 방에 들어가 있으면 극락의 기쁨을 만끽하려는 여자들이 종교행사의 일환으로 승려가 기다리고 있는 방에 들어가서 마음껏 섹스의 환락을 즐긴다는 것이다.

84년 10월 8일자 중앙의 일간지어 보니 우리나라의 불교의 가장 큰 종단의 간부승려가 속인(俗人)도 감히 못하는 자동차 안에서 젊은 여인과 이른바 카 섹스를 하여 물의를 일으킨 기사도 보아왔다. 옛날 중국의 남산종(南山宗)의 도선율사는 계율을 바로 잡으니 불교의 교(敎 : 부처의 가르침)가 융성해지고, 교(敎)가 융성해지니 참선이 흥왕하였다는 사실이다.

오늘의 한국불교를 보라. 계율이 엉망인데 교(敎)가 바로 설 수는 결코 없을 것이다. 교(敎)가 바로 서지 않으니 어찌 선풍(禪風)이 더 날릴 수 있을 것인가? 정만공(가명) 스님(대전시 자양동 용화사 주지)은 옛날 조계종 금용사(경북 문경군 점촌읍 소재)의 승려로 있다가 정토종에서 많은 노력을 하고 있다. 한때 나와 같이 이야기하는 중에 "머리깎은 중놈들이 술 처먹고 계집질하고 도박하고 속인도 못하는 짓거리를 하니 어찌 중이라 하겠는가? 머리깎은 도적놈들이지요."하며 한숨을 쉬던 모습이 기억난다. 박혜경 스님(경북 안동시 목성동 대원사 주지)은 조계종의 스님으로서 왼쪽 손의 손가락 셋을 부처앞에 생공양(불로 태웠다)을 올릴 정도로 고행과 수행을 하였으며 안동에서 수필문학을 지도하고 있다. 나와 법명이 같아서 그런 것이 아니라 스님같은 스님은 아마 박혜경 스님이라고 생각한다. 어느 때 나와 같이 이야기하는 중에 "도시 근처의 승려는 생리적 욕구를 적당한 곳의 여자를 찾아 돈 몇 푼 주고 해결할 수 있는 모양이다. 그러나 산골의 승려는 공양주 보살(밥하는 여자)과 툴미스런 관계로서 소문이 좋지 않게 난다. 절간에 돌아다니는 공양주란 가정집의 가정부 노릇도 못 하고 인생의 밑바닥을 헤메는 저질 인생인데 나이가 많고 적고간에 승려들이 자기의 욕구충족을 잘못 하다가 말썽이 생긴다"고 솔직히 말씀하였다.

독자 여러분! 나는 솔직히 말씀 드린다. 여자들이 절에 출입하는 것 바람직하지 못한 일이다. 그것도 선방(禪房)이나, 강원(講院)의 큰스님을 찾아가서 좋은 법문 듣고 도덕적인 수양을 쌓는 것은 무방하나 젊은 승려 내지 승복을 입은 무당들과 어울릴 때 재산

잃고 부인잃기 쉬우니 남편되는 사람들은 각별히 유념하시기 바란다. 절에서 부처에게 생남불공해서 자식을 얻었다는 것은 결코 자랑할 것이 못 된다. 우리 이제는 이런 비극을 되풀이 하지 말자. 여러분들의 현명한 판단이 있기를 바란다. 무당 푸닥거리 굿하는 가정치고 잘 풀리는 가정이 없다. 점점 더 복잡해진다. 푸닥거리는 가정 파탄의 지름길이다. 거듭 강조하지만 승복을 입었다 해서 다 승려가 아니니 스님과 무당을 구별하라는 것을 당부하고 싶다.

7. 이병철(가명)과 승려들의 배신

필자는 82년 3월말경 경북 달성군 가창면의 무량사에서 교통이 편리하며 조용하고 공부하기 좋게 생각되어 경북 달성군 옥포면 본리동의 장수사(長壽寺)로 거처를 옮겼다. 주지는 이병철(가명) 스님인데 비록 배운 공부는 적다 하여도 학문하는 사람을 존중하기 때문에 가 있기로 하였다. 이병철은 앞에서도 말한 바와 같이 정통적으로 불교를 공부하지 않았으나 무당 푸닥거리를 해 가면서도 돈을 벌어 절을 아담하게 지어서 불교통신강원의 교육도 받고 공부할려는 열의가 보이므로 가 있기로 하였다. 승려로는 이병철과 나, 행자 박종록 이렇게 셋이서 있으면서 나는 정토종의 승려와 신도들의 교육과 포교, 해외교류 등 바쁘게 돌아다녔다. 얼마 후에 승려 천여운, 박청산(가명)도 절을 찾아와서 같이 있으며 서로 토론과 의견교환을 해 보니 석가모니의 가르침과 너무나 거리가 멀다. 행자 박종록은 그해 여름 지나고 다방 종업원 출신의 여자와 동거생활을 하느라고 절을 떠나고 말았다.

박청산에 대해서 그의 해괴한 인생 행로를 잠간 언급할까 한다. 일찌기 평양의 기독교 가정에서 태어나서 평양의 숭실중학을 졸업하고 일본의 구마모도(能本)상업전문학교를 졸업하였다. 해방 후에 삼팔선으로 말미암아 고향 평양에는 돌아가지 못하고 경찰에 투신하여 그만한 학력으로 곧 간부로 승진하여 서울 중부경찰서 사찰주임으로 경위계급장까지 달았던 엘리트 경찰이었다. 6·25때 전투 경찰대로서 전투에 참가하여 전공을 세우고 전투중 부상으로 제대하였다. 공무원이나 상업계통에 종사할 수 있었는데 그 좋은 학력과 경력을 충분히 발휘하지 못하고 엉뚱한 길로 사주, 관상 보는데 종사하여 한때 대구의 미도극장 앞의 "백거의도사"라면 모르는 사람이 없을 정도로 점쟁이 영업이 잘 되어 문전성시를 이루었다. 그 많은 벌이가 된 돈을 술먹고 여자들과 놀아나는데 다 낭비하고 가정은 거의 방관하다시피 하였다. 오뉴월 메뚜기 한철이라고 점쟁이 인기도 사그러지고 나니 나이많고 갈 곳이 없어 절로 전전하며 밥이나 얻어먹고 낮에는 달성공원 앞에서 사주, 관상 보아서 몇푼 벌이가 되면 소주나 사 마시면서 세월을 보냈다. 박청산은 평소 기독교 교리도 많이 알았다. 그렇다고 진정한 석가모니의 가르침대로 따르는 불자(佛子)도 아니다. 평소에 매일 소주 마시고 술이 취하면 내가 책 읽고 공부하는 것을 보고 큰 소리로 "혜경 대적스님요. 무엇이 부처님의 가르침인 줄 아십니까? 염불공덕, 참선공덕 다 헛것이라요. 외로운 과부 동침 공덕이 제일 좋은 공덕이라요"하며 해괴망측한 소리를 내지르다가 혼자서 쓰러져 자곤 하였다. 경북 상주군 용암면 선송사의 무당 이보살과 동거하다가 헤어지고 여러 무당보살들과 복잡한 관계를 맺더니 장수사에서 점심 먹다가 말 한마디 없이 죽고 말았다. 그가 화장막에 들어갈 때 그래도 본부인은 찾아와서 약간의 눈물을 흘렸다. 그러나 그의 외아들은 갖은 고생을 하며 고학을 하여 육군의 장교가 되어 있어도 얼마나 아버지로서 못할 짓을 했길래 장례식에 참석도 하지 않았다. 그는 너무도 허무하게 사라져 갔다. 이런 분위기에서 나는 공부하는데 지장이 많았다. 그러나 교통이 편리하니 부처의 말씀을 전한다 하여 대구를 위시한 주변 일대의 기업체, 군부대, 학교, 새마을교육연수원 등등 눈코뜰 사이 없이 부지런히 돌아다녔다.

장수사 근처에는 88올림픽 고속도로 인터체인지가 건설되고 있었다. 이병철은 장수사 주지로서 올림픽 고속도로 건설로 인해 토지가 편입됨으로써 받은 토지보상금 350여만원을 써 버렸다. 그런데 후에 알려진 사실이지만 사찰진입토가 없어져서 사람이든

차량이든 사찰에 들어 갈 수도 없고 나올 수도 없게 되었다. 건설부로부터 받은 토지보상금으로 인근 토지를 매입하여 진입로를 건설하여야 하는데 돈은 다 낭비하였고 사찰진입로는 없고 하니까 이병철은 나에게 간곡히 부탁한다. "김국장님 사회의 포교활동도 많이 하였고 정부 고위층에 아시는 분들이 많이 있을 것이니까 장수사 진입로를 해결해 주면 그 은혜는 평생 잊지 않겠소."하며 몇 번이나 사정을 한다. 어떤 때는 밤잠을 자지 않고 나에게 와서 "김국장님 장수사는 내가 평생 처음 노력해서 이룩한 것이요. 그간 세상에서 별짓 다 해도 다 실패하고 이제 겨우 밥술이나 먹는가 했더니 사찰에 진입로가 없으면 신도들이 오지 않으니 수입이 적어서 절이 망하게 되었소. 어떻게 한번 나서 주시오"하며 간청이라기보다 애원하였다. 장수사는 대지가 2,500여평에 천불전(부처를 천개 앉힌 곳), 독성각, 용왕각, 칠성각, 산신각, 극락전, 요사체(살림하는 집), 유나실(승려들이 거처하는 곳) 등등 제법 사찰로서 규모도 갖추어져 있다.

 나는 이병철의 간청에 못이겨 앞장서기로 하였다. 일차로 대구시와 경북일원의 종단 산하의 승려와 무당, 신도 합계 3만명의 연판날인한 진정서를 작성하였다. 장수사는 정토종 경북종무원으로서 승려 및 신도들의 수련법회가 연중 계속 실시되므로 사찰진입로가 없으면 불가능하니 사찰 진입로를 개설해 주든가 그렇지 않으면 장수사를 철거하여 다른 곳에 이전건축하여 주든지 하라는 내용의 진정서를 건설부, 감사원, 청와대 등 관계 요로에 제출하여 대구매일신문과 방송에 보도하고, 신도와 승려들을 동원하여 2차에 걸친 시위도 하였다. 그때 건설부 감독관 박영준씨는 나에게 얼마나 사정하였는지 모른다. 박영준씨에게 이 글을 쓰면서 심심한 사과를 드린다. 사찰 진입로 때문에 얼굴에 축이 날 정도로 고민하였다. 토지소유주는 사찰진입로에는 땅을 팔지 않겠다는 주장으로 맞섰다. 결국 정부의 예산으로 폭 3.5m 길이 350m의 사찰진입로 공사를 하여 주기로 나와 정부당국과 합의 각서를 교환하였다. 그대신 나는 신도와 승려를 동원하여 시위를 주도하지 않기로 약속하였다. 이병철은 자기 토지가 고속도로에 편입된 것의 보상금을 받았으며 정부에서 수천 만원의 예산으로써 토지를 매입하여 도로를 개설하여 주었다.

　독자 여러분! 특히 성도 여러분. 나는 그당시 사찰에 길을 내는 것이 부처의 가르침이고 참불자(佛子)로서 사명이라고 생각하였다. 그러나 지금 개종하여 성경을 보니 죄인 중에 큰 죄인이라 장수사에 가는 길을 내지 않았다면 우상숭배하고 마귀를 따르는 사람이 없었을 것이다. 그러나 나는 그 길을 개설함으로써 지금 이 시간도 절을 찾아 우상숭배하러 가는 불쌍한 영혼들이 생각이 나서 매일 새벽기도에 뜨거운 눈물로써 회개 기도를 한다. 장수사에 내가 닦아 놓은 그 길로 불쌍한 영혼이 지옥을 향해 달려가는 것을 생각하니 눈물이 앞을 가린다. 지금은 준비기간이라 나는 매일 전도해서 그 영혼을 회개시켜도 내가 닦은 그 길로 지옥으로 달려가는 영혼을 생각할 때 하나님 앞에 너무나 많은 죄를 지어서 어떻게 용서를 받을까? 그저 기도할 뿐이다. 내가 닦은 그 길이 있는 한 지옥으로 가는 불쌍한 영혼은 끊일 날이 없을 것이다. 나는 내 힘으로 할 수 없어 그 죄를 회개하는 길은 성령님의 역사로써 부흥목사되게 하여 달라는 기도밖에 없다. 나같은 죄인의 괴수 중의 괴수를 하나님께서 불러 주셔서 구원의 은혜 주심을 감사하오며 앞으로는 머리로 생각하며 손으로 글을 쓰고 입으로 전하고 몸으로 행동하며 이 생명 다하는 날까지 예수님의 부활을 전하는 복음의 사역자가 되게 해 달라고 기도하고 있다.

　정토종의 신정환과는 불교대학 설립문제로써 싸우게 되었다. 장수사 즉 이병철은 사찰진입로가 개설되게 되었으니 나를 보고 새로운 종단을 창설해서 이 땅에 불교대학을 설립하면 비록 못 배웠지만 참여하겠다고 한다. 장수사와 그에 딸린 논밭을 합하면 약 1억원의 재산이 되니 불교대학 설립에 기부하겠다고 나선다. 나는 82년 12월 5일 대구시 북구 팔달동 143번지 광원사(光願寺)에서 승려 60여명과 신도 5만명으로써 "한국불교본원종"을 창종(創宗)선언 법회를 가지고 만장일치로써 나를 따르겠다는 결의를 하는데 나는 감격해서 눈물을 흘렸으며 몸이 부수어져 가루가 되는 한이 있더라도 이 땅에 부처의 바른 가르침과 불교대학을 설립해서 전국민의 불교화에 앞장서고 극성스럽게 일어나는 기독교 세력을 이 땅에서 축출하려 하였다. 서대원씨는 한국불교본원종의 문공부등록 사무로 위임받았고 나는 정토종과 법정투쟁을 맡았고, 이병철은 자금조달 및 조직책으로 남게 하였다. 나, 김혜경이가 "한국불교본원종"이란 새로운 종단을 만들고 불교대학을 설립한다는 마스터 플랜(Master plan)이 나오고 실행되어 나아가니 조계종의 몇몇 원로스님과 젊은 학승(學僧)들이 참여의사를 밝히고 태고종의 중앙종회의장 이석천스님은 적극 참여하였고 법화종의 감찰위원스님도 참여하였다. 정토종의 신정환과 진정 고소 등으로 서로가 처절한 법정 투쟁을 하게 되었다. 그때 경북달성경찰서 조사계장 홍창표 경사에게 신정환은 종단 대표로서 문공부에 보고된 예산, 결산액과 진술하는 금액과의 상당한 차이가 있으며 특별히 불교재단 관리법에 의하면 분명히 공금으로 취급하여 금액을 공개회계하기로 되어 있었다는 사실을 나는 강력히 주장하였다. 어떻게 된 이유인지 경리장부는 조사하지 않았다. 신정환은 예금통장 하나 없이 마구잡이로 돈을 위용 횡령 착복하였다. 그 금액도 수억원에 달한다고 생각한다.

8. 억울한 옥살이

(1) 신정환과 법정 싸움 때의 기소장

본적 : 대구시 남구 대명동 81번지
주소 : 경북 달성군 옥포면 본리동 장수사
성명 : 김 성 화
직업 : 승려

― 공 소 사 실 ―

피고인은 장수사 소속 승려로서 정토종 종통인 신정환

(가명), 본부장인 윤순(가명) 부부를 상대로 한 종권싸움에 패배하여 피고인의 일파인 박성학(가명), 이병철(가명) 등이 1982. 12. 9일자로 파면이 되어 축출되자 이에 앙심을 품고 위 신정환 윤순을 형사처벌 받게 할 목적으로 1983. 1. 18경 위 신정환과 윤순을 상호 공모하여 법원에 정토(진)종으로 상호등기를 하여 놓은 것을 이용하여 1982. 10. 26. 13시경 경북 달성군 옥포면 본리동 소재 장수사에 승려 60여명이 모인 자리에서 진종회원증을 보이면서 이 회원증만 사면 굿을 마음대로 할 수 있다, 경찰에서도 간섭을 하지 않는다고 승려들을 속여 금품을 편취하려고 하였고 종교단체 간부는 정당한 절차에 의하여 선출 임명 하여야 할 임무에 위배하여 이보광(가명), 이학만(가명), 노말주(가명), 도쌍출(가명) 등으로부터 많은 돈을 받고 감찰국장 등 감투를 팔아 먹었고, 대구 삼덕동 소재 삼영불교 서점에 인쇄비 700,000원을 종단에서 부담한다고 하여 놓고 이를 위 이병철에게 부담시켜 사기 하였으니 처벌하여 달라는 등의 허위내용의 고소장을 서울 서대문 경찰서에 제출하고 같은 내용으로 같은 해 3. 18 경북 달성 경찰서에 추가 고소장을 제출 각 고소를 하여 동인 등을 무고한 것이다.

위의 공소장을 독자 여러분은 어떻게 생각하는가? 과연 내가 그 죄로써 구속되어 징역 8개월을 복역하여야 할 죄인가? 차츰차츰 이 책을 읽어 보면 현명한 판단이 있을 것이다. 나는 그즈음 보안법 문제로 정보계통이 연행되어서 명예훼손으로 25일간 구류처분을 받았다. 이병철은 인쇄비를 사기당했으니 고소장 제출시 같이 고소를 제기해 주면 정확한 증거제출 증인이 되어 주겠다고 약속을 하였다. 그런데 이병철은 경찰 조사과정에서 인쇄비에 대해서는 전혀 모른다고 진술하므로 나를 구속하게 허위 진술과 배신을 하였다. 배신이유는 불교대학 설립에 막상 1억원 상당의 재산을 기부하고 보니 아까운 마음이 일어났고 또한 경찰에서 경리부장의 조사를 내가 주장하니 이병철과 박주찬은 종단돈을 적지 않게 횡령 착취하였으므로 나만 구속되면 적당히 경찰에서 무마할 수 있을 것 같은 것이 주된 이유이다.

이병철과 박주찬 양인이 횡령 착복한 내용은 다음과 같다.

① 대구시와 경북일원에 등록된 사찰 암자가 약 150여개나 되는데 서울 종단본부와 문공부에는 50여개만 보고하였고 나머지는 보고에 누락시키므로 사찰 암자 분담금과 승려의무금을 중간에 받아 횡령하였으며,

② 이병철은 개인명의로 45인승 대형버스 1대를 구입하여 버스 표면에 "대한불교정토종 경북종무원"이란 글자를 새겼다. 그리고 종무원 산하 승려와 신도회장들께 "저 버스는 종무원 버스니 앞으로 많이 이용해 달라. 이익은 종무원에서 앞으로 불교교육원 운영할려는 기금을 모으려고 하니 많이 협조해 달라"고 시간 있을 때마다 부탁하여 각 사찰 암자에서 방생법회 각종 수련회 모임이 많아서 1개월에 적어도 25일 이상 버스가 하루 사용해 15만원에서 18만원 정도 받으면서 7년여 계속 자가용 영업행위를 하였는데 그 장부와 금액이 없으니, 횡령 착복액이 탄로날까 거짓말과 배신을 하였다. 다음은 판결문을 공개하겠다.

　　　　　대구지방법원 제2 형사부 판결

　　　　사　건 : 83노 1640 무고
　　　　피고인 : 김성화 승려
　　　　검　사 : 손 우 태

주문 : 피고인은 징역 8개월에 처한다.
이유 : 피고인은 대한불교 정토종 장수사 소속의 승려로서 피고인의 고소 내용대로 신정환, 윤순이 정토종 간부의 임명에 있어서 많은 돈을 받고 감투를 팔아먹었고 불교서적의 인쇄비 명목으로 금 700,000원을 편취한 것이 사실임에도

불구하고 원심은 피고인이 동인들을 형사처벌 받게 할 목적으로 허위의 사실을 신고한 것으로 인정하였으니 원심판결에는 판결에 영향을 미친 사실 오인의 위법이 있다는 것이다. 살피건대, 원심이 적법하게 증거조사를 마쳐 채택한 여러 증거들과 당심 법정에서의 당심증인 박주찬의 진술을 기록에 비추어 종합검토하여 보면, 위 신정환 및 윤순이 피고인이 주장하는 바와 같은 금원을 그 주장과 같은 자들로부터 각 교부받은 것은 사실이나 이는 그들이 시주금 등 명목으로 자의로 부담한 것인데 피고인이 이를 확인하지 아니하고 그들이 위 금원을 요직임명의 대가로 교부받거나 인쇄비 명목으로 편취한 것으로 속단하고 고소한 사실은 충분히 인정할 수 있고 일건 기록을 살펴 보아도 달리 원심의 사실인정 과정에 논리가 지적하는 바와 같은 위법이 없으므로 결국 피고인의 항소논지는 받아들일 수 없다고 할 것이다. 따라서 피고인의 항소는 이유없으므로 형사소송법 제364조 제4항에 의하여 이를 기각하고 형법 제57조에 의하여 이 판결 선고전의 당심 구금일수 중 90일을 원심판결 선고형에 산입하기로 하여 주문과 같이 판결한다. -

일심 재판 진행중에 이병철과 신정환의 위증(거짓말) 사실이 발견되어 담당검사 김기원씨에게 항의하였더니 김검사는 나에게 우유와 빵을 주면서 "옥중에서 고생하십니다. 나와 내 마누라도 불교신자입니다. 죄 없는 줄 알지만 어쩔 수 없습니다. 조금만 고생하고 나가서 화해하십시오."하며 이 사건이 무죄가 되면 자기는 검사로서 점수가 깎이니 중생제도하시는 셈치고 옥중에서 참선에 힘쓰고 더 이상 이 문제를 거론하지 말라고 사정하였다. 나는 김검사에게 "법정이 거짓말대회장이 되어 있고 판검사는 멍청이 바보가 되어가고 있다"고 강력히 항의하였더니 진정서를 제출하면 나는 공소 철회로써 풀어 주겠고 이병철과 신정환을 조사 처리하겠다 하므로 나는 83년 7월 5일자로 진정서를 제출하였으나 1년이 넘도록 고의적으로 조사하지 않고 나만 유죄판결이 나오도록 하였다. 나는 "공판조서 열람신청"을 하였으나 위의 열람을 허가한다든지 불허한다든지 아무 회신이 없었다. 결국 나는 공판조서 열람을 하지 못하였다. 형사소송법에 공판조서 열람이 허가 되지 않을 때는 그 피고인은 무죄가 되도록 명시되어 있다.
　다음은 대검찰총장에게 제출된 진정서를 공개하겠다.

- 진정인의 인적사항 -

본적 : 대구시 남구 대명동 81번지
주소 : 경북 달성군 옥포면 본리동 장수사
성명 : 김 성 화
생년월일 : 1938년 2월 23일생
직업 : 승려
직위 : 대한불교정토종 포교국장

- 진 정 의 요 지 -

　위의 진정인은 종교단체의 내분으로 인하여 무고죄로써 징역 8개월을 선고받고 복역 중인바 소송진행중, 상대방의 위증 사실이 발견되어 본인의 무죄를 항변하려고 진정, 그것도 담당 검사의 요구에 의하여(1983. 7. 5) 하였으나 아직까지 회신이 없고 2, 3차 진정하였으나 수사가 신속 정확하게 되지 않고 1983. 12. 15일자 대구지방검찰청의 검사장 앞으로 고소장을 내었으나 수사가 답보상태라서 진정을 올립니다. 본인은 재심 아니라 그보다 더한 것을 청구하더라도 무죄를 밝히고야 말겠습니다. 10년 아니라 20년이 가더라고 아니 지옥끝까지 가더라도 밝히고야 말겠습니다. 검찰총장님! 이번만은 공정한 수사를 간절히 원하고 바라옵니다.

제3부 불교정토종이란 이렇다 69

1. 본인의 성장과정과 종사한 업에 대하여 말씀드리겠습니다. 참고하시기 바랍니다.

가. 본인은 10세에 양친을 사별하고 경북 영천의 은해사에 사미승으로서 입산하게 되었습니다. 그 후 승려로서 수행을 하여 은사스님의 덕으로 경북대학교 문리과대학 수학과와 동대학교 교육대학원에서 교육철학을 전공하였으며, 그간 교육계에 8년간(주로 중·고교) 아울러 불교포교승으로서 불타의 정법안장을 이땅에 전하는데 앞장서 왔습니다.

나. 1977년 12월 5일 황산덕씨가 문교부장관으로 계실 때 국민교육헌장 선포기념으로써 정부로부터 포상을 받은 적도 있는 한때는 모범교육 공무원이었습니다.

다. 본인이 관계하던 국제불교문제연구소를 통해서 1981년 몽고의 수도 울란 발토르에서 열린 세계불교대회에서 우리 한국은 참가하지 못했으나 북괴의 모략전략을 분쇄하면서 우리 정부의 입장을 충분히 반영시켰습니다. 그 뿐만 아니라 인도의 간디수상과 스리랑카의 대승정 및 정부고위직이 있는 분들에게 불교를 통해서 우리 현실을 수시로 이해시키는 긴간외교의 일익을 담당해 왔다고 자부하고 있습니다. 종고활동을 통해서 북괴의 입장을 분쇄하여 왔습니다. 스리랑카는 북괴의 공관이 먼저 개설되었으며 비동맹국가의 의장단인 적도 있습니다. 저희들은 혼신의 힘으로써 남방불교로 이해하면서 종교를 통해서 우리의 국익을 전달하는데 앞장서 왔습니다. 총장님께서도 아시다시피 지금 공산권에서도 불교대표로서 국제모임에 나오는데, 소련, 중공, 몽고, 핀란드, 헝가리아, 북괴, 동남아의 공산 국가를 그 중에 인도의 부다가야의 대승정을 알현하도록 주선된 북괴의 가장된 불교대표단의 알현을 저지시켰으며, 어디까지나 민족과 불교의 정통성도 한국이라는 입장을 거듭 강조하여 북괴의 모략을 일축하여 왔습니다. 총장님! 그런 제가 정부로부터 격려를 받아도 시원찮은데 하기야 본인은 칭찬받기를 원하지 않으나 지금 푸른 수의(囚衣)를 입고 억울한 징역을 살고 있습니다. 이 사건의 경위를 말씀드리겠습니다.

2. 사건의 경위에 대하여 말씀드리겠습니다.
    가. 불교단체는 불교재산관리법과 동시행령으로서 문화공보부장관의 단체등록 신청 허가를 받아야 합니다. 그런데 본인이 소속된 대한불교정토종 대표 신정환과 그 일당은 18년간 위의 종교단체를 운영하면서 산하승려 및 사찰로부터 받은 종비를 예금통장 하나 없이 수입, 지출 근거서류도 없이 마구잡이로 개인이 유용 착복하였습니다. 더군다나 신정환과 그 일당은 술집접대부를 신도인양 가장하여 일본등지에 문화여권 발급에 편의를 보아 주다가 82. 8. 30일경 부산지방검찰청의 고영주(가명) 검사로부터 여권법위반으로 벌금형을 받았습니다. 그 후에도 계속 신도가 아닌 사람을 신도인양 시주금 명목의 돈을 받고 문화여권발급 추천서에 직인 날인 작성하여 주고 있습니다.
    나. 신정환과 그 일당은 문공부에 대한불교정토종이라 등록해 놓고 단체의 대표로 행세하다가 부정한 방법으로 돈을 벌려고 상법 16조 18조 상업사무처리규칙에 의하여 영업감찰을 이용하여 상호등기를 하였습니다. 상호명 정토(교)종, 정토(진)종 영업의 종류 불교서적 출판판매 등등 하였습니다. 불교서적 출판이나 하면서 영업을 했으며, 산하 승려들이 법률 상식이 부족한 점을 이용해 위의 상호등기된 정토(교)종, 정토(진)종이 마치 문공부로부터 새로운 종교단체로 등록 허가된 양 선전하면서 산하 승려들에게 승려증 및 임명장, 사찰등록증을 발급하면서 돈을 거두어 들였습니다. 심지어 전국 무당들에게 위의 상호등기된 정토(진)종 회원증을 사면 마음대로 무당굿을 해도 괜찮으며 경찰에서도 간섭하지 않는다 하면서 마치 국가에서 무당 푸닥거리하는

면허장 같이 돈을 받고 회원증을 팔았습니다. 신정환고 그 일당은 산하 승려들로부터 시주금이라는 명목의 돈을 받고 위의 상호등기된 단체의 간부의 감투로 임명하였습니다. 총장님! 종고단체의 명의로 억만금의 시주를 받아도 법에 저촉되지 않으나 상호등기된 단체명의로 시주를 받는데, 하는 사람은 종교단체인 줄 알고 시주를 하지만 받아들이는 입장에서는 남을 속여서 금품을 거두는 결과가 되었습니다. 더군다나 82년 11월 30일자 문공부장관의 회신공문에 의하면 전기 상호등기를 말소하라는 지시가 있었습니다. 문공부에도 법제관이 있는데 법에 근거를 두고 상호등기 말소 행정지시를 내렸습니다. 이것은 불교재산 관리법 제6조와 부칙 17조에 위반입니다. 신정환과 그 일당은 문공부장관의 지시 명령도 어기면서 전기 상호등기된 단체의 명의로 금품을 계속 거두어 들이고 있습니다. 이 부분 때문에 제가 무고죄로 유죄가 되었습니다. 총장님! 저야 징역 사는 것 시간이 가면 끝나겠지만 앞으로 시장 바닥의 영업감찰을 가진 상인이 상호등기해 놓고 종교단체인양 속여서 시주금을 거두어 들이더라도 처벌할 수 없을 것이며 또한 기부금품 모금에 관한 법령과 불교재산 관리법이 필요없게 되어 앞으로는 아무나 주무장관의 허가도 없이 불교단체의 대표가 되어 승려증 및 기타 임명장을 발부하고 시주금을 거두어 들이더라도 아무런 처벌을 받지 않으니 불교계 아니 종교계에 일대 혼란이 오게 되었습니다. 국가에서 종교단체를 허가할 때는 국민을 정신적으로 교화선도 하라고 하였지 일개인의 돈벌이 수단으로는 허가하지 않았을 것입니다.

　다. 이 사건의 직접적인 원인에 대하여 말씀드리겠습니다. 본인은 우리 불교가 신라, 고려때의 찬란한 호국불교의 전통을 찾으려고 불교대학 설립에 동분서주하였습니다. 그 결과 대구시 수정구 의천동 산 123번지 대지 3만평의 학교부지를 확보하였으며 뜻있는 신도들로부터 10억원 상당의 재산의 기부채납을 받아 문교부에 가칭 대한불교정토대학 설립의 절차를 추진중 위의 신정환과 그 일당은 기부헌납된 교육용재산을 자기 개인 앞으로 기부헌납 등기하라는 것입니다. 제가 못하겠다고 하니까 신정환은 종단명의 대학이니 현금 1억원을 내고 대학을 하든지 무엇을 하든지 마음대로 하라고 하여 여기서 종단의 내분이 시작되었습니다.

3. 소송 진행중 상대방의 위증으로 인하여 제가 무고죄로 처벌받게 된 경위에 대하여 말씀드리겠습니다.

　가. 본인과 뜻을 같이 하는 승려 60여명과 신도 약 5만명으로써 가칭 한국불교본원종을 창종 선언하였습니다. 그때 서상일(대원)씨는 새 종단의 문공부 등록절차를 맡았고 저는 정토종과 법정투쟁을 맡았으며 이병철씨(경북 달성군 옥포면 본리동 장수사 주지)는 자금조달 및 조직책으로 남았습니다. 제가 신정환을 상대로 소장을 제출할 때 이병철씨는 신정환으로부터 인쇄비 70여만원을 사기당했으니 같이 고소를 하면 확실한 증거를 제시해 주겠다고 하고서는 중간에 배신함으로써 저에게 유죄판결이 났습니다. 이병철은 경찰과 검찰에서 인쇄비에 대해 전혀 모르는 사실이라고 진술함으로써 제가 구속되도록 하였습니다. 그런데 법정에 증인으로 출두한 이병철은 인쇄비 70만원(인쇄비 내역 : 승려증, 계첩, 도첩, 간부신분증, 사찰등록증, 임명장)을 종단 대표 신정환에게 시주하였다고 진술하였습니다. 이병철은 경찰, 검찰, 법정 진술에서 진술의 일관성과 논리성이 없습니다. 이 부분의 위증사실을 다음과 같이 주장합니다.

　① 위의 신정환은 법정증언에서 인쇄물에 대하여 전혀 모르며 시주받은 사실이 없다고 진술하였습니다.

　② 신정환의 부인 윤순은 위의 인쇄물에 대하여 이병철을 사문서 위조 동행사 죄로써 고소하였습니다. 시주받은 물건과 그 사람에 대하여 고소할 수 있습니까. 이 고소사건에

순순, 강국현(가명), 이병철의 진술에 보면 인쇄물 내용이 있습니다. 이것만 보아도 위증입니다.

　③ 이병철이 인쇄물을 시주하였다면 본종단의 대표 신정환 명의로 인쇄되어야 하고 또한 그 인쇄물이 서울의 본부에 있지 않고 이병철이가 가지고 행사하였습니다.

　④ 그 인쇄물의 일부는 신정환 명의와 이병철의 명의로써 되어 있고, 이병철의 주장대로 시주하였다면 종단 산하 승려들에게 그냥 배부되어야 하는데 승려증 1매어 2만원 내지 3만원씩 받고 기타의 서류도 돈을 받고 작성하였으니 시주가 아닙니다. 위증입니다. 이상의 서류는 제 소송기록부에 있습니다.

　나. 신정환의 위증에 대하여 말씀드리겠습니다. 불교재산관리법과 동시행령으로써 상호등기된 정토(교)종, 정토(진)종 명의로는 시주금도 받을 수 없고 그 간부도 임명할 수 없는데 신정환은 법정증언에서 무당을 회원증 및 승려로 임명하는 것은 국가에 세금을 내기 위하여서였고 둘째로는 무당을 민속예술로 양성하려고 하였다고 진술하여 제가 무고죄로써 유죄판결을 받았습니다. 이 위증은 다음과 같이 극세청에 질의하여 보면 알겠지만 무당에게 세금을 거둘 하등의 법적 근거가 없으며 그보다 더한 목사, 신부, 승려들에게도 세금을 거두지 않고 있습니다. 무속 종교행사에 세금을 내지 않습니다. 두번째로 문화재 관리국에 질의해 보시면 알 것입니다. 무당의 기능보유자에게는 상당한 예우금과 장려금이 지급되고 있습니다. 신정환의 증언은 세금을 내어 가면서 민속예술운동을 한다는 것이 바로 위증입니다.

　4. 위증 및 횡령 고소사건에 대하여 말씀드리겠습니다.
　가. 결국 저만 무고죄로 처벌되고 신정환과 그 일당은 무혐의 처분되었습니다. 이에 제가 83년 7월 초순경 본사건

담당 대구지검의 230호 김기원 검사에게 항의하였더니 "한 번만 더 기회를 달라, 자기 앞으로 진정해 주면 재조사하겠다"하여 놓고 아직까지 아무런 회신이 없습니다. 총장님! 민원서류입니다. 다른 공무원은 직무유기가 있는데 검사는 직무유기가 없습니까? 저 무식해서 이렇게 물어 봅니다. 그래서 83. 11. 20일경, 12월 5일 진정하였더니 대구지검 218호 김태진 검사가 1차 조사 후 제가 상대방과 대질을 요구하였으며 각종 장부조사를 요구하여도 수사상 우리가 할 일이다하며 수사를 속시원히 하지 않고 있습니다. 그래서 83. 12. 15 대구지검 검사장 앞으로 고소장을 제출하였습니다. 부산지검으로 이송하였으며, 부산지검에서 84. 2. 22일경 제가 공회창 검사에게 수사를 받고 또 사건이 대구로 이송되었습니다. 사건 수사가 답보상태라 저는 징역만 삽니다. 총장님! 이런 억울한 일이 어데 있습니까?

※ 본인은 다음 사항을 요구합니다.

   가. 저의 상대방이 대구에 많습니다. 저를 대구교도소로 이감시켜 주시고, 그들과 대질, 각종 장부대조로써 명백한 수사를 요구합니다. 이곳에서 출정하니 몸이 피곤합니다.
   나. 검찰조사에 있어서 하루전에 예고하여 저도 답변 준비하도록 시간적 여유를 주시기 바랍니다.
   다. 검찰에서 아침부터 불러놓고 오후에 제가 피곤하여 지쳐 있을 때 수사하는 일 없도록 부탁합니다.
   라. 이때까지는 사건계류중이라서 검사들은 본건을 수사할 수 없다고 하였으나 이제는 명백한 수사를 부탁합니다. 한번 더 공정한 수사로써 저의 재심 청구 소망을 들어 주시기 바랍니다.
   마. 총장님! 저만 무고죄로써 처벌되고 신정환은 평통자문위원이고 대통령 정책고문이라서 하등의 처벌도 없는

것 세인들이 알면 지엽적인 문제를 전체로 확대시키는 것은 아니지만 정의사회의 부작용이라고 세인(世人)들의 조롱거리가 될까 염려스럽습니다. 대구 보현사 주지 및 경주 불국사 주지는 시주금 횡령으로 징역을 살았습니다.

　바. 무복자들의 단체인 경신회 간부들이 경리부정으로 82. 12월경 처벌되었습니다. 어떻게 정의사회 한다는 법이 누구는 처벌하고 누구는 처벌할 수 없고, 이것 말이 되는 소리입니까? 저의 소박한 소감은 국민학교 1학년 도덕 교과서에 있는 것같이 바른말이 통하는 사회가 되어야겠습니다. 쇠는 용절으로 봉할 수 있어도 제 입은 징역 아니라 사형을 시켜도 봉할 수 없습니다. 제 입 막으려고 편파수사로써 징역을 주는 것 소수의 정의의 발언을 묵살하며 다수의 부정과 불의를 도우는 검찰의 수사태도는 있을 수 없는 일이 아닙니까? 적어도 이 사건에 있어서 말입니다.

　5. 이번 사건에 본인의 심정을 말씀드리겠습니다.
　가. 경찰과 검찰의 편파수사였습니다. 이것은 제가 증거로써 주장 제시할 수 있습니다. 다시는 편파수사가 없어야 하겠습니다.
　나. 수사에 성역이 있는 것 같습니다. 어떻게 신정환과 그 일당은 무혐의 처분될 수 있습니까? 본인은 비록 어린아이가 판정을 하더라도 그 정당성이 있으면 승복할 줄 아는 미덕을 배워 왔습니다. 그러나 이 사건만은 그렇지 못합니다.
　다. 과거 박정희씨는 5·16 혁명후 부정과 부패를 일소하겠다는 등 혁명공약을 지키지 않으므로 벌써 그 비참한 결과의 인자를 내포하고 있었습니다. 총칼로써 얻은 것 총칼로써 놓고 갔습니다. 이것이 부처님의 인과의 법칙입니다. 검사는 고급공무원입니다. 개인대 개인간의 거짓말은 사기 죄로써 처벌을 하는데 고급공무원인 검사가 거짓말 하는 것은 이 정부가 거짓말하는 것이라고 생각합니다. 정부가 거짓말을 하여도 하등의 제재가 되지 않는다면 제5공화국의 지표가 정의사회 구현인데 제5공화국의 존립의미마저 상실할까 염려스럽습니다.

라. 총장님! 지금은 영어의 몸이 되고부터 산하조직이 전부 해산되었으나 만약 출소하는 날 이 사건이 명백히 밝혀지지 않을 시 저는 종교단체를 통해서 민권운동에 앞장서서 마치 기독교와 카토릭 일부에서 전유물같이 되고 있으나 본인이 창종(創宗) 선언한 한국불교 분원종으로써 반체제운동에 불교단체로써 앞장 서겠습니다. 총장님! 과거 월남의 사이공거리에서 트리쾅, 안남파 승려들이 속가(俗家)의 말대로 분신 자살하는 것 저도 주도할 수 있으나 못하는 것이 아니라 안하고 있습니다. 본인은 반국가는 아닙니다. 그래도 내 조국을 사랑하고 있기 때문에 앞으로 본인이 비폭력 무저항주의로써 반체제운동에 앞장설 때 그 책임의 일부는 이번 정토종사건에 편파수사가 주 원인이라는 것을 밝혀 둡니다.

마. 본인의 이번 억울한 옥살이를 영문으로 번역하여 외국의 친지들에게 보낼 수 있으나 하늘보고 침뱉으면 하늘이 더러워지는 것이 아니라 내 얼굴이 더러워진다는 법구경(法句經)의 말씀에 의해서 어떠한 고통을 당하더라도 내 나라 내 민족에게 당하는 것이 낫다고 생각하여 알리지 않았습니다. 경우에 따라서는 본인이 교류하고 있는 미국, 일본, 동남아의 몇몇 언론기관에 보낼 수도 있습니다. 이 재판기록을 전부 영문으로 번역하여 국내외 몇 대학에 모의재판 자료로 제출할 예정입니다. 서로의 불행한 사태가 없어야겠기에 거듭 심사숙고 하고 있습니다.

바. 경찰과 검찰은 바른 말 하는 본인을 잡아넣어 징역을 살리고 가장 비리와 부정이 많은 신정환과 그 일당을 본의 아니게 비호하였으므로 정의사회 구현에 검찰은 첨병으로써

그 역할을 못하고 법은 억울한 사람편이 되어야 하는데 억울한 사람을 더 억울하게 만들었습니다. 본인은 생명을 걸어 이 옳지 못한 처사를 밝히고야 말겠습니다.

6. 앞으로 의식혁명 대열에 앞장서겠습니다.

가. 총장님! 혹시 경찰조사실이나 법원의 형사법정에 방청객으로 가 보신 적이 있습니까? 경찰조사는 사전에 틀을 짜놓고 묻는 대로 답하란 식이며, 재판정에서는 변호사 있는 피고인은 증인에게 반대심문과 충분히 변호 할 수 있으나 본인같이 변호사가 없는 피고인은 아무리 위증 기타 무죄를 주장 하여도 들어 주지 않고 공판조서열람을 신청해도 아직까지 열람이 되지 않고 있습니다. 도대체 형사소송법대로 재판이 되지 않습니다. 총장님께서는 이런 실정을 알고 계십니까?

나. 본 사건도 자유심증주의가 제가 제출한 증거를 일축하였습니다. 우리도 배심원 제도를 채택할 때가 되었다고 생각합니다. 광복후 건국초 국민들의 교육수준이 낮을 때 법관의 고드한 양식과 지성 그 단력을 믿고 자유심증주의를 채택하였으나 지금은 교육수준이 높아졌는데도 언제까지나 본인과 같은 희생자가 계속 나와야 합니까? 한편은 종교, 한편은 사회운동으로써, 저서와 강연을 통해서 이의 시정을 관철시키고야 말겠습니다.

다. 총장님! 본인은 다음 세 가지를 자랑으로 살아왔습니다. ① 남자로 태어난 것 ② 한국민으로 태어난 것 ③ 종교계 및 교육계에 종사한 것입니다. 그러나 한국민으로 태어난 것을 후회합니다. 승려는 울지 않으나 피눈물로써 호소하오니 본인을 대한민국 국적에서 제적시켜 주시기 바랍니다. 영원한 무국적인이 되어 세계 각 곳에 정의의 곡탁을 치는 탁발승이 되도록 말입니다. 거듭 합장하며 피눈물로써 호소합니다.

라. 승려로써 지나치게 현실참여한다고 하나 정명경(淨名經)에 유마힐이 "중생이 병 아프니 나도 아프고 중생이 나으면 나도 낫는다"라는 말과 같이 저는 대포와 총, 칼이 없으니 다수의 가난하고 억울한 민중의 편에 서서 의식혁명을 주도하겠습니다. 내 몸을 가두어 징역을 살리지만 내 정신, 내 혼을 가두어 징역살릴 감옥이 있습니까? 이미 죽을 때까지 이 걸음으로 나아 가겠습니다. 우리 주변에 획일주의와 강압으로써 정신적 폭력으로써 억울함을 당하는 일이 없을 때까지 이 땅에 불타의 바른 법을 전하면서 의식혁명의 불길을 그 누구도 끌 수 없을 것입니다.

마. 본인은 고소한 사건이 신속 정확하게 처리될 때까지는 어떠한 지시나 명령도 듣지 않겠습니다. 사형장에 끌려 가는 한이 있더라도 비록 교도소에 수감된 몸이지만 내 몸을 부수어 가루가 되더라도 지시 명령은 듣지 않겠습니다. 그러니 공정한 수사로써 본인의 재심의 길을 열어 주시기 바랍니다.

1984. 3. 6.
진정인 김 성 화

그러나 나는 결국 무고죄로 징역 8개월인데 대법원 상고로 인하여 3개월 더 복역하였고 불교대학 설립을 위해 경비조달 방법으로써 가계수표를 개설하였는데 구속됨으로써 250만원 부도가 났다. 그래서 부정수표단속법 위반으로 징역 6개월에 집행유예 1년이 선고되었으나 집행유예가 취소됨으로써 6개월을 더 복역하였다. 처음에 불교대학 설립에 뜻을 같이 한 승려들이 배신함으로써 단돈 250만원을 은행에 예금시키지 않아 징역도 살았고 전과가 하나 더 늘었다. 그뿐인가? 경북 상주군의 삼불암 주지 최선희(가명)는 자기 동생이 부산의 한국고등기술학교를 졸업하였는데 정식 고등학교를 졸업하지 않아 하다못해 전문대학이라도 입학시키려 하니

고등학교 졸업장이 없어 안타까우니 "혜경스님은 교육계에 아는 분이 많으니 주선하여 달라"고 신신당부하여서 평소 나는 잘 아는 경북 청송의 모 사립고교에 부탁하여 편의를 위법인 줄 알면서 인정에 못이겨 주선하여 주었다. 나는 돈을 만지지도 않았고 그것도 하지 않았다. 그 일이 잘 주선 추진되지 않았다고 내가 구속되고 나니 배신으로 고소장을 제출하였다. 담당검사도 어처구니가 없어 웃으면서 사건이 일단 들어왔으니 할 수 없다고 하며 약식 기소로써 벌금형 30만원이 선고되었다. 나를 교도소에 보내 놓고 배신을 하면서 산선회 치듯이 징역을 오래 살리려고 갖은 모략을 다했다. 그래서 한 해에 전과가 세개나 되었다. 나는 김해교도소에서 벌금형 30만원을 납부하지 못하여 60일간 더 복역하여야 하는데 그마운 불교신도 한 분이 납부하여 줌으로써 8월 20일 출소하였다. 가계수표 부도처리도 대구의 불교신자 한 분이 250만원을 납부함으로써 관대한 처분이 되었다. 승려들은 배신하였으나 신도님들은 오히려 도우려고 안타깝지 애를 썼다. 기독교로 막상 개종하고 보니 그 분들의 고마움이 가슴에 와 닿는다. 반드시 하나님의 복음을 들고 내 전하러 가리다 참 삶의 도를 꼭 선물로써 전해 주고 싶다.

  위의 진정서에 본 바와 같이 나는 얼마나 국가를 원망하였고 잘못된 재판을 비판하였는가? 이 문제를 깊이 사과하면서 나처럼 어리석고 잘못된 생각을 가지는 종교인이 더 나오지 않게 하기 위해서 이 글을 쓴다. 어떤 교만한 영웅심에서 인기전술로서 쓴 것은 결로 아니다. 나라에 너무나 많은 잘못을 저질렀기에 뉘우치는 마음에서다.

제 4 부
기독교세력 말살음모

제 4 부
기독교세력 말살음모

1. 불무드(佛武道)란 무엇인가?

나는 어릴 때부터 불교에서 말하는 무상(無常)을 말하라면 도대체 되먹지 못한 세상에 대하여 불만이 싹트기 시작했는지 모른다. 부처의 법에 인과라는 것이 있는데 우리 집안은 어느 누구에게도 악한 짓 한 적이 없는데 너무 불공평한 세상길에 언제든지 바로잡아 보리라고 몇 번이나 다짐했는지도 모른다. 그까짓 부처의 인과법칙은 믿을 것도 못된다고 하였다. 나는 어떠한 경우라도 내가 한번 옳다고 생각한 일은 이기든지 지든지 끝장을 보고야 말지 중간에 타협하는 짓은 절대 하지 않았다. 무슨 일에 접하게 되면 그 일만 몰두해서 뿌리를 빼고야 마는 성격이다. 그렇기 때문에 고학으로 대학도 그것도 남들이 어렵다고 외면하는 수학을 전공하였는지 모른다. 그러기 대문에 종교계와 교육계에 있을때 고집불통이고 독선적인 지도 몰랐다. 목표를 정하면 살든지 죽든지 끝장을 보고야 마는 성질이었다. 이런 성격때문인지 약스-빠르지 못하기 때문에 항상 손해만 보는 경우가 비일비재였다. 손해가 되며 파뜰이 올 줄을 번연히 알면서도 끝까지 달려가 보는 성질, 그것 때문에 주위에서 칭찬보다 비난이 많았다. 남의 입장은 전혀 생각지 않고 내가 바르다고 생각하면 아무리 높은 사람, 좌상 어른이라도 쏘아붙이고야 마니 자연히 나는 독설가, 직사포 소리를 들어왔다. 모든 것을 남에게 구속되는 것은 싫어하고 굴레벗은 말이 되어 제멋대로 방종하게 살아왔다. 절에 있을 때 권력층에 있는 고급공무원이나 그 부인네들이 와서 나에게 불법(佛法)을 물으면 "도적질 하지 않는 것이 불법이고 높은 자리는 전부 도적놈들의 소굴이니 우선 그 직위를 그만두고 농사를 짓든지 리어카를 끄시오."하며 너무 직선적으로 말해 버리는 버릇이 있었다. 독자 여러분은 이런 나의 성격을 마음에 두고 이 글을 읽어 보라고 몇 마디 서두에 하는 것이다.

 여러분들은 중국무술영화에서 "소림사의 혈투" 등등 소림사가 들어간 영화를 많이 볼 것이다. 달마대사가 인도로부터 중국에 와서 숭산의 소림사에서 벽을 보고 앉아 참선하기 9년의 세월이 흐르는 동안, 쉬는 시간이 있을 때 산을 산책하다가 독수리가 토끼를 잡고 호랑이가 사슴을 잡는 것을 보고 깊이 이치를 깨달아 이른바 달마신공이란 불교무술이 생겨나게 되었다. 이것이 갈라져서 쿵후, 공수도, 합기도, 국기도 등등으로 갈라졌다. 우리나라에도 달마대사로부터 불교무술이 전수되어 와서 지금 불선도(佛禪道)와 불무도(佛武道) 두파로 갈라져 있다. 나는 나의 조직밑에 이 둘 중에 하나를 포섭할 필요를 느꼈다. 그 결과 불무도 계통을 내가 창종(創宗)한 한국불교본원종 산하에 불교무술 전수강원으로 두게 되었다. 그 책임자로 최도명(불무도 경북지회장, 법화종 감찰위원)과 서대원(불무도 대구시 지회장) 두 사람과 그 산하 조직을 그대로 인수하였다. 최도명(경북 영천군 신령면 한광사 주지)은 검도에 있어서 전국에서 최상급이며 특히 단도 던지기는 일품이다. 또한 봉술(막대기 던지기)도 수준급이었다. 서대원은 창쓰기와 장술(손바닥으로 치는 것)이 전국에서 알아 주는 특기자이다. 이들의 문화생은 대부분 체육관을 경영하고 그 중 일부는 길거리의 약장사로 어려운 생활을 하고 있다. 나는 이들에게 경제적 도움을 주고 염불과 불경공부도 시켜 무술하는 중으로 양성하려 하였다. 특별히 최도명이 주지로 있는 한광사를 불교무술 전문도장으로 만들어 1년에 예산 1,500만원 정도를 지원하도록 사업계획을 세였다. 그 일차사업으로 전국 중요도시를 순회하는 불교무술 시범 경기를 가져 전국민들에게 주의를 환기시키려 하였다.

2. 청송 감호소

경북의 북단에 있는 청송군 진보읍에는 감호교도소가 있다. 동일한 죄로써 세 번 복역하고 징역살이 기간이 3년 이상인 자들로서 보호할 가족이나 친척이 없는 사람들을 징역형은 끝났으나 사회의 물의와 재범의 우려가 있다 하여 7년 내지 10년간 보호감호 조치로써 직업훈련과 상당한 금액의 작업수당을 지급 적금하여 사회에 복귀시켜 자립시키는 데 목적이 있는 것 같다.

박혜경스님(경북 안동시 목성동 대원사 주지)은 조계종의 승려로서 나와는 법명도 같고 평소에 절친하게 지내고 있었다. 박혜경스님은 안동교도소와 청송감호교도소에 정기적으로 포교활동하는 법사이다.

내가 한국불교본원종을 창종하였으니 참여해 달라고 부탁을 드렸더니 나를 보고 그 정력을 가지고 조계종에 다시 와서 일 좀 보아 달라고 하는 것이다. 서로 웃고 말았으나 자신이 포교활동하고 있는 감호소의 재소자들은 불교를 열심히 믿고 계를 준 사람이 많은데 이들 전과자가 사회에 복귀할 때 본원종에서 승려로 받아주면 좋겠다는 것이다. 나는 쾌히 승락하였다. 감호소에서 출소하면 생계가 어려우니 본원종에서 받아 준다면 상당한 숫자가 될 것이라고 한다.

나는 박혜경스님에게 항상 고맙게 생각하고 있었다. 자신이 데리고 있던 행자 황규섭을 내가 혼자서 고생한다고 나에게 보내주었을 정도로 친밀하였다. 얼마든지 받아들일 터이니 전과는 관계말고 불교를 잘 가르치어 출소하면 나에게 보내 달라고 부탁하였다. 이들 중에 직업이 알선되고 보호해 주는 사람이 있다면 일찍 출소도 시킬 수 있다고 하여 나는 사업하는 신자들을 찾아다니며 직업을 주고 보호자가 되어 줄 것을 부탁할 계획을 세웠다.

나는 이들이 출소하면 한광사에 보내어 최도명으로부터 불교무술을 가르치어 본원종 산하의 사찰에 배치할 예정이었다. 이들은 성격이 단순하고 어떤 면에서는 순진한 면도 있기 때문에 그 점을 충분히 고려하여 어떤 계기가 되었을 때 나에게 의리를 배반하지 않고 절대적으로 충성하는 죽음도 아까와하지 않는 칼잡이 중을 3,000명 양성할 계획을 세웠다. 본원종은 지식수준이 낮은 승려와 무당으로 구성되었으니 이해관계를 따지지 않고 잘 순종하도록 훈련시킬 계획이었다. 불교대학과 불교무술강원의 공부하는 학생들을 위해 1년에 쌀 2가마만 시주하라 하면 즉시 시주하기로 약속되어 있다. 산하의 사찰과 신도들로부터 1년에 약 1,500가마의 쌀을 시주받기로 계획되어 있었다. 감호소 출신들은 국가에 대하여 은연중 불평불만이 많은 자들이기에 여기서 불교의 종교성만 부여하면 서울 종로에서 분신자살도 기꺼이 받아들이도록 교육하려 하였다. 일정한 시기가 오면 양성된 칼잡이 중을 적절하게 활용하려 하였다. 이런 나의 계획도 모르고 박혜경스님은 나에게 자신이 불교를 가르친 사람들을 본원종에 승려로 받아주면 하고 부탁했다. 내가 쾌히 허락하는 것을 보고 고마와한다.

3. 가전식당, 정치활동 낙제생들

나는 역사적 사건 중에 애석하게 생각하는 것 중의 하나가 고려때 서경(西京 : 평양) 천도를 주장하다가 일이 여의치 않아 서경에서 반란을 일으켜 대위국을 설치한 중 묘청의 난이다. 결국 사대주의자 김부식(삼국사기 저자)에게 진압되어 죽고 말았다. 비록 실패한 묘청의 난이지만 고려는 고구려의 후예니까 그 웅도를 옛 도읍지 서경에 옮겨 민족의 자주를, 그 옛날 찬란웅비한 고구려의 영광을 다시 찾으려 하였다는데 그 역사적 의의가 크다. 묘청의 난을 진압한 후에 문신(文臣)의 독선에 참다 못하여 무신(武臣) 정중부가 김부식의 아들 김돈시를 죽이고 이런 사건후로는 끊임없이 무신들이 서로 세력확장을 위해 서로 죽이는 혼란이 거듭되어 결국 무신들의 전단정치가 50여년간이나 계속되었다. 독자 여러분은 태조왕건이 창건한 고려가 불교의 부패와 각종 그 행사로써 재정이 낭비되어 국운이 기울었는 줄 알고 있으나 불교의 타락보다도 더한 것이 바로 무신의 발호였다.

이 땅이 진정한 민주주의가 시행되어야만 조국의 발전이 있다고 생각하였다. 적어도 민주주의를 실행하고 지키는데는 다섯곳의 파수꾼이 있어야 한다. 첫째 언론이고, 둘째는 의회고, 셋째는 법원, 넷째는 교육계이고, 다섯째는 종교라고 생각한다. 그중에서 종교계 중에도 내가 몸담그 있는 불교는 아예 깊은 잠에 빠졌는지 죽었는지 바늘로 찔러도 꿈틀거리지도 않는다. 자유당 때는 그래도 박성하 스님을 위시한 9명의 스님들이 선거에 의하여 당당하게 국회의원에 당선되었다. 중은 산골에서 수도나 하지 웬놈의 정치냐 하지만 그래도 불교가 국민과 같이 살아서 호흡하려면 어느 정도 현실에 참여하여야 된다그 생각되었다. 공화당 때는 하다못해 서울가서 큰소리 한번 치면 감투가 돌아오는 유정회 국회의원도, 신도가 백만밖에 되지 않은 카톨릭에서는 신부가 둘이나 차지하였고, 기독교 각교파에서도 몇이나 있었는데 통계상으로 1,600여만이나 되고 정통민족종교인 불교에서는 단 한 명도 없으니 바로 정부 여당에서는 불교는 점잖게 보는 것이 아니라 바로 무시한다고 생각되었다. 그렇다! 내가 본떼를 보여 주겠다. 실패하지 않는 제이의 묘청이 되자고 다짐하였다. 우리 후손들에게 물려줄 것은 고속도로보다는 진정한 민주주의라고 생각하였다. 그래서 나는 대구 반월장 근처 보현사 곁에 술집 많은 골목에 평소 잘 따르는 김영철(가명)을 시켜 간이식당을 운영하도록 하였다. 800여만원이나 들여서 김영철과 박마담을 시켜서 술장사를 시킨 것은 평소 야당인사들이 다방으로 전전하는 것을, 식당에 앉아 술이나 들면서 울분과 불평을 토론하면서 여론을 환기시켜려 하였기 때문이다. 물론 자금출처는 절대 비밀로 하였다. 이들이 먹는 술값은 말로는 외상이라 하나 1개월에 50만원에서 80만원까지 내가 지불하였다. 이들은 버스토큰 한개, 다방의 차값이 없어서 쩔쩔매는 인사들이라

주로 모이는 사람들은 N씨(김대중씨 계열 정치활동 규제 대상자), H씨, S씨 등 그야말로 정치 낙제생들이었다. 또한 교육계의 인사들 중에 현정부에 불평이 많은 인사들에게 울분을 토하는 장소를 제공한 것이다. 나는 이들에게 큰 기대를 하지는 않았다. 다만 내가 불교행사를 주도할 때 평소 안면이 넓으니 불교신도를 동원하는데 많은 도움이 되었다. 그저 여론조성하는데 들러리 역할 뿐이었다. 어떠한 결정적 시기가 오면 이들을 앞세울 작정이었다.

4. 위장된 저명인사 포섭을

나는 본원종의 앞으로 운영계획과 포부를 안동의 윤주상(가명)씨 (전 민한당 중앙상무위원)에게 언질을 주었다. 윤주상씨는 좋은 생각이다, 그러나 현재는 힘이 약하니 적어도 통일교의 문선명 정도의 힘을 기를 때까지 철저히 현여당과 정부에 가깝도록 행동하라. 어느 정도 힘이 양성되었을 때 갑자기 노선을 급선회하여 일을 추진하라. 그때까지 신중을 기하라고 말하였다. 윤씨도 본원종의 신도로 야당의 국회의원과 몇몇의 저명인사를 포섭 참여시키기로 약속하였다. 자신도 적극 참여하였다. 최도명은 평소 예비역 장성을 많이 알고 있으므로 몇 분의 장군을 신도회에 참여시켰고 그 중에 박정희 대통령서거 후에 육군참모총장으로서 계엄사령관을 지낸 바 있고 지금은 독실한 불교신자로서 서울의 암자에 계시는 J대장을 참여시키도록 하였으나 주선이 여의치 못했다. 박복임(여)씨는 예비역 장성의 여동생으로 천태종에서 고 박정희대통령의 누님과 같이 일을 하였고 경상남도, 경상북도 여자신도회장을 지낸 바 있다. 화주보살(신도들로부터 시주금을 거두어 들이는 일)로서 관록이 있다. 사실 불교의 화주보살은 시주금을 가령 100만원 거두어 들이면 30만원은 자기의 수고비로 제하고 나머지를 절에 바치는 것이 관례로 되어 있다. 박복임씨의 불교계 영향력은 무시 못하는데 천태종을 떠나서 내가 일본의 정토종과 교류를 하고 있으니 찾아와서 일을 하겠다 하여 정토종 경북 총신도회장으로 임명하였다. 내가 본원종을 운영하니 자연히 본원종에 참여하였다. 평소 상류층 부인들과 교제가 폭넓게 많았다. 나는 본원종 등록 사무를 맡았던 서대원을 시켜 박복임씨를 통해서 현직 고위층의 누님을 신도회장으로 추대하도록 추진하였다. 그 외에 나는 교육계 금융계의 저명인사를 신도회에 참여시키도록 추진하였다. 철두철미한 위장된 저명인사들을 포섭하도록 추진하였다. 불교계의 일각에서는 나를 경이의 눈으로 바라보고 있었다.

5. 대한불교정토대학 운영 목적은

나는 정토대학 운영자금을 신도들의 시주금과 기부금으로 충당하려 하였다. 설치학과는 불교대학을 중심으로 한 정토불교학과, 불교체육학과, 불교유아보육학과 이렇게 세 개의 학과로써 각 학과의 모집정원의 50명으로 하였다.

불교체육학과는 불교무술을 주로 하며 부수과목으로 접골술과 침구를 병행하기르 하였으며 불교유아보육학과는 비구니와 여자 신도를 상대로 하여 본원종 산하의 사찰에 불교유치원도 설립하여 운영하려 하였다.

고등학교를 졸업하지 못한 사람과 현직 승려들을 위해서는 단기교육과 통신교육을 실시하기로 하였다. 또한 본원종의 승려와 신도들로 구성하여 불교신용협동조합과 도양원을 대구시 대명동 앞산 근처의 대승원에서 운영하기로 계획을 세웠다. 불교신용협동조합은 일종의 금융업이었다. 이렇게 신흥종단으로 전국에 찬란한 위용을 과시하려 하였다.

순수 불교운동을 표방하고 교육기관 기타 제반 기관을 운영하다가 어느 시기가 오면 바로 정치적으로 현실참여할 목적을 갖고 있었다.

6. 서울을 위시한 전국도시를 소용돌이에 휘몰아 넣으려 하였다.

　나는 본원종의 산하에 위에서 말씀드린 바와 같이 무술하는 승려 즉 칼잡이 중을 3,000명을 양성하여 산하 각 사찰에 배치하여 숙식을 제공하며 때를 기다리다가 대학가에 소요가 발생할 때 그 데모군중 속에 잠입시켜, 진압경찰이 최류탄을 쏘면 그 사이에 연마된 무술을 발휘하여 단도를 날려 경찰관이 살상되면 지금과 같이 투석으로 맞서는 것이 아니라 바로 비수가 날아가되 진압경찰이 죽고 다치고 하게 되었다고 가정하자. 그렇게 되었을 때 자기 동료가 피를 흘리고 죽고 다치고 하면 총격을 가할 것이다. 데모하는 학생이 경찰이 발포한 총에 맞고 피를 흘리며 쓰러지면 의분에 찬 시민들이 가세한다는 결론이 나온다. 그렇게 되면 제2의 4·19의거 내지 부산, 마산 사태 또는 광주와 같은 사태로 유도하고 나면 바로 진정한 민주주의를 실현할 수 있으리라 생각하였다.
　불타의 가르침에 100년을 두고 쌓아 올린 산더미같은 볏짚도 콩알만한 불씨 하나로 다 태울 수 있다는 것이었다. 비록 아무리 철저한 정부당국의 치안유지가 있다 하더라도 나같은 하나의 불씨가 있으면 능히 그 질서를 파괴할 수 있다고 충분히 생각하였다.
　나는 민주주의라는 나무는 남으로부터 공짜로 가꾸어질 수 없고 다만 스스로 가꾸어야 하는데 그것도 그냥 가꾸는 것이 아니라 피로써 가꾸어야 된다고 생각하였다. 민주주의 나무는 피와 땀을 먹고 자라고 그 결과 자유의 꽃을 피운다고 생각하였다. 우리보다 먼저 시련을 겪은 서구의 많은 민주주의 국가들은 그 선조들이 수많은 피와 땀을 흘렸던 결과가 오늘의 자유민주국가가 되었다. 그러니 우리도 후손을 위해 피와 땀을 흘려야만 반드시 실천된다고 생각하였다. 지금 생각해 보면 얼마나 잘못된 과격한 비뚤어진 사고방식이었는지 모른다. 깊이 뉘우친다.

7. 정부 당국으로부터 관대한 용서를 받다.

내 주위에 있는 분들은 나에게 대하여 명석한 두뇌를 이용한 조직력과 설득력, 선전 선동 잘하고 집념이 강해서 무슨 일이든지 한번 잡았다 하면 끝까지 물고 늘어져서 추진력이 강하다고 한다. 물론 이렇게 하자면 칠면조 같은 얼굴을 가지고 변화무쌍하게 임기응변이 능해서 때로는 무리한 적도 있어 사람들로부터 욕을 많이 얻어 먹는다. 그러나 주위를 무시하고 앞만 보고 달려갔다. 참으로 파렴치한 인간이었다. 사회를 소란하게 하고 과격한 정부 비방 발언으로 겁없이 날뛰는 행동이었다. 얼마나 초조하고 불안한 나날이었는지 모른다. 나 한 사람 때문에 값은 수사인력과 비용이 낭비되었는지 모른다. 나는 나라의 배반자였다.

본원종과 불교대학 설립을 중지하고 순수한 승려로서 수행을 하라는 간곡한 충고를 외면하고 계속 물의를 일으켰다. 사실 나는 국가에서 중벌을 내릴 수 있는 범죄를 저질렀다. 그러나 관용으로써 나에게 얼마나 충고하였는지 모른다. 너무나 감사하다. 할 수 없어서 조사를 하면서도 나를 인간적으로 도우려고 안간힘을 쓰는 분도 결코 잊을 수 없다. 국가보안법으로 얼마든지 처벌할 수 있으나 "명예훼손 죄로서" 구류처분 25일간 판결한 것은 눈물겹도록 감사한 일이다. 나는 그 당시 불안과 초조한 나날로써 정신적으로 방향감각을 상실하였다. "혜경스님! 당신이 어릴 때 고생하며 공부한 것이 아깝소. 앞으로는 국가와 민족을 위해서 일을 하시오" 하며 관대한 처분을 하여 주었다. 그뿐인가! 구류기간 중에도 자주 찾아와서 박봉에도 음식물을 넣어 주어서 고맙게 생각한다. 비틀거리며 방향감각을 잃은 나를 새 사람 되도록 도와준 분들도 있다. 나는 비록 야간고등학교지만 수석으로 졸업하였다. 그래서 하찮은 나를 보고 머리가 아깝다고 한다. 한 수사관도 "몇 년 전에 당신이 긴급조치위반 한 것은 지금은 해제가 되었소. 그러나 꼭 처벌할 수 있으나 처벌이 목적이 아니고 한 사람이라도 선량한 국민으로 재생시켜 국가건설에 같이 참여하는 것이 우리의 사명이오."하시며 관대히 처분하여 주셨다. 이때까지 나는 국가에 죄를 짓는, 불교계에 소란을 부린 못된 국제 땡초였다.

독자 여러분!
정보기관 하면 국민을 고문이나 하고 엄격히 다스리며 권력이나 부리는 줄 알면 큰 오산이다. 그것은 공화당 정부 때 중앙정보부는 공포의 대상이었지만 제5공화국의 이 분들은 어떻게 하면 국민을 한 사람이라도 참되게 살아가도록 보살펴 줄까 하는 것을 나는 체험하였다. 지금도 사상적으로 국가에 죄를 짓고 반역행위를 하는 분이 있거든 이 분들과 서슴없이 상담을 하라. 그러면 여러분의 불안한 마음을 없애게 해 주고 새 생활을 하도록 있는 힘을 다해 도와 줄 것이다. 망설이지 말고 찾아 가시라. 참으로 고마운 분들이었다. 불안한 마음으로 그늘 속에 살지 말고 찾아가서 의논하고 밝은 삶을 찾기를 바란다. 여러분들은 내가 교도소에서 단식해 가면서 검찰총장에게 보낸 진정서를 읽었을 것이다. 얼마나 오만 불손한 국가에 대한 반역행위인가? 나는 구류를 살고 나와서도 계속 종단을 소란하게 함으로써 결국 징역을 살게 되었다. 참으로 정부로부터 관대한 용서를 받았는데도 계속 소란을 일으켰으니 한심한 일이었다. 대구교도소에 수감되어 있을 때 김인상 씨는 세 번이나 면회를 와서 여러가지 편의를 보아준 것 감사한다.

막상 교도소에 수감되어 있으면서도 첫째는 불교종단과 둘째는 세상을 바로잡아야 되겠다고 생각하였다. 교도소에 있으면서도 김현장씨(부산 미문화원 방화사건의 주모자)와 박중덕(경북대 문리대 철학과 재학생 학생시위 주모자) 등과 투쟁방법에 있어서 실패한 원인을 이야기 하면서 나는 교도소를 출감하면 조직을 강화하여 목숨을 걸어 놓고 반체제운동을 하려고 결심하였다. 김해 교도소의 독방에서는 운동시간에 송림창 씨(10·26사태 후 최규하 대통령 당시 제주도 교도소를 3일간 무법 천지로 만든 주모자)와 만나 교도소 난동의 경위를 듣기도 하였다. 그리고 나는 교도소를 출소하면 이 나라의 민주화를 위해 피를 뿌리리라고 다짐하였다.

그러나 교도소에서 나는 그것보다 더 좋은 예수님의 복음을 받았다.
　내 인생의 전환점을 마련해 준 법무부 당국에 감사한다. 만약 교도소에 가지 않았다면 나는 참생명인 예수님을 구주로 영접하지 못했을 것이다. 출소후에 막상 기독교로 거종은 하였으나 언젠가 기회가 주어지면 반체제운동을 하려고 하였다. 내가 쿠산북교회에 출석하고부터 목사님과 전도사님들과 장로님, 그외 전 성도님들이 이 추악하고 보잘 것 없는 인간을 위해서 그리스도의 사랑과 기도로 보살펴 주신다. 돌같이 완악한 내 마음이 예수님의 십자가 앞에 완전히 녹았다. 이제 다시는 반체제운동을 하지 않으리라. 영적으로 볼 때 우상숭배자의 괴수였고 육신적으로 볼 때 추악하고 더러운 나라의 배반자였다. 나는 서야할 땅이 없었다. 예수님의 그 넓은 사랑으로 일어서게 되었다.
　이 책을 읽는 여러분! 혹시 나라에 죄를 짓고 불안과 초조로 방황하시는 분이 계시거든 교회로 돌아오라. 예수님은 죄인의 친구가 되시고 우리의 죄짐을 대신 져 주신다.
　지난 일을 생각해 보니 교도소에서 얼굴이 돌아가는 안면마비 현상이 일어났다. 담당의사는 자외선 치료를 2년간 하여야만 원상태로 회복된다고 하였다. 실의와 좌절의 나날이었다. 그때 마침 대구교도소의 의무과장 정선생은 나하고 대학동창이었고 내가 합천 해인사의 승려로 있을 때 그 근처에서 개업한 의사였다. 공교롭게도 대구 교도소에서 만나 빈약한 의료시설이지만 최선을 다해 치료를 해 주어 원상회복에 도움을 주었다. 대법원 상고로 인하여 김해 교도소로 이감이 되었다.
　피부병으로 고생할 때 의무과의 박충희 씨와 독방담당 홍순학 씨도 나에게 너무나 친절하게 보살펴 주어서 감사를 드린다. 이 두 분은 교도관이란 공무원이기 이전에 인간애로서 수감된 재소자들에게 항상 웃는 낯으로 대한다. 심지어 성질이 난폭한 재소자가 멱살을 붙잡고 갖은 행패를 다 부려도 항상 조용하고 웃는 얼굴로써 타이른다. 참으로 모범 공무원이라고 생각한다. 이때는 내 생애에 있어서 악몽과 같은 기나긴 방황이었다. 벌써 이 목숨은 그 당시에 죽었어야 하였다. 만약 내 계획대로 실천되었더라면 수많은 생명을 희생시킬 뻔 하였다. 생각하니 참으로 아찔한 일이다. 지금 사는 이 생명은 덤으로 사는 것이다.

예수님께서 나같은 죄인을 불러 쓰시려고 보호해 주셨다고 생각하며 새 생명 주셔서 그 은혜 감사할 뿐이다. 남은 생애를 복음전도를 위해 바칠 것을 기도하고 있다. 새벽기도와 철야기도에 "중 김혜경은 죽었습니다. 성도 김성화로 태어나게 해 주셔서 감사합니다. 이 복음을 땅끝까지 전하도록 부흥목사 되기 소원이오니 신학공부할 수 있는 길을 열어 주옵소서."라고 기도를 드리고 있다. 다시는 나와 같은 국가 질서를 소란하게 하는 종교인과 학생층이 없기를 바란다.

인간의 지혜와 힘 내지 폭력으로써 세상을 바로 잡으려 한 것이 얼마나 어리석은 일인가? 살아계신 하나님께 기도하고 매어달릴 때 하나님께서 세상질서를 바로잡아 주시는 것이다. 나같은 개인적으로 볼 때 모순투성이며 죄악으로 썩어서 냄새나는 추악한 땡초중을 교회의 여러 성도님들은 그리스도의 사랑으로 보살펴 주셔서 가슴이 메일 정도로 감사드린다. 특별히 나이 많은 교우님들은 "옷을 만져보고 춥지 않느냐?"고 걱정해 주시는 것은 어릴 때 돌아가신 어머니의 정을 느끼게 한다.

이 책에 나오는 분들의 이름 중에 명예가 손상되는 일이 있거든 양해하시기 바란다. 여러분들을 비난하고 명예를 훼손 시키려고 한 것은 결코 아니다. 영적으로 볼 때 우상숭배하므로 나와는 지금 반대입장에 서 있으나 인간적으로 볼 때 여러분은 승려로서 지식수준이 낮고 사리판단이 어리석어 내가 여러분들을 좌지우지하였으니 더 나쁜 쪽은 오히려 내편인지 모른다. 배신하였다 하여 지금 탓하고 무죄를 밝히려 재심청구하고 고소를 또다시 제기하지는 않겠다. 우리 솔직히 말해서 여러분 중에는 한때 예수님을 믿은 분들도 있었지 아니한가? 회개하고 하나님 품안으로 돌아오라고 부탁한다. 밥벌이를 위해서 잘못인 줄 알면서도 무당행위 하는 것 인간의 양심상 가책을 받아 괴로울 것이며 하나님 앞에는

제4부 기독교세력 말살음모 95

용서되지 않는다. 나와 같이 일하던 여러분은 나보다도 먼저 예수님을 믿은 분들이 아닌가?

이제 나는 그리스도의 참사랑을 발견하였다. 여러분을 조금도 원망하지 않는다. "회개하고 예수님 앞으로 돌아오라." 우리 같이 기도하고 찬송하며 밝은 새 생활을 찾자. 거듭 간절히 권한다.

이 책에 부끄러운 일이지만 한 가지 더 밝혀 둔다. 위에서 말씀드린 바와 같이 불교대학 설립으로 종단운영을 하다보니 약 2,000여만원 정도 빚을 졌다. 그것도 내가 본원종을 계속해서 운영하였으면 다 해결됐었을 것인데 교도소에 수감됨으로써 정리를 못하였다. 그 중에도 상당히 딱한 분이 있는 줄 알고 있다. 나는 교도소에서도 이 분들에게 3차례에 걸쳐 사과의 편지를 보냈고 84. 8. 20일 출소 후에 아픈 다리를 이끌면서 이 분들을 찾아다니며 사정하였다. 앞으로 평생을 두고 갚아 나가리라고 다짐하였다. 그러니 원망하지 말고 좀 참아 달라는 것이다. 그렇게 나도 비양심적인 인간은 아니다. 나와 뜻을 같이 하던 사람들은 사실 문교부에 학교법인 설립에 곤하여 경비가 약 2,000여만원이 소요되었으니 그것을 책임질 것이 두려워 배신하고 일부는 일성종으로 또는 정토중앙기도원으로 분산된 줄로 알고 있다.

내가 뿌린 씨앗은 내가 거둔다. 나는 그렇게 비겁하지 않다. 학교법인 설립에 부동산만 기부헌납 되었지 현금 한 푼이 없었다. 차에 기름넣고 서울 왕복하며 여러 곳을 관리하니 비용이 들었고 법인설립 대서료만 450여만원이 들었다. 그 많은 돈을 내가 어떻게 한 줄로 오해하는 사람이 있을까 하여 밝혀 두는데 나는 교도소에 수감될 때 돈 3만원밖에 더 가지고 가지 않았다. 그 돈을 누가 썼는지 여러분 중에는 양심에 비추어 알 것이다. 내가 구속되고도 제반 사업을 그대로 추진하라고 부탁했다. 그 몇몇이 사용한 줄로 알고 있다. 이제 내가 가서 따져서 돈을 돌려달라고 부탁할 옹졸한 사람은 아니다. 어디까지나 그 돈은 내가 책임을 진다. 우리 앞으로는 서로 배신하지 말고 살자. 하나님께로 돌아오라. "주여 영생의 말씀이 계시오매 우리가 뉘게로 가오리까?" 나는 여러분을 조금도 원망하지 않는다. 같이 교회를 나가자.
　84년을 보내면서 눈물어린 회개와 가슴 가득히 기쁨이 넘친다. 바른 생명의 길이 여기 있으니 나는 피흘려 죄를 사하여 주시고 부활로써 영생을 주신 십자가를 붙들고 앞으로 나아갈 것이다.

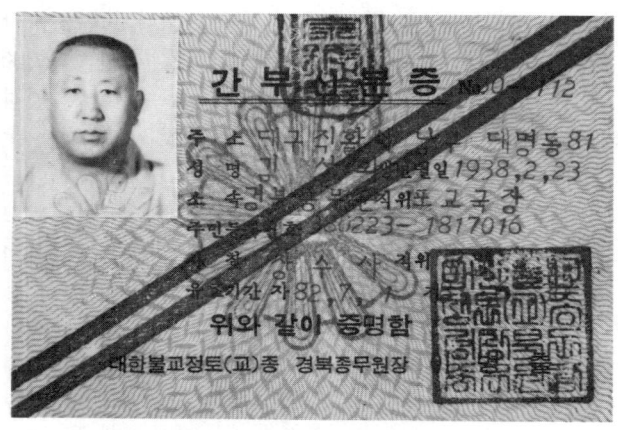

대한 불교정토종 경북종무원장 발행의 간부신부증

그는 포교국장으로서 인도 스리랑카 등지의 제 삼세계 외교에도 큰 공을 세우기도 했다.

제 5 부
교도소생활 복음을 받고 개종

제 5 부

교도소생활 복음을 받고 개종

1. 어느 목사님의 기도

　지금부터 10여년전의 일이다. 경북 울진에서 태백산쪽으로 32km 들어가면 주로 화전민들이 사는 벽지 면소재지가 있다.
　울진군 서면 삼근리 이곳이 대구 광명그룹의 이수왕 사장의 고향이다. 이수왕씨가 중학교를 건축하여 국가에 헌납하였다. 공식명칭은 울진중학교 삼근분교이다. 전교생이라야 남, 여공학에 1, 2, 3학년 1학급씩 드합 180여명의 벽지 미니중학교다. 필자는 삼근리 근처의 절에 승려로 있을 때 그당시 벽지 중학교에 교사들이 잘 부임하지 않아 학생들의 수업에 막대한 지장이 있다고 하여 면민들의 간절한 요청으로 교사로 재직하게 되었다.
　그 해 여름방학 때 울진의 기독교 청년 학생들의 수양회를 개최한다고 교실을 3일간만 사용하도록 허가해 달라고 하기어 즉시 허락하였다. 벽지 청소년들에게 문화적인 어떤 자극제가 되도록 하기 위해서 기독교 청년들에게 중학교 교실에서 수양회를 실시하게끔 편의를 제공하였다. 수양회를 마치는 날 본인을 점심 초대하므로 아무런 생각없이 초대에 응하였다. 울진 매화교회 목사님이라고 생각되는데 성함은 모른다. 아예 관심밖의 일이니까. 그 목사님께서 식사기도 하시고 식사 중에 이런저런 이야기가 오고갔는데 유독 그 목사님이 저를 자세히 보시고는 "선생님 나중에 예수 믿고 목사될 것 같소. 나 선생님 위해서 기도 하겠습니다"라고 하는 것이다. "목사님 헛수고 하지 마십시오. 저는 어머니 뱃속에서부터 불교 중입니다." 이렇게 응수하였다. 그때 그 목사님께서 간절하고 진지하고 귀찮을 정도로 말씀하시기에 나는 다음과 같이 야무지게 응답하여 주었다. "목사님께서 저를 예수 믿고 목사님 되도록 기도 하신다 하시니 저도 목사님께서 머리 깎고 스님되기를 부처님께 불공드리겠소. 우리 누가 이기나 시합 한번 합시다." 이렇게 말하였으나 나는 그 사실을 잊어 버리고 물론 불공도 하지 않았다. 지금 개종하고 생각하니 그 일이 생각난다. 나는 여러 번 복음에 접할 기회가 있었으나 그 당시는 별로 대수롭지 않게 여겼다.

2. 개종에 있어서의 갈등

(1) 불교대학 설립문제

나는 이 땅에 신라 고려 때의 찬란한 불교의 융성 발전을 가져와야 된다고 생각하였다. 오늘날 기독교에 밀려서 불교가 쇠퇴해 가는 것은 승려들의 교육이 되지 않았기 때문이라 생각하고 불교대학 설립을 추진하게 되었다. 가칭 대한불교정토대학을 설립함에 있어서 국내에 10억원 상당의 교육재단법인 구성용 부동산이 기부 채납되었다. 또한 일본의 정토종에서 연차적으로 10억원 상당의 재산을 투입하기로 자매결연 되었으며 학생은 전문대학 출신을 주로 하기로 하였다. 우리나라의 수많은 전문대학 출신이 학사학위를 못 받기 때문에 좌절과 고뇌에 허덕이고 있다고 생각되었다. 이들 전문대학 출신들을 내가 설립한 불교대학에서 1년간 기초교육을 실시하고 다시 일본의 자매 불교대학에 유학시켜 학사학위를 받게 할 목적이었다. 머리도 기르고 평소에는 신사복을 입으나 의식때만 법복을 입는 원불교같이 젊은이들이 매력을 가지고 현실에 적극 포교할 수 있도록 1년에 1,000명씩만 양성하면 이 땅에 극성스럽게 늘어나는 기독교를 없애고 이 땅에 부처님의 바른 가르침이 온 누리에 가득찬 불국토(佛國土) 건설에 이바지

하고자 하였다. 대학의 현판식도 가졌고 입학원서와 뺏지도 만들어서 학생모집 단계에 들어갔다. 지면상 관계로 재산을 기부채납한 분들의 이름과 내역을 밝힐 수 없으나 다만 대구 우진교통사장 신상호씨께서 대구시 수성구 의천동 산 123번지의 대지 3만평을 학교 교지로 기부하였고 광명그룹의 이수왕 회장은 불교대학 건축공사때 2억원 상당을 시주하기로 되어 있었다. 그후에 본인은 종교단체 내분으로 교도소에 수감되어 복음을 받았고 그 탄탄하던 광명그룹이 부도가 나서 이수왕 회장은 지금 징역 10년을 받고 있다.

이제 생각해 보니 하나님께서 살아 역사하셔서 불교대학을 못 만들게 하신 것이라 생각한다. 대구교도소에 복역중인 이수왕 씨도 하루속히 그리스도 앞으로 돌아오기를 기도하고 있다. 우리가 부처를 위해서 불교대학을 만들려던 일이 얼마나 헛된 일이었는가? 본인이 교도소 수감됨으로 대한불교정토대학은 주역멤버가 없어서 무산되고 말았다.

이 글을 읽는 분들 중에 불교대학 설립에 참여한 열렬한 불교 신도님과 스님들도 늦기전에 하루속히 참 생명의 진리인 예수님께 돌아오시기를 바란다.

(2) 복음받은 과정과 생사문제

본인은 불교단체 내분과 정치문제로써 김해교도소에 수감되었다. 독방에서 아침 저녁 염불과 참선 불경공부로써 하루의 일과를 보내게 되었다. 본인이 가지고 있는 불경도 보지만 때로는 교도소 도서관의 불경인 화엄경, 법화경, 능엄경, 원각경 등을 빌려 보게 되었다. 도서대출은 군복무를 마치려고 교도소에 배치되어 있는 경비교도대 대원이 업무를 맡아 보고 있다.

한 두어 번은 불경을 잘 대출해 주다가 하루는 느닷없이 대출 신청한 불경은 가지고 오지 않고 기드온 협회 발행의 "신약성서"를 갖다 주는 것이다. "불경은 어떻게 하고 대출 신청도 하지 않은 기독교책을 가지고 왔소?" "불경은 대출되고 없어서 심심하실 것 같아서 기독교책을 가지고 왔으니 스님 한번 읽어 보십시오." "거짓말 하지 마시오. 그 어려운 불경은 볼 사람이 없는데 5권이나 신청했는데 한 권도 없이 다 대출되었소? 내가 비록 독방에 수감되어 있다 하여 그렇게 사람을 속일 수 있소?" "스님! 저는 대학 재학생입니다. 스님께서는 대학에서 강의도 하셨다 하는데 제자가 스승님께 꾸중을 들어도 당연하지요. 그러나 스님! 기독교도 수억의 인구가 믿고 있으니 여기도 진리가 있을 것이니 한번 읽어 보십시요. 저는 내일 제대합니다. 스님 위해서 기도하겠습니다." 이렇게 말하고 횅 가버리는 것이었다. 얼마나 얄밉고 괘씸한 생각이 드는지 그러면서도 참 기독교인들이 지독하다고 생각되었다. 비록 독방에 수감되었으나 골수 불교승려에게 전도하는 열의가 한편 부러웠다. 불교는 소극적이며 전도는 전혀 생각도 못하고 있다. 그러면서도 마음은 편치 않아서 "나무아미타불"을 여러 수천번 외우고 참선을 해도 마음이 편치 않았다. 그 책을 이튿날부터 읽기 시작하였다. 나는 복음을 처음 접할 때 전기에 감전된 것 같았다. 평소에 그렇게 염원하던 생사문제가 해결되었다. 이럴 수가 있나? 갈등에 몸부림쳤다. 여기서 불교와 기독교를 단 한가지만 비교하자.

　옛날 인도의 구시라성의 시다림(林)이란 한가한 숲속을 석가모니는 제자들과 같이 지나가고 있었다. 그때 그 숲에서 한 젊은 과부가 애통하니 울고 있었다. 외아들이 죽어서 너무나 처절하게 울고 있었다. 석가모니는 젊은 여인을 보고 울지 말라고 위로의 말을 하였으나 그 여인은 울음을 그치지 않고 석가모니에게 "부처님이시여 내 외아들을 살려 주십시요."라고 애원을 하는 것이다. 이에 할 수 없어서 석가모니는 "자매여 일어나서 마을에 가서 한번도 사람이 죽은 일이 없는 집의 쌀을 한줌씩 얻어다가 죽을 끓여서 먹이면 너의 아들이 살아날 것이다"라고 하였다. 젊은 과부는 기뻐서 마을로 힘있게 걸어갔다. 그런데 저녁에 해는 뉘엿뉘엿 넘어가는데 그 젊은 과부는 빈 손으로 힘없이 돌아왔다. "부처님이시여, 하루종일 다녀도 사람이 죽은 일이 없는 집이 없습니다. 한 톨의 쌀도 못 얻고 빈손으로 왔습니다." "자매여 생자필멸(生

者必滅)이라 사람이 나면 반드시 죽는 것, 인연따라 일어나서 인연따라 없어지는 것 너무 슬퍼할 것이 없느니라." 석가모니는 이 한마디의 위로의 말을 주려고 젊은 과부를 하루종일 걷게 간들어 놓고 허탈상태에서 기진맥진하였을 때 가장 인간적인 척하여 얄미울 정도의 지혜를 짜내어 위로의 말을 한 것 뿐이다.

여기서 기독교적인 입장을 살펴보자. 예수님께서는 나인성 과부의 외아들의 이통한 장례행렬을 보고 자비로써 그 외아들을 살리셨다. 이것으로 미루어 보아 불교와 기독교의 생사문제에 근본적인 차이가 바로 여기에 있다. 같은 과부와 외아들의 죽음이 었는데 불교에서는 죽음을 숙명적으로 받아들이는 인간 능력의 한계를 보여 주었고 기독교에서는 생명의 삶의 기쁨을 맛보았다. 바로 여기에 부활이고 생명인 참진리가 있는 것이다. 석가모니는 인생의 근본적인 생사문제에 있어서 문제만 제시하였으나 그 해답의 열쇠는 주지 못했다. 예수님은 문제 뿐만 아니라 해답의 열쇠를 주셨다.

본인은 참진리를 발견하였는데 차마 개종의 길로 돌아설 수 없었다. 수십만의 불교신도들과 수백의 승려가 따르는 것을 생각하니 더더구나 부모님을 배반하는 것같아 차마 돌아설 수 없었다.

나는 3개월 가까이 고뇌에 몸부림쳤다. 어느날 이른 새벽에 새들이 지저귀는 소리를 듣고 생명성(生命聲)이라는 제목으로 글을 한편 썼다. "朝旡不開閑獄窓, 野鳥嗚嗚近碧空, 三毒大醉下覺僧, 雖鳥飛來生命聲, 아침에 열리지 않은 한가한 옥창을 바라보지 못할 이름모를 들새 하늘 가까이 날아와서 울어 울고 있네, 삼독(탐심, 성냄, 어리석음)이 크게 취해서 깨닫지 못하는 중이 있다기에 비록 새지만 날아와서 생명의 소리를 들려주는 것이라오." 나는 84년 8월 20일 교도소를 나와서 거처하던 경북 달성군 옥포면에 있는 장수사에 들러서 6일간 몸에 안정을 취했다. 복음을 접하고 난 뒤에 더욱 번뇌와 고뇌에 몸부림쳤다.

내가 불교에 대한 공부가 부족해서 마음이 흔들린다고 생각하고 순천 송광사의 선원(禪院)에 가서 많은 수행을 쌓으면 번뇌를 잊을 것으로 생각하여 84년 8월 27일 순천을 향해 가다가 진주에 내려서 내가 교사생활 할 때 친구인 삼천포공업고등학교의 은두기 선생을 찾아가서 하루 저녁 쉬면서 나의 괴로운 심정을 이야기하였다. 은두기 선생은 아무런 종교도 가지고 있지 않은 불신자이다. 은 선생은 나에게 좋은 충고를 하는 것이다. "혜경스님은 송광사 선원에 가도 번뇌가 없어지지 않을 것이오. 기독교가 무엇인지 모르지만 당신 머리 속에 무의식적으로 잠재해 있으니까 말이오. 돌아서려거든 한 나이라도 젊을 때 개종하시오. 예수교가 어떤지 잘 모르지만 그 도에 한번 물든 사람은 좀처럼 잊지 못한다고 들었소."

친구의 간절한 충고로써 막연히 부산에 와서 평소 교도소에 복음 전하는 단체의 전화번호를 알기에 전화를 걸어, 오늘에 이르렀다. 84년 8월 29일 수요일 처음 교회 나가서 찬송가를 듣고 느낀 바 있어서 한 편의 글을 써 보았다. "問眞行客心不閑, 尋道歸僧尋明鏡, 深深山寺不覺道, 敎會讚頌到耳岸 : 진리 물어가는 나그네 마음이 바쁘고 도 찾아 돌아서 가는 저 중 마음이 밝은 거울 같은데 깊고 깊은 산골 절에서 도를 깨닫지 못했는데 교회찬송 소리가 귓가에 닿네." 나는 내 인생의 적어도 2/3를 달려가다가 개종으로 돌아서는 데는 죽음을 각오한 아픔이 있었다. 이것은 내 자신의 양심의 해방이고 양심적 자유를 찾은 선언이자 결심인 것이다.

고문진보(古文眞寶)의 사랑편에 보면 "古文學者必有師 師者傳道受業解惑 : 옛날부터 배우는 사람은 스승이 있었나니 스승된 자는 반드시 바른 도를 전하고 바른 업을 주고 의혹을 풀어 주어야 한다"고 하였다. 그런데 나는 바른 도를 전하지 못하고 그것도 한 두 사람이 아니고 여러 수십만의 사람들에게 거짓 도를 전했기 때문에 이 글을 쓰는 것은 첫째는 비록 모르고 했더라도 하나님께 지은 죄를 속죄하려는 것이고 둘째는 이 글을 읽고 많은 사람들이 참 진리요 생명의 도인 예수님께 돌아오기 바람이다.

3. 극락은 설화(說話)다.

　많은 세상 사람들은 "불교나 기독교나 같고 극락이나 천국이나 같은 것이니까 마음 바로 쓰고 죄짓지 않으면 되는 것이다. 아무 것이나 믿으면 되지 불교 기독교 가릴 것이 므엇이냐?"하는 식으로 주관적이고 안이하게 자기자신의 근본문제를 포기 체념해 버리는 경우가 많다. 이것이야말로 위험천단한 생각이다. 장미밭에 가 보라 같은 종류의 장미는 많아도 엄밀히 따지면 같은 장미는 하나도 없다. 이 우주에 존재하는 어떠한 사물치고 똑같은 것은 하나도 없다. 이것이야말로 조물주의 위대한 창조섭리다. 여러분, 어떻게 극락과 천국이 같을 수가 있겠는가?
　석가모니는 해탈하는데 두 가지 문(門)을 제시하였다. 첫째는 성도문(聖道門)이다. 참선을 하든지, 계율을 지키든지 어쨌든 자력적(自力的)인 수행으로 해탈의 길로 들어선다는 것을 말한다. 그러나 이 길은 대단히 어려운 길이라 하여 난행도(難行道)라 한다. 둘째는 정토문(淨土門)이다. 염불로써 극락왕생할 수 있고 누구나 쉽게 염불만 하면 극락에 들어갈 수 있다고 하여 이행도(易行道) 즉 타력(他力)에 의하여 해탈의 길로 들어갈 수 있다고 한다.
　본 필자는 지면상 정토문에 대해서 설명하고자 한다. 후일에 성도문에 대해서도 언급할 날이 있을 것으로 기도하고 있다.
　가. 극락은 석가모니 이전에 중앙 아시아 민족으로부터 전해 내려오는 설화로 석가모니가 무량수경, 관무량수경, 아미타경에 이상향을 그리면서 설법한 것이다. 독일의 종교학자 레데의 저서 「역사와 종교 미래」에서 극락과 아미타불의 사상은 전해 내려오는 설화로서 다른 불교가 되었다고 말하고 있다.
　나. 불교에서 말하는 극락을 무량수경에서 살펴보자. 아득한 옛날에 세자재왕 부처가 있었는데 그때 한 국왕(國王)이 발심(發心) 출가하여 법장비구가 되었다. 이 법장비구가 세자재왕 부처에게 43가지 서의 즉 맹서를 하고 여러 겁을 수행하여 아미타불이

되어 서방 극락의 주인이 되어서 지금도 많은 중생들을 위해서 설법을 하고 있다고 석가모니는 말하고 있다. 48가지 서원이란 극락에는 나쁜 사람이 없고, 얼굴 모양이 같고, 모든 사람의 몸이 황금색이고 등등이다. 이렇게 볼 때 극락은 역사적 기록이 아니고 석가모니의 설화적(說話的)인 이야기이다.

극락에는 7가지 보배로써 화려하게 장식되어 있고 갖가지 이상적인 것을 다 그려 놓고 있다. 극락은 아홉가지로 되어 있는데 즉 구품연화대(九品蓮花臺)라고 한다. 관무량 수경에서 상지상품(上之上品), 상지중품(上之中品), 상지하품, 중지상품, 중지중품, 중지하품, 하지상품, 하지중품, 하지하품 이것이 극락의 9가지 종류다. 예를 들어 보자. 극락의 최하위인 하지하품(下之下品)에는 아무리 악한 죄를 지었더라도 죽을 때 나무아미타불을 열 번만 부르면 들어갈 수 있다고 한다. 그러나 그 열번 나무아미타불을 염불한 공덕이 다하면 육도 즉 천상, 인간, 아귀, 아수라, 축생(짐승), 지옥에 윤회(輪廻)한다는 것이다. 그곳에서 다시 공덕을 쌓아서 극락에 갈 수 있다고 한다. 우리가 만일 고양이로 환생하였다고 하자. 고양이의 본성은 쥐를 잡고 남의 집의 생선을 훔쳐먹는다. 불교의 입장에서 볼 때 살생을 하고 도덕질을 하니 어느 때 공덕을 쌓아서 극락왕생을 하겠는가? 이것은 모순이고 극락은 성립할 수 없다. 윤회설은 처음 석가모니는 부인하였으나 뒤늦게 제자들이 유입 채용하였다. 사바세계에서 서방극락까지 10억 8천만리가 된다고 하였으나 육조대사는 허공에 동, 서, 남, 북의 방향을 정할 수가 없고 하였다. 그러니 서방극락이 어디 있는가? 우리 마음에 열 가지 악한 일과 여덟가지 헛된 도리를 없이 하면 바로 그 마음이 극락이다. 마음이 악하고서 아무리 나무아미타불 염불해도 극락에 갈 수 없다. 원효대사의 관무량수경소에서는 유심정토(唯心淨土) 다시 말하면 오직 마음이 극락정토라는 것이다. 원각경에 보면 "색신이 종귀지수화풍, 공적영지, 역겁상존, 금역불망자, 본자구족, 부동도장, 시명극락 : 色身 終歸地水火風, 空寂靈知, 歷劫常存, 今亦不亡者, 本自具足, 不動道場, 是名極樂 : 이 몸은 마지막에 흙과

물과 불과 바람으로 돌아가고 고요한 가운데 영적 알음 알이(영적지혜)는 여러 겁을 두어도 없어지지 않으며 지금까지 없어지지 않고 근본적으로 갖추어지고 움직이지 않는 수도장이 바로 극락이다." 이것은 무엇을 말하는가? 몸은 다 없어져도 영혼만은 움직이지 않고 한 곳에 편안하게 있는 것이 극락이라고 하고 있지 않는가? 처음에 말하는 윤회사상인 극락과는 근본적으로 다르다. 좀더 상서히 설명하면 무량수경, 관무량수경, 아미타경에서 말하는 극락과 원각경에서 말하는 극락과는 다른 것이다. 같은 불교경전이라도 이렇게 틀리고 모순이 된다. 이것은 석가모니가 소설적인 사실로써 만들어진 극락이니까 서로 모순이 제기되는 것이다.

여러분은 우리의 고유의 설화소설인 심청전을 모르는 사람은 아마도 없을 것이다. 심청이는 자기 아버지의 눈을 뜨게 하기 위하여 공양미 300석에 남경 선원들에게 몸을 팔아 임당수 푸른 물에 몸을 던졌다. 그러나 착한 심청이는 바다의 용왕의 도움으로 연꽃을 타고 다시 살아나서 왕비가 되어서 행복하게 살았다는 내용이다. 여기서 심청이가 깊은 바다에서 연꽃을 타고 살아난 것이나 극락의 구품연화대나 다같이 연꽃이 주제가 되었다. 극락은 심청전과 같은 설화인데 심청의 이야기는 설화소설로 돌리면서 신앙의 대상이 되지 않는데 어떻게 유독 극락만은 설화소설이 되지 않고 신앙의 대상이 되어야 하는가? 이것은 우리 국민이 오랫동안 불교적인 문화권에서 생활함으로써 굳어진 사고(思考)의 결과다. 지금도 늦지 않았으니 허황되고 설화같은 극락을 신앙의 대상으로 삼는 어리석은 생활에서 돌이키라는 것이다.

4. 천국에 대하여

먼저 믿는 그리스도인들은 확실한 천국을 올바르게 증거하시기 바란다. 부활은 신화가 아니고 지어낸 이야기가 아니고 역사적인 사실이다. 예수님께서 우리 인류의 죄를 위해서 십자가에 못박혔을 때 로마군병이 창으로 옆구리를 찔러 운명을 확인하였고 죽은 지

3일만에 부활할 때 무덤을 지키는 로마병정이 도망하여 증거하였다. 제자들이 듣고 만져 보았고 예수님께서 승천하실 때 500명이나 보았다.

  2,000년의 역사가 오래지 않고 가깝다. 헬라(그리스) 문자가 있었고 철학, 수학, 과학 등 각종의 학문이 발달되었으며 로마가 정복한 곳에는 헬라의 노예학자(페이도노무스)를 데려다가 각종 기록의 서기로 고용하고 있었다. 아무리 발달된 헬라의 학자라 하지만 일단 로마에 정복되어 포로로서 노예로서 종사하게 되면 노예의 근성이 있게 마련이다. 조그만 사실이라도 있으면 과장되게 표현하여 주인에게 잘 보여 자유를 얻으려 하였을 것이다. 그렇다면 예수님의 부활은 엄연한 사실이니까 감히 이들 노예학자들은 예수님의 사건뿐만 아니라 사도들의 재판 및 순교기록도 할 수가 없고 한 줄의 기록도 남기지 않았다고 생각한다. 너무나 확실한 역사적 사실이니까 노예학자들은 감히 기록할 수가 없었다고 생각한다. 부활이 엉터리라는 기록이 한 군데도 없다. 생명의 구주이신 예수님의 부활은 엄연한 역사적 사실이다. 불교의 극락은 Fiction(소설)이고 기독교의 천국은 Non-Fiction(실제적인 사실)이다.

  여러분!

  심청전 같은 허황된 소설인 극락을 믿으시겠는가? 엄연한 역사적인 사실인 예수님의 천국을 믿으시겠는가?

  여러분 스스로 양심적인 판단을 하시기 바란다.

5. 염불의 심리학적 분석

  불교에서는 나무아미타, 나무호렌게꼬, 옴남, 사바하 등등 인도의 범어(산스크리트 어)로 된 말을 주문(呪文) 또는 진언(眞言:참된 말씀)이라고 하여 염불의 많은 비중을 차지하고 있다. 고대 인도인들은 범어를 하늘로부터 받은 것이라 하여 대단히 신령하게 여겼다.

  필자는 수십년간 불교에 몸담고 있었으나 이들 염불의 뜻을 잘 모른다. 이때까지 무의미철자를 암송해 왔다는 것이다. 태권도가 한국서 발생하여 세계 각국에 뻗어갔다고 한다. 따라서 구령도 우리말로 "차렷, 셔여" 등등 붙이고 있다고 듣고 있다. 우리나라 사람으로는 어느 누구나 차렷, 쉬어 그 이상의 의미는 없다. 그러나 외국인이 볼 때 굉장히 신령한 어떤 의미가 있는 줄 생각하고 있다. 천주교 신부가 미사 도중에 라틴어로 기도문을 외우면 일반신자들은 굉장히 신통한 초자연적인 힘이 있는 줄 안다. 이와같이 볼 때 염불도 마찬가지로 언어의 신비성을 신앙하게 되었다고 생각한다. 결국 나무아미타불 나무호렌게꾜 즉 무의미철자를 반복 암송하면 1단계로 이성의 마비가 오고 2단계는 자기최면 현상이 일어나고 3단계로 동일시(同一視) 현상이 일어나고 마지막으로 자기도취 및 환상적 욕구가 일어난다. 그래서 나무아미타불 나무호렌게꾜 대신에 "개똥 소쿠리"라는 말로 바꾸어서 수십만번 반복해도 같은 효과가 있다. 이것은 결코 염불삼매가 아니다.

일본의 정토종의 중흥조 사이찌(最澄)의 일기를 몇 구절 소개하겠다. "내 모든 갈망이 사라지니, 전 세계는 나의 나무아미타불이다." "얼마나 비뚤어졌는가? 얼마나 천한가? 나는 죄인이로다? 나는 사기꾼이로다?" "지금 그대는 무엇을 하고 있는가. 오 사이찌여! 사이찌여 말해 보라. 그대는 어데 있는가? 어찌하여 그대는 쓰기를 멈추지 않는가?" 심리학자들은 사이찌를 정신분열증의 좋은 본보기로 선언하였다. 염불로서도 참으로 자기 구원을 이룩할 수가 없다. 얼마나 많은 사람들이 허무하게 자기 영혼의 구원을 포기하고 있는가? 그리스도인들은 이들에게 복음을 전하기 바란다. 지금의 불교는 승복을 입은 무당이 주도권을 잡고 있다. 능엄경에 말세에 승복을 입고 신도들로부터 물질적인 욕심을 채우는 무당을 절도며 강도라고 하였다. 선방(禪房)에서 순수불교에 힘쓰는 수좌스님들께 영적으로는 생명의 종교인 기독교로 개종하기 바란다. 그러나 인간적으로는 연민의 정을 느낀다.

정(正), 사(邪)가 있고 좌도(左道)가 있으면 우도(右道)가 있다. 불교신자 여러분!

순수불교를 믿고 절같은 절을 찾아가고 스님같은 스님을 찾아간 분이 몇이나 되는가? 대부분이 무당을 믿고 무당을 보고 스님 스님 하지 않았는가? 무신론을 주장하신 석가모니께서 절에서 죽은 사람을 위해 영가 천도 49제, 예수제(豫修齊 : 죽은 사람 또는 산 사람의 극락왕생을 위해 미리 공덕을 닦는것)는 하라고 하지 않았다. 불교의 근본교리는 무구소욕(無救小欲) 즉 구하는 것이 없고 욕심이 적어야 한다. 그런데 재수불공, 생남불공, 병자를 위해 구병시식은 왜 하며 부적은 왜 파는가? 한국의 사찰은 대부분 석가모니의 가르침에서 벗어나서 무당과 야합하고 있다.

6. 결단촉구

불교를 믿어도 내가 오래 믿었고 배워도 여러분 보다는 내가 많이 안다. 여러분 하루속히 참생명의 종교인 기독교로 돌아오라. 정말 불교에 대하여 토론하고 싶으면 언제든지 오라.

불교신자 여러분!

하루속히 기복불교에서 돌아서라. 우상숭배자의 말로는 비참하다. 서울 윤노파 사건이 그렇다. 여러분 주위를 가만히 한번 보라. 무당과 점쟁이는 늙으면 비참한 죽음을 하거나 몸에 병을 얻고 재산도 하나 없이 비참한 최후를 마친다. 그뿐인가? 그들의 자식들이 사회적으로 정상적인 직업을 가지고 살아가지 못하고 있다. 필자는 예를 얼마든지 열거할 수 있으나 지면상 생략한다. 여러분 자신이 한번 잘 관찰하고 현명한 판단을 내리기 바란다. 기차게 딱 맞추는 무당이나 점장이라면 5,000원 내지 10,000원씩 받고 점을 할 것이 아니라 우리 주변에 있는 간첩을 잡으면 애국하고 5,000만원 보상금을 받아서 잘 살 수 있을 것이다. 이것만 보아도 거짓말이다.

나는 성경을 보다가 비몽사몽간에 떠오르는 글귀가 있어서 적어 보았다. "曉得汽笛聲, 心者行如客, 若深囚心獄, 盡消煩惱火 : 새벽 기적소리에 퍼뜩 깨어보니, 마음이란 놈 나그네와 같이 가 버리는

제5부 교소도생활 복음을 받고 개종 111

것, 만약 깊은 곳에 마음을 가둘 수 있는 감옥이 있다면, 훨훨 타오르는 번뇌의 톱길을 쓸어 버릴 수 있으련만."
　본인이 개종할 때 가장 마음에 감명을 주었던 성경구절은 다음과 같다. 요한복음 5：24 "내가 진실로 진실르 너희에게 이르노니 내말을 듣고 또 나 보내신 이를 믿는 자는 영생을 얻었고 심판에 이르지 아니하나니 사망에서 생명으로 옮겼느니라." 요한복음 11：25 "예수께서 가라사대 나는 부활이요 생명이니 나를 믿는 자는 죽어도 살겠고 무릇 살아서 나를 믿는 자는 영원히 죽지 아니하리니 이것을 네가 믿느냐？" 요한복음 14：6 "예수께서 가라사대 내가 곧 길이요 진리요 생명이니 나로 말미암지 않고는 아버지께로 올 자가 없느니라." 불경에는 길이요 진리라는 말은 있어도 생명이란 말은 없다.
　마지막으로 먼저 믿는 성도 여러분께 몇 말씀 하고자 한다. 본인이 몇 년 전에 대구에서 대학생들 상대로 법회를 개최한 바 있었다. 법회가 끝난 후에 몇몇 대학생들과 자유토론이 벌어졌다. 그때 한 학생이 답변할 수 없는 질문을 하여 왔다. "법사스님, 한 가지 질문하겠습니다. 인류 역사 이래로 수많은 사람이 죽어서 저승에 갔는데 저승에서 소식 한 통 없으니 얼마나 답답합니까？ 석가모니께서 그 어려운 팔만대장경을 설립할 것이 아니라 저승에서 우체국을 만들어 주었다면, 먼저 간 사람들이 하다 못해 엽서 한 장 보내왔으면 우리 인간들이 죄 안 짓고 착하게 살 것 아닙니까？" 나는 웃으면서 맹랑한 질문이라고 생각하고 답변을 할 수가 없었다. 그때 옆에 있던 한 학생이 그 질문에 적절한 답변을 하는 것이다. "말도 되지 않아！ 만약 저승에서 우체국을 통해서 편지가 오면 이 지구는 더 혼란에 빠지게 되고 말 것이다. 모두 착한 일만 하기 때문에 파출소 순경이 필요없고, 판사, 검사, 교도소도 필요없고 질서를 잘 지키니까 공무원과 군인이 필요없을 것이고 욕심을 내지 않고 경제활동을 하지 않으니 경제침체가 되어 지금보다 더 혼란이 일어나기 때문에 석가모니는 장장 40년간 그 어려운 팔만대장경을 설법하였지 우체국을 설치하지 않은 것이다." 나는 맹랑한 질문에 맹랑하고 적절한 대답이라고 생각하였다. 그 당시에는 몰랐는데 지금 성경을 보니까 성경에 우체국이 있다. 부자와 거지 나사로의 이야기가 바로 우체국이다.

기독교 성도 여러분들은 너무나 잘 아는 이야기라서 지면상 여기서 본문을 생략한다.

우체국장은 예수님이시고 먼저 믿는 성도 여러분은 복음의 편지배달부라고 생각한다. 배달부에도 여러 종류의 사람이 있는 줄 알고 있다. 어떤 못된 배달부는 편지 배달하기 싫어서 땅에 묻었다가 나중에 발각되어 징역가는 배달부가 있는가 하면 어떤 배달부는 먼 거리를 가기 싫어서 그 방향에 가는 사람편에 보내는 게으른 배달부가 있다. 또 한 종류는 편지를 가지고 가기는 가되 "편지요!" 하고 던져버리고 가는 불친절한 배달부도 있다. 마지막으로 산을 넘고 물을 건너 고달픈 몸을 이끌고 외딴 오두막까지 찾아가서 슬픈 소식이면 같이 울고 기쁜 소식이면 같이 기뻐하고 글 모르는 분들에게는 읽어주고 대신 써 주는 친절하고 사랑을 실천하는 배달부가 있다.

먼저 믿는 성도 여러분!

교도소의 독방에 있는 나에게도 복음이 전하여지는데 제발 친절한 복음의 배달부가 좀 되어 달라는 것이다. 복음을 전하면 그 열매는 하나님께서 맺도록 역사하신다고 생각한다.

옛날 중국에 한 비단장수가 비단을 한 짐 잔뜩 지고 여름날 길을 가다가 너무 고단하여 한적한 남의 산소곁의 나무 그늘 밑에서 비단짐을 받쳐 놓고 한잠 자고 나니 비단짐이 감쪽같이 없어졌다. 이 비단장수는 낙심한 나머지 그곳 원님에게 비단을 찾아 줄 것을 호소하였다. 사또는 비단장수에게 아무도 본 사람이 없느냐고 묻는다. 비단장수는 한적한 산골이라 아무도 본 사람이 없다고 하니까 그래도 본 사람이 있을 것이다 하며 사또가 하도 묻길래 비단장수는 무덤곁에 서 있는 망주석이나 보았으면 보았지 아무도 본 사람이 없다고 아뢰었다. 사또 …… "옳지! 여봐라 형방 사령들을 데리고 가서 이 비단장수가 말하는 망주석을 오랏줄로 묶어서 동헌에 대령시키렷다." 형방 …… "예~이 사또 나리의 분부대로 거행하겠습니다."하며 가기는 가되 형방과 사령들과 온 고을 백성들이 하도 기가 차서 이 해괴한 송사를 구경하려고 동헌뜰에 백성이 가득 모였다. 오랏줄에 꽁꽁묶인 망주석을 사또나리 앞에 대령하였다. 사또 …… "여봐라 형방 저 망주석을, 비단 훔쳐간 도적을 이실직고 할 때까지 매우 쳐라." "예~이"하고 형방이 망주석을 태장으로 때린다. 그 순간 온 고을 백성들은 이 바보같은 사또의 송사를 보고 배꼽을 쥐고 웃었다. 그때 갑자기 사또가 …… "이놈들 무엄하구나 사또의 송사를 보고 웃고 있다니 여봐라 형방 이놈들이 본관 사또를 능멸하였으니 전부 옥에 가두어라." 송사를 구경간 백성들이 전부 옥에 갇혔다. 그때 사또는 형방을 불러 은밀한 분부를 내린다. 누구든지 비단 한필씩 가져오면 방면하겠다고 하였다. 그때 어떻게 해서든지 옥에서 방면되려고 비단을 갑자기 비싼 값으로 사오게 되었다. 사또는 비단장수로 하여금 가져온 비단 중에 자기 비단을 찾게 하였다. 그 비단을 추적한 결과 비단도둑을 찾게 되었다. 이 이야기에 몇가지 교훈이 있다.

성도 여러분!

십자가의 부활의 도를 전할 때 세상사람의 입장에서 보면 망주석을 때리는 것은 어리석은 것 같다. 그러나 그 망주석을 때리므로 도둑을 잡았다. 마찬가지다. 여러분들은 복음의 편지를 전하면 조롱거리가 되고 미련한 바보취급을 받으나 그 결과로 살아계시는 하나님께서 역사하신다는 것이다.

우리 다 같이 복음의 편지를 전하는 친절한 배달부가 되어야 한다. 이 글을 읽고 여러분들에게 신앙생활에 조금이라도 도움이 되었으면 하고 이 글을 쓴다. 천국에서 하나님으로부터 상받는 배달부가 우리 모두 되자.

제 6 부
한국불교의 현주소

제 6 부
한국불교의 현주소

I
석가모니의 약전(略傳)

　인도의 북쪽 히말라야 산맥 남쪽, 지금의 네팔(Nepal)의 영토에 약 3,000여년전 카필라(Kapila)라는 조그만한 나라가 정반(Suddhodana)왕에 의하여 다스려지고 있었다. 농업국가이었던 카필라국은 해마다 농사가 풍년이 들고 거기다 정반왕의 어질고 밝은 정치로 온 국민은 여유있고 평화로운 생활을 하고 있었으나 정반왕과 왕비 마 - 야(Maya)부인 사이에 장차 왕위를 계승할 태자가 없어 궁중은 물론 온 국민이 걱정스러운 나날을 보내고 있었다. 그러던 중 정반왕의 나이 40세가 되던 해 이상하게도 마 - 야 부인이 하늘에서 한 마리의 흰 코끼리가 내려와 자기 품속으로 들어오는 꿈을 꾸고 태기가 있어 정반왕을 비롯한 온 국민이 다같이 기뻐하며 왕자의 탄생을 손꼽아 기다리게 되었다.

　만삭이 되어 해산 날짜가 가까워 오자 마 - 야 부인은 그때 인도풍습에 따라 친정인 구리국(Devadana)으로 가서 아기를 낳으려고 카필라국을 떠나게 되었다. 때는 바야흐로 백화(白花)가 만발하고 벌 나비들이 꿀을 찾는 군무가 한창이고 새들이 즐겁게 지저귀는 늦은 봄 4월 8일 룸비니(Lumbini)라는 동산에서 잠깐 쉬었다. 그 때 별안간 산기(産氣)를 느껴 늘어진 무우수(無憂樹

: Asoka)나무 가지를 오른 손으로 잡은 채 우협(右脇 : 오른쪽 옆구리)으로 태자가 탄생되었다. 이 태자가 그 후에 도를 깨치고 부처님이 되어 세계 3대 종교의 하나인 불교(佛敎)를 일으킨 석가모니(Sakyamuni) 바로 그 사람이다. 석가모니란 석가족의 성인(聖人)이란 뜻이다. 이렇게 해서 태자가 탄생하자 아홉마리의 용이 하늘에서 물을 뿜어 태자를 목욕시키고 네 송이의 연꽃이 땅속에서 솟아 올라 태자의 발을 받든다. 홀연히 솟아난 연꽃을 딛고 일어선 태자는 조용히 사방으로 각각 일곱 걸음씩 걷고 제자리에 돌아와서 오른손으로 하늘을 가리키고 왼손으로 땅을 가리키면서 소리 높여 외치기를 "하늘 위와 하늘 아래에서 나 홀로 높으니 온 누리가 다 괴로움에 내가 마땅히 평안하게 하리라(天上天下唯我獨尊 三界皆苦我當安之)"라고 하였다. 탄생 후 5일만에 일체의 목적이 성취된다는 뜻의 싣달타(悉達多 : Siddartha)라는 이름을 지었는데 어머니 마 - 야 부인이 불행하게도 7일만에 세상을 떠났기 때문에 정반왕은 마 - 야 부인의 동생인 마하파사파제(Mahaprajapati)부인을 맞아 들여 왕비를 삼고 태자를 기르는데 정성을 다하기로 하였다. 정반왕은 태자를 얻어 하도 기뻐서 히말라야산 기슭에 사는 아시타(Asita)라는 선인(仙人 : 신선같은 도를 닦은 사람)을 불러 태자의 관상을 보게 하였다.

　태자의 슬기롭고 덕스러운 모습을 본 아시타는 별안간 눈물을 흘렸다. 정반왕은 궁금하고 이상하여 그 이유를 물었다. 아시타는 "이 태자는 설흔 두가지의 상스러운 상(相)을 가지고 있는데 이 32상을 가진 사람은 만약 세속에 있으면 천하를 다스릴 전륜성왕(轉輪聖王)이 되어 올바른 법으로 세상을 다스리되 어느쪽에도 기울어짐이 없을 것이고 그 은혜가 널리 미쳐 무력을 사용하지 않고도 세속을 떠나 출가하여 도를 닦는다면 훌륭한 진리로 깨쳐 위대한 성인(聖人)이 되어 무수한 인류를 구제할 것입니다."라고 하였다. 정반왕은 이 말을 듣자 기쁨을 참지 못하면서 "그렇다면 눈물을 흘리는 까닭은 무엇인가?"라고 물었다. "예 이 태자께서는 장차 훌륭한 분이 된 후에 좋은 말씀을 많이 하실텐데 신(臣)은 너무 늙어 여생이 얼마 남지 않았으므로 그때까지 살지 못하여 그 좋은 말씀을 들을 수 없는 것을 생각하오니 저도 모르게 눈물이 흘렀습니다"라고 대답하였다. 정반왕은 처음에는 무척 기뻤지만 또 한편으로 곰곰히 생각하여 보니 좀 서운하기도 하였다. 왜냐하면 전륜성왕이 된다는 말은 반가운 말이지만 출가해서 도를 닦는다는 말에는 저으기 낙심하지 않을 수 없었다. 늦게 얻은태자가 만일 출가를 한다면 왕위를 계승할 사람이 없을 것이기 때문이었다.

　태자는 비록 친어머니를 생후 7일만에 잃기는 하였으나 계모이면서 이모인 마하파사파제의 사랑스러운 품속에서 아무런 꺼리낌이 없이 무럭무럭 자랐다. 나이 7세에 이르자 학문과 무예를 배우기 시작했다. 비스바미트라(Visvamitra), 코샤안티데바(Ksantideva)의 두 유명한 학자를 궁중으로 불러 들여 태자의 스승으로 삼고 공부를 시작했는데 오래지 않아 64종의 책을 통달했고 29종의 무예를 전부 익혀서 두 선생을 깜짝 놀라게 하여 더 이상 가르칠 수 없다고 혀를 내두르게 되었다.

　태자의 나이 13세가 되던 봄 농업국이었던 카필라국은 해마다 농경제가 성대히 거행되는데 태자도 이 날 부왕을 비롯한 문무백관들과 함께 참여하였다. 태자는 여기서 놀라운 광경을 보았다. 농부의 매서운 채찍을 맞으며 입에 거품을 머금은 채 숨을 헐떡이며 밭갈이 하는 소(牛)의 모습을 몹시 가여운 모습으로 바라 보았으며, 보습에 찍혀 땅속에서 파헤쳐져 나온 벌레들의 단말마(斷末魔)의 몸부림, 거기다가 새들은 그것을 쪼아 물고 도망치고, 다시 힘 세고 사나운 날센 매는 그 새들을 덮쳐 물고 달아난다. 실로 무섭고 비참한 광경이었다. 보통 소년같으면 그저 아무런 생각없이 보아 넘겼겠지만 비범했던 싣달타 태자는 이것을 보고 이와같은 것은 저 같은 하등 동물에서만 일어나는 일이 아니고 생명을 가지고 있는 모든 생물계는 다 저와 같이 약육강식(弱肉强食)의 비참한 생존경쟁이 있는 것이 아니겠는가 하고 깊은 생각에 빠져 마침내 고민으로 변했다. 그래서 괴로운 마음을 안고 근처 숲속으로 걸어가 엄부수라는 나무밑에 홀로 조용히 앉아 깊은 상념에 잠겼다그 한다.

이윽고 태자의 범상치 않은 모습을 목격한 부왕의 마음은 어둡기만 했다. 왜냐하면 그 옛날 태자의 관상을 보았던 아시타의 말이 생각났기 때문이다. 태자가 자기의 뒤를 계승할 왕이 되어 천하를 통일할 전륜성왕이 되기를 원했으나 태자의 변해가는 성격이나 태도가 출가하여 도를 닦을 사람이 될 것 같은 불안한 마음이 들었다. 그의 마음을 돌리는 길은 인간의 향락을 즐기게 하여 기쁘고 즐거운 나날을 보내게 하려는 생각에서 태자비(太子妃)를 맞아 들이기를 서둘렀다. 싣달타가 열 아홉살이 되자 부왕은 서둘러 태자비를 물색했다. 태자는 결혼이 마음에 내키지 않았지만 부왕의 간곡한 권유를 물리칠 수가 없었다. 한편 부왕의 마음을 기쁘게 해드리고 싶은 마음도 없지 않아 그 뜻을 따르기로 하였다. 가문 좋고 아름답고 슬기로운 규수를 물색한 끝에 데바다하의 성주(城主)의 딸 야쇼다랴(Yasodhra) 공주를 맞이하게 되었다.

    절세의 미인이요 재주가 뛰어난 여인과 결혼을 했지만 기쁘고 즐겁기는커녕 날로 마음은 무거워만 갔다. 이를 눈치 챈 부왕은 다시 총명하고 지혜롭고 말 잘하는 청년 우다인(Udayin)을 궁중으로 불러 태자를 시종하면서 가무음곡(歌舞音曲) 등 온갖 세상의 향락으로 함께 벗하게 하였으나 이도 또한 별 효과를 거두지 못하게 되었다. 정반왕은 태자로 하여금 인생의 즐거움과 아름다움만을 느끼게 하고 다른 생각은 하지 못하도록 봄에는 따뜻한 집, 여름에는 서늘한 집, 가을에는 춥지도 덥지도 않은 집에서 즐길 수 있도록 삼시전(三時殿)을 세우고 삼천명의 아름다운 궁녀들을 두어 항상 즐거운 노래와 흥겨운 춤으로 태자를 즐겁게 하려고 애를 썼으나 그럴수록 태자의 마음은 인생이라는 것에 대하여 더욱 더 깊은 생각을 하게 되었다.

    아끼고 사랑하는 태자가 즐거움을 잊고 우울한 모습을 하고 깊은 사색에 잠기곤 하는 모습을 본 부왕은 어느날 울적한 태자의 기분을 돌리려고 궁성 밖으로 소풍을 시켜보려고 생각하였다. 정반왕은 신하들을 불러 이 뜻을 전하고 길거리의 청소는 물론 될 수 있는대로 열성껏 태자의 소풍을 환영하게 하고 또한 태자의 신경을 건드릴만한 것은 눈에 띠지 않도록 하였다. 이날 새 옷으로 단장한 남, 여, 노, 소 시민들은 태자의 장엄한 행차를 구경하려고 아침 일찍부터 구름같이 연도로 몰려와 환호했다. 그러나 태자를 태운 꽃수레가 동문 밖을 나선 후 얼마되지 않아 흰 머리에 허리가 굽은 한 노인이 수척한 몸에 남루한 옷을 입고 힘없는 두 다리를 지팡이에 의지하여 비틀거리면서 넘어질 듯 말듯한 발걸음으로 수레 앞을 지나갔다. 이러한 애처로운 모습을 처음으로 본 태자는 수레를 멈추게 한 다음 가까이 따르는 시종에게 물어 보았다.
"저것은 대체 어떠한 사람이요?"
"예 노인입니다"
"노인? 노인이란 어떤 것인가?"
"사람이 태어나서 영아·유아·소년·청년을 지나고 장년이 되고 이렇게 하여 모두 노인이 됩니다."
"그러면 나도, 내 주위에 있는 사람들 모두가 저렇게 된다는 말인가?"
"그렇습니다. 사람인 이상 죄송하오나 막을 수는 없는 것입니다." 하는 대답을 들은 태자는 크게 전율을 느꼈다. 더욱이 이 늙는다는 것은 남녀의 구별이나 부귀, 빈천, 사·농·공·상 직업의 차별이나 어질거나 둔하거나, 선하고 악한 것을 가리지 않고 누구에게나 오고야 마는 운명이라는 말을 들은 태자의 얼굴은 한층 어두워졌고 별안간 슬픈 생각이 가슴을 울렁이게 했다. 그리하여 수레를 돌려 궁중으로 돌아오는 동안 돌아와서도 인간은 왜 늙으며, 늙으면 왜 지팡이에 의지해야 하고, 늙으면 왜 주름이 생기는가? 그런데 사람들은 왜 이 늙음을 두려워 할 줄 모르는가? 하는 등의 생각이 자꾸 머리에 떠올라 태자를 괴롭혔다.

그후 얼마가 지나 동문을 피해서 남문 밖으로 소풍을 나가게 되었다. 그러나 그날도 얼마 안가서 이번에는 피골이 상접하고 안색이 창백하며 눈을 감고 신음하는 병자가 양쪽에서 두 사람의 부축을 받고 가는 것을 보았다. 항상 건강하고 씩씩한 사람들만 보아오던 태자에게는 이상한 광경이었다. 역시 태자의 질문을 받은 시종은 이는 병자인데 병이란 대개 절조(節調)없는 생활에서 생기는 것이지만 그러나 아무리 절조를 지킨다 하여도 남녀노소 부귀빈천의 차별이 없이 겪는 괴로움이라 하였다.

여기서 태자는 사람이란 누구나 병에 걸려 고생하게 된다는 것을 알았다. 그 다음날에는 서문 밖으로 수레를 옮겼다. 거기에서 뜻하지 않았던 장례행렬을 만났다. 궁중에서 이러한 궂은 일을 전혀 듣고 보지도 않은 태자는 가족들과 친지들이 슬픈 눈물을 흘리고 통곡하면서 인생의 마지막 길인 쓸쓸하고 초라한 장례행렬에 마음을 두지 않을 수 없었다. 따르는 신하를 불러 그 행렬에 대하여 물었다. "예 죽은 사람을 보내는 행렬입니다"고 아뢰었다. 다시 신하는 계속하여 "죽음이란 사람이 남녀노소, 부귀빈천, 사·농·공·상 등 직업의 차별이 없이 누구나 반드시 겪어야 하는 것입니다. 죽으면 그렇게도 가꾸고 기르던 육신도 썩고, 사랑하던 처자 권속도, 아끼던 돈과 재물도, 탐내던 명예와 지위도 다 헌신짝처럼 훌훌히 버리고 오직 한 줌의 흙이 되고 맙니다."이 말을 듣고 사람이 태어나면서부터 늙고 병들고 죽어야만 한다는 생각에 가슴은 복잡하게 흔들리고 아프기만 했다.

그 얼마후에 북문 밖으로 소풍을 나갔다. 거기서는 보통 사람들과 복장이 다른 사람, 즉 법복(法服)을 입고 왼손에는 바루(鉢 : 승려들이 밥을 얻어 먹을 때 쓰는 그릇)를 들고 바른 손에는 한 길이 넘는 석장(錫杖 : 수도승들이 짚고 다니는 지팡이)을 짚고 서서히 태자 앞으로 다가오는 어떤 사람을 보았다. 태자는 수레를 멈추고 그 기이한 모습을 한 사람을 가까이 불렀다.

"그대는 무엇을 하는 사람이요"하고 물었다. 그는 정중히 대답하기를 "예 저는 출가하여 수도하는 사람입니다."

"그러면 출가해서 수도하는 목적이 무엇인가요?"

"예 이 세상은 무상(無常)하고 인생은 허망한 것으로 태어나서 늙고 병들고 죽는 괴로움이 있는 것인데 출가하여 도를 닦아 생사의 윤회를 벗어나서 늙고 병들고 죽는 괴로움이 없는 영원한 세계(극락)의 즐거움을 얻고자 합니다." 이렇게 대답하는 수도자의 얼굴에는 조그마한 티도 찾아볼 수 없었으며 고요하고 맑은 그 모습에 태자도 감동되고 말았다. 이 말을 들은 태자는 "그렇다 나도 출가해서 영원한 즐거움과 평안을 얻는 도를 닦자"하고 무릎을 치며 일어나 수레를 돌려 환궁하였다. 궁중에 돌아온 태자는 자기가 자라면서 자주 깊은 명상에 잠겼던 생각, 그리고 동물들이 서로 싸우며 약육강식을 하는 것을 보고 괴로워 했던 것, 또한 인생에게는 생·노·병·사의 피할 수 없는 괴로움이 있다는 것에 대한 지금까지의 고민은 출가하여 수도하면 모든 것을 해결할 수 있다는 방법과 희망이 있음을 깨닫게 되었다.

그리하여 출가해야 하겠다는 뜻을 굳히고 다음날 부왕을 뵈옵고 아뢰었다. 부왕으로서도 전혀 예기치 못한 것은 아니었지만 그러나 막상 태자의 출가선언을 들으니 참으로 청천벽력의 느낌이었다. 그리하여 알아들을 수 있도록 달래고 타일렀건만 이미 마음의 결정을 굳힌 태자의 결심을 움직이지 못하였다. 하는 수 없이 부왕은 마지막으로 하나의 조건을 제시하였다. 그렇다면 왕위를 이을 왕손이라도 본 뒤에 출가하면 되지 않겠는가? 늙으신 부왕의 눈물어린 말씀에는 태자도 어찌할 바를 몰라 더 이상 말을 잇지 못하고 자리를 물러났다.

마침 이무렵 궁중안에는 기쁜 소식이 전해졌다. 다쇼다라가 아들을 낳았다. 정반왕을 비롯한 온 국민이 모두 기뻐서 어쩔줄을 몰랐다. 정반왕은 곧 분부를 내려 크고 화려한 잔치를 베풀고 왕손의 탄생을 축하하도록 하였다. 그러나 한 궁녀의 전갈을 받은 싣달타는 기뻐하는 대신 "오 라훌라"하고 혼자 탄식하였다. 라훌라(Rahulas)는 장애라는 뜻이다. 부모와 부부도 차마 버리고 출가할 수 없는 어려운 고통이어늘 이제 또 아들까지 가지게 되었으니 자기의 갈길을 막는 또 하나 얽어 맬 인정이 나타났다는 고백인 것이다. 이 왕손 라훌라의 탄생에 궁중에서 뿐 아니라 전국 방방곡곡에서 경축하는 큰 잔치가 베풀어지고 모두가 축제의 무드에 젖어 몇일씩 계속 되었다.

그러던 2월 8일 모두들 낮에 있었던 잔치로 피곤한 몸을 가누지 못하고 여기저기서 되는데로 잠이 들어 고요한 밤, 태자는 출가를 결심하고 아버지와 사랑하는 처자를 뒤로 하고 카필라성을 등지고 출가하고야 말았다. 이때 태자의 나이 29세였다. 애마(愛馬) 간타카를 타고 카필라성을 빠져 나온 싯달타는 밤새 말을 달려 동녘 하늘이 붉게 물들 무렵 왕성에서 200여리나 떨어진 아누마(Anuma) 강변 발가바(Bhargava) 선인의 고행림에 이르러 말에서 내렸다. 거기서 가졌던 칼로 머리를 자르고 태자의 화려한 의복을 벗고 금은(金銀) 보석으로 된 일체 장신구를 걷우고 수도하는 사람이 입는 허름한 옷으로 갈아 입었다. 그리고 잘라버린 머리와 옷은 시종 챤다카(Chandaka)에게 주어 카필라성으로 말과 함께 돌려 보내면서 "부왕에게는 이 목걸이를 전하여라"하면서 "싯달타는 죽은 것으로 생각하시라고 말씀을 올려라. 내 뜻이 이루어지기 전에는 죽는 한이 있어도 돌아가지 않을 것이다. 나는 왕위같은 세속의 욕망은 티끌만큼도 없다. 다만 나고, 늙고, 병들고, 죽는 괴로움에서 벗어나기 위해 이 길을 걷는다고 말씀을 올려라." 그리고 이모님과 야소다라에게도 전하여라 하면서 "내가 출가 수도인이 된 것은 세속을 떠나기 위해서가 아니고 지혜와 자비의 길을 찾기 위해서라고 말해다오." 이렇게 전갈의 말을 나누고는 "챤다카야 그럼 우리 여기서 헤어지기로 하자. 만나면 헤어지는 것이 세상의 인연이 아니냐 잘 가거라." 챤다카는 그 자리에 주저앉아 통곡하면서 태자와 함께 수도하기를 애원하였으나 싯달타는 끝내 들어주지 않고 "나는 이제 모든 괴로움을 끊고 무상(위 없는 최고의 것)의 즐거움을 얻고자 출가하는 것이니 대도(大道)를 깨쳐 생사의 바다를 건너 뒤에 다시 만나리라"는 말로 돌려 보냈다.

　구도(求道)의 길을 찾아 출가자가 된 싯달타는 그 당시 인도의 출가자들의 풍습에 따라 행걸(行乞 : 얻어 먹으면서 수행의 길을 가는 것)하면서 제일 먼저 발가바(Bhargava)의 문을 두드렸다. 이때 이미 정반왕의 엄한 명령을 받은 신하들은 두 번 세 번 싯달타를 찾아와서 다시 카필라성으로 돌아가기를 달래고 간청하였으나 굳게 결심한 싯달타의 뜻을 돌이킬 수 없었다. 그래서 정반왕은 다섯명의 신하를 보내어 싣달타의 신변을 보호하게 하였다. 발가바는 그 당시의 유명한 고행하는 수도자의 한 사람이었다. 옛날부터 도처에서 수도하고 있었는데 그 방법은 여러가지가 있었다. 크게 나누어 고행주의(苦行主義)와 수정주의(修定主義) 두가지 형태가 있었는데 고행주의는 육신을 괴롭힌다는 뜻이요, 수정주의는 자기의 몸에 고통을 주어 장차 하늘에 태어나기를 바라는 방법이요, 또 선정(禪定)은 마음을 가라 앉혀 마음을 밝고 맑게 하는 것이다.

발가바는 바로 이러한 고행을 하는 분이었는데 싣달타는 이분에게서 자기가 얻고자 하는 참된 진리를 얻을 수 없음을 깨달았다. 그래서 다시 발길을 돌려 남으로 항하(Ganges) 강을 건너 마갈타국에 들어가 출가한 사람들이 많이 모여 수도하고 있던 왕사성(Rajagrha)의 빈다산(Vindhgakslha)으로 갔다. 거기서 아라라 카알라마(Alala kalama)와 우드라카 라마푸트라(Udraka Ramaputra)의 두 수도인을 찾았다. 이들은 본능의 지배에 사는 욕심의 세계에서 벗어나 욕심이 없는 천상의 세계를 얻는다는 선정주의자들의 대표적인 사람들이었다. 그러나 싣달타는 여기에서도 역시 자기가 얻고자 하는 참된 진리 즉 사람이 늙고 병들고 죽는 괴로움에서 벗어날 수 있는 진리를 얻을 수 없음을 알고 다시 발길을 돌리게 되었다. 싣달타는 다시 니연선하(Nairanjana)를 건너 가야산(Gayasars)의 고행림으로 가서 본격적인 수도생활에 들어갔다. 하루에 삼씨(麻) 한 알 코리(麥) 한 알로 연명하면서 참기 어려운 용맹정진을 계속했다. 오랫동안 고행을 함에 태자의 몸은 극도로 쇠약해졌다. 머리는 자라고 두 눈은 우묵하게 파이고 피골이 상접하고 의식마저 혼미해 졌으나 그가 목적했던 참된 진리는 얻을 수 없었다. 그가 "만일 이대로 고행을 계속하다가는 생사의 윤회를 벗고 괴로움이 없는 영원한 세계(극락)를 얻지도 못한채 그대로 죽고 말 것이 아니겠는가?" 이렇게 스스로 생각한 태자는 6년이란 긴 세월동안 닦아오던 수행방법을 바꾸기로 결심했다. 육체가 죽어 감을 따라 마음도 죽어가므로 이런 상태에서는 진리를 얻는다는 것은 안되는 일이었다. 육체를 건강하게 해야 정신도 올바르게 작용할 수 있다(훗날 육체를 법을 담는 그릇이라 했다)는 것을 알게 된 태자는 수척한 몸을 이끌고 니연선하 강물에 6년간의 묵은 때를 깨끗이 씻었다. 간신히 물속에서 나온 태자는 언덕으로 오를 기력이 없어 모래 바닥에 힘없이 쓰러지고 말았다. 때마침 그곳을 지나가던 마을 처녀 난다(Nanda)가 태자를 부축하여 언덕으로 올리운 다음 급히 우유죽을 가져다 올렸다. 이 우유죽을 받아 먹은 태자는 원기를 회복하게 되었다. 천천히 몸을 일으켜 붇다가야(Buddhagaya)의 낮은 언덕으로 옮겨 새로운 결심으로 보리(Bohdruna) 나무 밑에 길상초(吉祥草)를 깔고 결가부좌(참선할 때 앉는 자세)하고 앉아 "내가 진리를 성취하지 못하면 이 자리에서 죽을지언정 결코 일어나지 않으리라"고 맹서한 다음 최후의 선정을 시작하였다.

한편 정반왕이 보낸 교진에(Kaundinya) 등 다섯 사람들은 지금까지 태자의 곁을 떠나지 않고 태자를 도와 고행해 왔으나 그 광경을 보고 태자를 6년동안의 고행 생활이 너무 고생스러우니까 수도하는 것을 버린 타락자로 오해하고 그를 비웃으면서 그들끼리 항하를 건너 바라나시(Baranasi) 녹야원(사슴동산)으로 옮겨 가 버렸다.

이렇게 태자가 보리수 밑에 결가부좌하고 참된 진리를 깨칠 것을 다짐한지 1주일동안 마음속에서 일어나는 갖가지 뒤섞인 생각을 물리치니 마음속은 마치 티 없는 거울같고 바람기 없는 호수와도 같이 맑고 잔잔하여졌다. 이때 태자의 나이 35세 되던 12월 8일 새벽 샛별이 동녘 하늘에서 반짝이고 어두운 세계를 걷어치우는 듯이 아침 햇빛이 비치기 시작했다. 조용히 고개를 든 태자는 감았던 눈을 떴다. 유난히 빛나는 샛별의 강열한 빛이 태자의 동공(瞳孔)과 마주치는 순간 태자의 심안(마음의 눈)은 활연히 열리고 온 세계가 광명이 비치고 아름다움과 기쁨이 자기 자신을 뚫고 온 세계에 퍼지는 듯 하였다. 이렇게 하여 살고, 늙고, 병들고, 죽은 것을 넘어선 변하지도 않고 넘어지지도 않는 영원한 새로운 생명과 세계를 깨달았으니 곧 아뇩다라삼 막삼보리(無上正等正覺 : Anuttra-Samyak Sambodhi : 위없는 바를 깨달음. 즉, 최고의 더 깨칠 것이 없는 바를 깨달음)을 얻어 대성(大聖) 불타(佛陀)가 된 것이다.

이로부터 어두운 암흑의 세계는 새로운 광명을 찾는 인류 역사상 가장 뜻있고 자랑스럽고 영광스럽고 행복한 쾌사가 이루어진 것이요 부처가 이 세상에 출현하게 된 것이다.

대도(大道)를 성취한 태자 즉 붇다는 그 자리에서 21일동안 조용히 앉아 만고의 진리를 깨친 법열(法悅 : 법을 얻어 기쁨을 느끼는 것)에 잠겨 있었다. 부처는 스스로 깨친 오묘한 진리와 깨달음이 없는 중생들의 삶과 비교해 볼 때 낙망하고 비탄(悲嘆)하지 않을 수 없었다. 눈앞의 오욕(五欲)에 탐착하여 욕심내고 성내고 잘난척 하면서 다가올 고통을 잊고 사는 어리석은 중생들에게 진리를 가르쳐 구제한다는 것은 참으로 어려운 일이다.

내가 깨달은 이 진리를 나혼자 간직하고 계속해서 수도생활을 해야 할 것인가? 또는 여러 사람들에게 이 진리를 가르쳐 주어 그 사람들로 하여금 생사의 윤회(輪廻)에서 영원히 벗어날 수 있도록 해야 할 것인가? 이렇게 21일동안 생각한 부처는 마침내 중생을 구제하기 위하여 가르침을 베풀기로 마음을 정하게 되었다. 아무리 생각해 보아도 혼자만이 간직할 수는 없었다. 카필라성을 넘어 나올 때 자기 혼자만이 고통에서 벗어나려고 출가한 것은 아니었기 때문이다. 그 다음은 어떻게 가르쳐야 깊고 높은 이 진리를 알기 쉽게 설교할 것인가? 그 순서와 방법을 연구하였다. 교화(敎化)를 하는데는 반드시 인연이 있는 법 만일 인연이 없다면 만날 수도 없고, 또 만나서 말하더라도 믿지 않을 것이고, 믿는다고 할지라도 깨치기란 좀처럼 쉬운 일이 아니었다.

그러므로 부처의 과거를 돌이켜 볼 때 가장 인연이 있는 사람은 수정주의자인 아라카 카알라마, 우드라카 라마푸트라의 두 사람이다. 그러나 그들은 이미 늙어 세상을 떠났고 그 다음은 부처와 함께 수년간 고행하던 교진여 등 다섯 사람이다. 21일만에 보리수 밑에서 일어선 부처는 제일 먼저 녹야원에서 교진여 등 다섯명에게 설교를 하였는데 이들은 태자가 목욕하고 난다가 준 우유죽을 받는 것을 보고 타락했다고 그곳을 떠난 뒤로 줄곧 녹야원에서 수행하고 있었다. 이날도 태자의 타락을 탓하고 만난다 하더라도 외면하고 인사도 하지 말자고 서로 단단히 언약하였다. 그러나 막상 부처가 가까이 오자 그 외외(巍巍 : 높고 큰)한 덕상(德相 : 덕스러운 모습)과 늠름한 위의(威儀)에 압도된 그들은 그만 자신도 모르는 사이에 서로 앞을 다투어 오체투지(五體投地)하여 인사를 올리고 자리를 권하고 의발(依鉢 : 의복과 바루 여기서는 수도할 때 입는 법복과 수도자가 쓰는 그릇)을 받들고 세수물을 떠 오면서 지극히 존경의 예의를 다하였다. 부처는 "나는 여래(如來 : Tathagata)이니라 여래란 진리에서 왔다는 뜻이니 우주와 인생의 근원인 진리를 깨달아 대도를 성취하고 불타가 되었으니 그대들은 욕심을 내고, 성내고, 잘난척하는 마음을 버리고 나를 따르라"하고 계속해서 고(苦), 집(集), 멸(滅), 도(道)의 사성제(四聖諦)와 팔정도(八正道), 사과(四果)등 진실한 가르침을 베풀었다. 그들은 즉석에서 부처에 귀의하여 제자가 되니 이들을 최초의 오비구(Bhikhu 乞士, 즉 얻어먹는 선비라는 뜻)라 하고 또한 이 최초의 설교를 초전법륜(初轉法輪)이라 한다.

여기서 불교에서 말하는 부처와 그의 가르침 그리고 제자의 삼보(三寶)를 갖추어 비로소 석가모니불을 교조(敎祖)로 한 불교의 성립을 보게 되었다. 녹야원의 초전법륜이 있은 후 얼마되지 않아 어떤 부자집 외아들인 야사(Yasa)가 인생을 비관하고 번민하다가 부처의 인도에 의하여 출가하였다. 그리고 그를 지극히 아끼고 사랑하던 부모와 그의 처도 또한 부처의 교화로 재가의 신도가 되었으니 이것이 남녀 신도의 시작이다.

야사의 친구였던 56명의 청년들도 그의 뒤를 따라 출가하였다. 부처는 제자들을 각각 지방교화에 파견하고 스스로는 마가다(Magadha)국의 서울인 왕사성(Rajagaha)으로 발길을 옮겨 도중에 당시의 종교가로 이름있던 사화외도(事火外道)인 가섭(Kasyapa)삼형제, 우루빈나가섭(urunelva-kasyapa) 니제가섭(Nadi-kasyapa),가야가섭(gaya-kasyapa)의 제자 천명을 제자로 삼았다.

왕사성에 들어가서는 이 나라의 왕인 빈비사라왕(Bimbisararaja)을 비롯한 왕족과 그 신하들이 재가의 신도가 되었다. 왕은 부처에 대하여 감격하여 죽림정사(竹林精舍 : Belu-gamaka)라는 커다란 절을 세워서 부처께 바쳐 부처와 제자들을 거처하게 하였는데 이것이 사원(寺)의 시초이다. 그 뒤에 부처는 소위 육사외도라고 불리우던 사람 중의 한 사람 산쟈야(Sanjaya)의 제자였던 사리불(舍利佛 : Sariputra)과 목건련(Maudgalayana)과 마하가섭(Mahakasyapa)등과 그들의 제자 250명을 제자로 삼았다. 이렇게 왕사성에서 중생교화에 열중하고 있는 동안 부처의 고향인 카필라국에서는 부왕을 비롯한 온 국민이 부처의 환국을 간절히 바라고 있었다. 그리하여 옛 태자시절의 학우였던 우다인을 왕사성으로 파견하여 부처를 데려오게 하였다. 출가후 처음으로 고향인 카필라국에 돌아와서 부왕을 비롯한 많은 친척들을 교화하고 또 이복동생인 난다와 부처의 유일한 혈족인 라훌라, 그리고 수많은 청년들을 제자로 삼았다. 이 가운데 유명한 우팔리, 아누루다(아나율 : Anurudha), 아난다(아란 : Ananda), 데바다타(지바달다 : Devadatta) 등도 있었다. 그리고 코살라국의 서울인 사위성(Sravasti)으로 갔는데 여기서 유명한 부자인 수닫다를 교화하여 유명한 기원정사(祇樹給孤獨園)를 지어 부처에게 바쳤다. 그리고 코살라국의 국왕인 파사익왕과 그의 비(妃)마리도 교화하였고 아유다국의 왕비가 된 그들의 공주 스리말라(勝鬘)부인을 위해 특별히 부처에게 청하여 설법하게 된 것이 곧 승만경(勝鬘經)이다. 부처가 성도(도를 완성한 것)후 4년경에는 이모이며 계모인 마하파사파 제부인과 출가 전의 아내였던 야쇼다라를 비롯한 많은 여자들의 출가도 허락하였다. 이로서 여자 수행자인 비구니가 생기게 되었으며 이로서 불교교단은 四부 대중으로 구성되어 불교는 인류 역사상 처음으로 대종교로 완전한 발전을 보게 된 것이다.

부처는 보리수 밑에서 성도한 후 80세에 이르기까지 45년간을 잠시도 쉬는 틈이 없이 중생교화에 몸 바쳤다. 북방을 향해 왕사성을 떠나 항하강을 건너고 베사리성을 지나 조그마한 언덕에 이르렀을 때 항상 시봉(侍奉)해 모시는 아난다를 불러서는 "나는 이제 사바 세계와는 인연이 다 되었다. 지금부터 3개월후에는 내가 열반에 들 것이다"라고 말하였다. 이때 부처의 나이 79세였다. 부처의 일행은 고향인 카필라성 근처에 있는 쿠시나가라로 향하여 마지막 교화의 길을 떠났다. 도중 쿠쿠슈타 강에서 목욕하고 25회나 휴식을 취하면서 쇠약한 노구를 이끌고 간신히 쿠시나가성 밖에 이르러 사라수 우거진 숲으로 들어가 두그루의 사라수 사이에 머리를 북쪽으로 하고 자리에 누으시니 모든 제자들이 말 없이 합장하고 둘러 섰다. 때는 80세 되던 2월 15일이었다. 부처는 아난다를 비롯한 모든 제자들에게 "나의 사랑하는 제자들이여 울고 슬퍼하지 말아라. 내가 이 세상을 구하기 위한 것이다. 이제는 법왕국을 건설하였다. 나는 나의 세상을 구하는 큰 사명을 끝마쳤다. 언제 이 세상을 떠난들 누가 슬퍼하랴! 여러 제자들이여 형상이 있는 모든 것은 반드시 없어지는 때가 있다. 태어남이 있는 자는 반드시 죽음이 있다. 오직 법만이 영원히 변함이 없다. 그러므로 카필라국의 왕자 싣달타는 죽을 것이다. 그러나 부처는 영원히 없어지지 않을 것이다. 부처는 법인 까닭이다. 사랑하는 제자들이여 나의 법을 지키면 내가 영원히 그대들 곁에 있으리라. 나와 서로 같이 보는 것을 만족으로 여기지 말라. 만일 나의 가르침에 따르지 않으면 나와 종일 같이 있다고 한들 무슨 이익이 있겠는가. 제자들이여 나는 지금 육체를 떠나 삼계(三界 : ① 天界地界人界 ② 중생이 사는 欲界色界無色界 ③ 과거 현재 미래의 삼세)의 괴로움을 떠나려 한다. 그러나 부처의 법은 영원히 존재할 것이다. 그대들 자신을 밝은 등불로 삼고 부처의 법과 계율을 밝은 등불로 하여 부지런히 게으르지 말고 해탈을 구하여라"고 최후의 말을 남긴 후 해가 서산으로 지듯이 조용히 세상을 떠났다.

II. 한국불교의 현실과 앞으로의 전망

1. 미신행위로써 신도의 우매화

우리나라의 사찰에서 승려들은 꿈에 불타의 가르침을 받아 침술을 하거나, 사주, 관상을 보며 부적을 팔고 있다. 이들은 승복을 입은 강도들이다. 필자의 말이 아니다. 능엄경에 말세에 부처가 승복을 입고 신도들에게 마귀의 도를 가르치는 것은 강도들이라고 말했다.

필자는 고등학교 교사 때에 체험한 것이지만 가령 수학에서 인수분해, 일차함수는 비교적 쉬워도 수열의 점화식 같은 것은 어려운 단원이다. 교사가 연구해서 많이 알면 어려운 단원도 쉽게 가르치고, 연구하지 않아 잘 모르면 쉬운 단원도 어렵게 가르친다. 오늘날 한국의 사찰의 승려가 공부는 하지 않고 모르니까, 부처의 법은 어렵다 하고 신도들에게 가르치지 않고 가지 가지의 미신행위를 하므로서 신도들을 우매화시킨다. 부처를 뚜드려 깨어 보아야 아무 것도 없다. 예전이나 지금이나 선원(참선하는 도장)의 교재로서 무문관(無門關)에 보면 "개구즉실(開口即失)(입을 열면 즉시 잃어 버린다)"이다. 이렇게 볼 때 부처는 눈에 보이는 왈가왈부할 대상이 되지 않고 다만 관념적으로 생각하여야 한다는 것을 알 수 있다. "시심시불(是心是佛)(이 마음이 즉 부처다)" 비심즉비불(非心即非佛)(마음도 아닌 것도 즉 부처가 아니다).

독자 여러분은 불교가 어떤 것이라는 것도 대충 알았으리라 생각한다. 부처가 동물원의 원숭이처럼 돈 벌이 수단으로 이용되어서 되겠는가? 우상 숭배자의 말로는 비참하다. 서울의 윤노파 사건이 그렇고 얼마전 경북 고령군 성산면 어곡동 무당 김 소임의 사건을 소개하겠다. 같은 마을에 사는 이 정수(가명 35세)씨는 평소 부인이 자주 질병을 앓았으므로 굿을 시켰다. 무당 병굿을 한 결과 이정수 씨의 부인이 완쾌 되었으면 별 사고가 없었을 것인데 굿을 마치고 나니 오히려 부인은 정신이상 증세와 가출한 결과를 가져왔다. 이정수 씨는 무당 김소임의 남편과 같이 부처를 모셔둔 법당에서 술을 마시다가 칼로 김소임의 남편을 살해하고 말았다. 무당 굿으로 야기된 비참한 결과다.

몇년전의 이야기를 하나 더 소개하겠다. 필자는 거처하는 사찰에 대구의 성일 용달회사의 차주 박사장이 찾아와서 50만원 드릴테이니 재수 불공을 해 달라고 부탁한다. 필자는 불공을 가장 싫어하고 있었다. 불교의 교리는 "무구소욕(無求小欲)(구하는 것이 없고 욕심이 적어야 한다)"이기 때문이다. 비교적 불타의 가르침대로 살려고 노력하였다. 이런 필자에게 박사장은 꼭 불공을 해 주었으면 한다. 사찰에는 다른 승려들도 많이 있는데 부탁해 달라고 하였더니 대학선생스님이 불공을 해야 재수대통 하겠다는 것이다.

필자는 박사장에게 차근차근히 이야기 해 보라고 하였다. 얼마전에 타이탄 트럭을 1대 구입하여 차 잘 굴러가라고 대구시내에서 용하다는 무당에게 30만원 주고 재수 굿을 하였더니 굿 끝난지 3일만에 경북 고령 금산재에 추락했다는 것이다. 차를 끌어올리고 수리하느라고 비용이 많이 들었으니 필자에게 재수불공을 간절히 부탁하는 것이다. 필자는 박사장에게 차 잘 굴러가라고 굿을 하였으니 고개에서 떨어질 수 밖에는 없지 않는가? 그 무당이 정말 용하니 불공할 돈을 가지고 한번 더 굿을 해 보라고 권했더니 스님까지 사람을 조롱하느냐고 하면서 언짢은 얼굴로 돌아 간 적이 있다.

지금 이 나라에는 무복자(무당과 점쟁이)들이 약 30여만명이 되고 있다. 특히 부산에는 6만여명이 있는 것으로 알고 있다. 시민들은 귀신에 이끌리어 어리석은 생활을 하고 있다. 기독교의 복음과는 너무나 거리가 멀다. 절을 지어 불상을 앉혀놓고 있는 사람들의 말로는 비참하다. 거의 늙어서 질병으로 몸이 아프거나 아니면 쿨의의 비참한 죽음을 당한다. 가지가지 웃지 못할 미신 행위를 하고 있는 이들에게 오늘을 사는 크리스챤들은 복음을 전할 의무가 있다. 아무튼 무당이 승려가 되어 있으니 한국불교의 앞날은 명약관화하다.

2. 정법수호(正法守護)에 고심하는 불자들

아무리 오탁악세인 말법시대라고 하나 그래도 순수불교 재건을 위해 수고하는 노승대덕과 젊은 수좌 스님들이 있기에 한국불교의 명맥은 이어 갈 것이다. 찬란한 신라, 고려의 호국불교의 이념을 되찾으려 불철주야 노력하시는 분들에게 머리숙여 발전을 기원한다.

우리 불교에 승려와 무당은 엄연히 구별되어야 한다고 생각한다. 당연히 그렇게 되어야 할 줄 알고 있다. 이 글을 읽은 사람들은 불교를 믿어도 무당들이 미신행위를 하는 절에 가지 말고 올바른 수행을 하고 부처의 바른 말씀을 전하는 절에 찾아가라는 것을 전하고 싶다. 다시 말하면 불교를 믿으려거든 올바르게 똑똑히 믿으라는 것이다. 절에 수십년을 다녀도 부처 앞에 불전이나 놓고 향을 피우고 절이나 할 줄 알았지 불교의 가르침의 교리 한 말씀 모르는 사람이 되지 말고 절 같은 절을 찾아가서 옳은 스님에게 바른 내세관은 없지만 도덕적인 가르침을 받으라는 것이다. 무당을 찾아 가느니 차라리 믿지 않는 것이 좋다는 것이다.

오늘날 한국불교는 일부 선방(禪房)을 제외하고는 불교가 아니다. 비록 승복은 입고 불상(佛像)을 앉혀놓고 불교행세를 하지만 미신행위를 하는 무당 종교이다.

III. 개종으로 찾은 진리

1. 무엇(What)에서 어떻게(How)로 사고 및 생활방식의 전환을 의미한다.

 "저희가 이 말을 듣고 마음에 찔려 베드로와 다른 사도들에게 물어 가로되 형제들아 우리가 어찌할꼬 하거늘." 사도행전 2장 37절에서 여기서 어찌할꼬 즉 어떻게가 중요한 의미를 갖는다. 불교의 선방에서는 항상 자아가 무엇인가? 어떠한 화두(話頭)를 가지든지 무엇인가로부터 시작한다. 이렇게 계속하면 자아가 둘이 아니고 자아가 부처가 되는 경지 즉 일단논법(一段論法)이 성립된다는 것이다. 무엇은 의심에 의심을 거듭하고 계속하기 때문에 무아 즉 공의 경지가 되지 않고 오히려 아집이 생기게 된다. 기독교인들도 마찬가지다. 가령 하나님은 무엇인가? 예수님은 무엇때문에 십자가에 못 박혔는가? 이 무엇(what)이라는 형태로 사고(思考)를 계속하면 마음 문이 열리지 않는다. "구하라 그러면 너희에게 주실 것이요"(요한복음 7:7). 마음문을 열어 마음을 비우지 않고 구한다고 구해질 수는 없다. 그러면 우리의 마음을 비우는데는 무엇(what) 아니라 어떻게(how)로 사고(思考)와 생활의 전환이 필요하다. 예를들면 위와 같이 하나님을 어떻게 믿을 것인가? 구원을 어떻게 받을 것인가? 예수님은 어떻게 십자가에 못 박혔는가? 이 어떻게는 우리 인간이 창조주 하나님께 피조물로써 모든 것을 맡겨 버리고 하나님이 나의 편에 가까이 오는 것이 아니라 내가 하나님의 뜻에 가까이 가려고 노력하는 것이다.

인간인 피조물이 어떻게 해서든지 조물주에 가까워지려고 노력하는 것이 신앙이라고 생각한다. 여기서 창조주와 피조물간에 이단논법이 성립된다.

불교의 선방의 고승대덕들도 창조주 절대자를 인정한다. 그러나 피조물인 인간의 존재를 인정하지 않기 때문에 즉 일단논법의 사고를 하므로써 기독교와의 견해차가 있다.

사물을 보고 사고하는데 무엇(what)인가? 어떻게(how)인가? 이것이 불교냐? 기독교냐? 사고의 차이다. 생활에 있어서 매사 무엇인가? 로 시종 일관하면 교만해지며 계속 반복하면 자기 모순에 빠진다. 그러나 우리의 생활을 어떻게로 영위하면 겸손해지며 생활이 윤택하여 진다. 또한 자기 모순에 빠지지 않는다. 진정한 신앙은 겸손의 바탕위에 이루어진다. 나는 무엇(what)에서 어떻게(how)로 전환된 것이 나의 개종의 동기다.

2. 기계인간론자(機械人間論者)와 유전공학(遺專工學)을 신봉하는 오늘의 바벨탑 쌓은 사람들

영국의 월터(Walter)는 거북 모양의 소기구를 만들어 그것을 코라(CORA)라고 불렀다. 그 속에는 여러가지 장치를 해두었는데 그것은 20세기 초의 러시아의 심리학자 파불로프(Pavlov)가 제창한 조건반사의 이론에 입각한 것이다. 즉 그것이 장애물과 충돌하기 직전에 피리를 불어도 처음에는 그 뜻이 무엇인가를 몰라 충돌하였지만 이러한 일을 여러번 반복하고 나면 나중에 그 코라는 피리소리가 나기만 하면 그 방향을 돌려서 충돌을 피하였던 것이다.

그리고 이러한 장치들을 더욱 개량하므로써 그는 청각 뿐 아니라 시각, 촉각까지도 갖춘 훌륭한 기계동물을 만들 수 있었다.

이러한 종류의 기계는 그 후에도 계속 발달되어 갔으나 그 원리는 언제나 월터의 기계동물의 그것과 같은 것이다.

이리하여 1962년에는 체커(서양장기)의 기술을 배운 전자계산기가 체커선수권 보유자를 패배시키는 일까지 있었던 것이다.
 이때의 그 컴퓨터는 아주 빠른 속도로 20수나 앞을 내다보면서 장기를 두었기 때문에 인간은 도저히 그것을 당해낼 수가 없었다. 처음에 간단한 프로그램에 따라 승부의 국면을 조금만 배웠던 이 기계는 그것이 기억한 것 이외의 국면이 나오자 곧 당황하였다. 그러나 이 계산기는 주기억장치로서 32,768어의 용량을 가지고 있는 동시에 자기테이프라는 보조기억장치도 가지고 있었고 그 기억용량은 무한이라고 할 정도였으므로 참으로 많은 승부의 국면을 기억해 둘 수가 있었다. 거기에다가 한번 실패한 수는 두번 다시 쓰지 않도록 프로그램을 만들어 놓았으며 이리하여 승부를 계속하는 동안에 국면의 기억도 늘어났고 또 프로그램을 추가함에 따라 전술도 많이 배우게 되어 승리를 거두었던 것이다.
 그 후 컴퓨터는 계속적으로 발전하여 거의 그 한계가 없을 정도다. 그리고 이에 따라 새로운 문제가 생겨나게 되었다. 그것은 기계와 인간을 구별해야 마땅한가 라는 것이다. 또한 유전공학의 발달로서 실험관 아기 또는 D·N·A(유전인자) 합성으로 새로운 생명체를 탄생시키므로 마치 신의 창조의 영역이 무너지는 것 같이 떠드는 사람이 있다.
 옛날 구약시대에 바벨탑을 쌓은 사람처럼 오늘날 인간 기계론자와 유전공학을 신봉하는 사람들은 신과 인간사이에 스스로 어리석은 바벨탑을 쌓고 있다고 생각한다. 자연과학은 어디까지나 인간생활의 봉사이지 그것이 신앙의 대상은 결코 될 수 없다. 그 하나는 자유의지에 관한 것이다. 사람에게는 자유의사가 있으며 그러한 점에서 사람은 기계와는 본질적으로 다르다고 보지 않으면 안된다. 이렇게 보는 것이 전통적 견해가 되어 있다. 그런데 인간기계론을 따르는 일부 학자들은 이러한 자유의사 그 자체를 부인함으로서 자신들의 주장을 뒷받침하려고 한다. 본래 자유의사는 존재하지 않으므로 사람과 기계는 구별할 필요가 없다는 것이다. 최근에 발달된 대뇌생리학은 인간의 정신활동이 구체적으로 대뇌피질의 어느 부위에서 행하여지는가를 참으로 세부적으로 지적해내는데 성공하고 있다. 그리고 이와같이 그 부위가 지적될 수 있으며 그러한 정신활동을 할 수 있는 기계를 만드는 일을 원리상으로는 가능한 것으로 인정되고 있다. 그런데 의지에 관해서만은 그것이 대뇌피질의 어떤 부위에서 생겨나는가를 밝혀내지 못하고 있으며 이리하여 의지는 대뇌피질에 국재(局在)를 지고 있지 않다는 결론을 내리게 되었다.

의지의 현상은 대뇌피질의 어떤 부위에서 생겨나는 것이 아니라 그 전체속에서 복잡한 생리적 반응이 일어날 때에 나타나는 것이다. 만일 그것의 생겨나는 부위가 지적될 수 있으면 그것의 기계화는 원리상 가능할 것이다. 그러나 의지는 대뇌속에 국재(局在)를 가지고 있지 않고 그 전체속에서 생겨나는 것이므로 그러한 의지 내지 자유의사의 기계화는 불가능한 것이라고 말하지 않을 수 없다. 그런데 일부 기계론자들은 의지가 대뇌피질속에 국재를 가지고 있지 않다는 것을 이유로 자유의사 그 자체를 부인하려고 한다. 그러나 그것은 잘못된 생각이다. 대뇌피질속에 의지를 낳게하는 부위가 발견되지 않는다는 의지야말로 인간의 주체성과 관련되어 있으며 따라서 사람과 기계는 본질적으로 구별되어야 한다는 것을 말해주고 있다. 우리 인간은 창조주 하나님으로부터 피조물 지음을 받을때 자유의지를 받았기 때문에 하나님의 아들이라고 할 수 있다. 하나님을 믿어도 좋고 마귀를 믿어도 되며 아무것도 안 믿어도 된다.

그러므로 우리는 아들로서 자유를 가지고 있다. 유물론자들은 신을 부정하므로서 신에게서 해방되어 자유를 누리는 것 같으나 어떠한 제도에 오히려 노예가 되어가고 있다.

기독교인들은 하나님을 믿고 창조주 선물인 자유의지를 받았기 때문에 자유가 있다.

"진리가 너희를 자유케 하리라"하는 의미는 바로 이것이다. 본인은 유물론인 불교에서 유신론인 기독교로 개종하면서 진정한 자유를 발견한 것이다. 자유의지에 관해서 원효대사의 글로서 이

장을 마칠까 한다.

"아무도 막지 않은 천당에 가는 사람이 적은 것은 삼독(탐, 진, 치 : 탐욕, 성냄, 어리석음)의 번뇌로 자기의 집을 삼고 재산을 삼은 때문이요, 유혹하는 이 없는 지옥에 많이 떨어짐은 육신과 오육을 마음의 보배로 삼았기 때문이로다."

어떤 종교의 사상을 제한된 지면 위에 옮겨쓰기가 무리이다. 그러나 불교의 불합리하고 모순된 교리들을 전하지 않고는 도저히 견딜수 없는 마음이 있어서였다.

이책을 아직도 우상숭배의 종교를 믿고 있는 우리 이웃들에게 전하고 싶다.

불교의 허구성에 대한
강연을 하고 있는 필자

Ⅳ. 부적의 실체는 무엇인가

● 서론(序論)

"한정섭 씨의 한국부적신앙 연구를 중심으로"

부적(符籍)은 무속종교(巫俗宗敎)의 대표적 성전(聖典)이다. 교주(敎主), 교전(敎典)도 없으면서 거의 모든 종교에 다 통해 있고 마치 그것은 카페인, 환각제와 같아 사람들의 영혼을 휘어잡는 묘한 마력을 가지고 있다.

사람은 이 세상 모든 만물 중에서 가장 위대한 존재이면서도 가장 무능한 존재이다. 사람의 머리 속에서 나온 비행기, 우주선이 달나라도 갔다 오고 사람의 손끝에서 정비된 잠수함이 바다 속을 헤엄쳐 다니는데 사람은 한방울의 물도 이기지 못하고 철환하나도 이기지 못하여 총알하나 비상 한방울로도 생명을 잃고 만다. 더욱이 모든 사무가 전문화 되고 기계화된 현대인은 자기 영역 이외의 부분에 대해서는 너무나도 무능하다. 가정과 국가, 민족과 민족사회 속에서 대자연의 위대한 섭리를 받아가면서 영과 육을 운전해 가고 있는 인간은 생노병사의 필연법칙에 지배되고 살아 있는 동안에 먹고 입고 살아야 하기 때문에 의식주에 대한 온갖 노력과 투쟁을 거듭하여야 한다.

정신적으로는 희노애락이 교차되고, 육체적으로는 우환. 공포,

불안, 번민 등 온갖 번뇌에 몸부림치고, 자연적으로는 춘하추동 풍운한서와 물과 불의 재앙을 반복하며, 사회적으로는 매일같이 일어나는 권력투쟁과 외우내환 등 이루 헤아릴 수 없는 핍박과 고통을 겪고 있다. 철학은 철학대로 학문의 권위에만 몰두하고 과학은 과학대로 살인무기의 생산을 제한하는 데도 힘이 미치지 못하고 있으며, 종교는 종교대로 교권쟁탈에 여념이 없으니 오늘 현대인은 어느 무엇에 의지하여 인생의 근본문제의 해결을 구할 수 있겠는가? 그러기에 과학만능의 시대에 점쟁이가 판을 치고 천문 의학이 고도로 발달한 현대에도 무당 박수가 도사 노릇을 하고 있는 것이다. 그래서 현대인은 그 근본 처방보다도 말초신경을 자극하는 섹스교나 아니면 차라리 모든 것을 잊어 버릴 수 있는 마리화나나 대마초 같은 것을 원하고 있다. 사실 부적(符籍)도 그러한 종류에 지나지 않는다. 그러나 현대인은 우선 실망과 공포, 불안, 초조를 면하기 위하여 그것을 갖지 않을 수 없게 되어 있다.

한정섭 씨는 동국대 불교과를 졸업하고 불교통신강원을 운영하면서 비교적 순수불교 운동을 한 사람이다. 어떠한 문제가 있으면 반드시 파헤쳐 연구하고 마는 성미이다. 일찌기 필자와 교류가 있었기에 될 수 있는대로 그의 원문을 살리려 노력하였다. 필자는 단순히 문헌의 소개에 지나지 않음을 밝혀 둔다.

한정섭 씨는 72년 봄부터 불교 토착신앙에 대한 연구를 시작하여 74년 가을 신장(神將)에 대한 연구를 발표한 적이 있고 74년에는 부적에 대해서 손을 대게 되었는데 원인은 부적의 일부가 절에서 생산되고 있다는 사실을 발견한 까닭이다. 무신론인 불교에 무슨 신이 그렇게 많이 숭배되고 있으며 바른 깨달음을 표방하는 불교에 무슨 놈의 잡신앙이 그렇게 많은지? 사람이 가는 길에 바로 가는 길과 돌아가는 길이 있다고는 하나 물이 과하면 질이 변한다는 말과 같이 진실을 위한 방편으로 일체를 포섭한 불교는 지금 방편을 진실로 오인하여 사도(師道)가 함께 막막한 대해(大海)에서 나침판도 없이 방황하고 있는 현실이라고나 할까?

어떻든 한정섭 씨는 이러한데서 부적신앙에 대한 연구를 시작하여 불교뿐 아니라 도교 유교는 물론 국가에서까지 부적을 권장한 시대가 있었음을 지적하였다. 부적신앙에 대하여 학술적으로 연구한 사람은 그리 흔하지 않은데 순수불교를 하는 한정섭 씨의 책자가 있음을 다행스럽게 생각하며 필자도 시간이 허락하는대로 이 분야에 대하여 연구를 해보고 싶은 욕망이 있다. 한정섭 씨는 불교적 입장에서 연구의 방향을 지시하였으나 필자는 후일에 기독교적 입장에서 부적에 대하여 연구 발표할 때가 있을 것을 기원하고 있다.

1. 서언(緒言)

 매년 입시 때가 되면 점장이 집이 메워지고 부적 만드는 사람이 부자가 된다는 말은 어제 오늘의 이야기가 아니다. 1974년 2월 갓 국민학교를 졸업한 중학생들이 콤퓨터로 학교 배정을 받을 때 콤퓨터 앞에 모여든 학생수의 3분의 2가 부적을 갖고 있다는 사실을 발견한 모 신문사 기자는 "콤퓨터의 경쟁이 아니라 부적 경쟁"이라고까지 한 말이 있다. 아닌게 아니라 세상은 교묘히 변해가고 있다. 기계문명이 발달하면 발달할수록, 인간의 지식이 전문화하면 할수록 사람은 더 어리석어지고 미신은 발전한다.
 사람은 만물의 영장이라고 한다. 그러나 사람처럼 연약한 동물도 없다. 인간의 힘은 한계가 있기 때문이다. 생명은 때때로 변하여 질병, 노쇠, 죽음에 부딪치고 또 예기치 못했던 자연적 재해와 인위적 사고로 언제 어디서 어떤 재난을 어떻게 당할지 모른다. 그러나 인간은 이 예고없이 닥쳐오는 재난에 대하여 전혀 무력하므로 초자연적인 어떤 힘(神, 佛)이나 술(術)에 의지하여 그 재난을 피하여 보려고 노력한다. 그래서 인간은 큰 일을 당할 때마다 스스로 의혹을 건디지 못하여 무정한 점대 앞에 무릎을 꿇고 내일의 행운을 빈다. 그리고 그 위대한 부적을 가슴에 안고서야 두 다리를 펴고 잠을 잔다. 실로 이같은 현상은 허영과 투기가 팽배하고 불신과 혐오가 고질화된 의기시대에 신념과 명지(明智)가 결여된 인간에게 더욱 절실하게 요청되고 있다.

2. 현재 한국 부적신앙의 실태

(1) 부적 소지자 현황

그러면 부적은 왜 가지는가? 이 문제를 해답하기 앞서 현재 한국인의 부적 소지도(所持度)를 관찰해 보기로 한다.

1974년 9월부터 1975년 2월까지 6개월간 운수수, 학생(특히 입시생을 중심으로), 사업가, 일반인 3,000명을 대상으로 조사한 결과 그 가운데 부적을 지닌 사람은 1,852명으로 전체의 3분지 2에 가까운 숫자였다. 그중 운전기사가 921명으로 부적소지자의 과반수를 점유하고 다음은 학생 617명, 사업가 210명, 일반인 104명으로 학생 사업가 일반인 순위로 차례를 정할 수 있었다. 또 이것을 남녀별로 구분해 보면 남자가 1356명으로 전체의 7할 이상을 차지하고 여자가 496명으로 3할이 조금 못됐다. 그러므로 도표로 나타내보면 다음과 같다.

직 업	조사대상지수	부 적 소 지 자	부적을갖지 않는사람	비 고
운전수	1,000	921 남 8백, 여 2백대상 남 794 여 127	79	
학 생	1,000	617 국(남여 각 100명대상) 93, 17 중(〃 150 〃) 127, 71 고(〃 150 〃) 132, 86 대(〃 100 〃) 53, 38	383	입학시험 준비자 혹은 입학, 취직에 임한 자를 중심으로 조사함
사업가	500	210 남여 각 250명대상 남 147 여 63	290	정치가, 회사원, 이용사, 상업주 등을 중심으로 조사함
일반인	500	104 남여 각 250명대상 남 77 여 27	396	일반무직업 기타환자를 중심으로 조사함
계	3,000	1852 남 1423 여 429	1,148	

(2) 부적을 소지하는 이유

대개 이들은 사고 방지와 시험합격, 사업의 번성, 안심임명, 도액(액을 면하는 것). 병을 낫기 위하여, 첩을 떼기 위하여, 그저 좋다해서, 너무 답답해서 부적을 가지게 되었다고 그 동기를 밝히고 있다. 그런데 그 가운데 사고방지를 위해서 가진 사람이 1,037명으로 전체의 56%를 차지하고, 시험합격을 위하여가 389명으로 21%, 사업번성을 위해서가 130명으로 7%, 안심임명을 위해서가 19명으로 1%, 도액을 위해서가 56명으로 3%, 병을 낫기 위해서가 74명으로 4%, 첩을 떼기 위해서가 48명으로 2.6%, 그저 좋다고 해서가 92명으로 5%, 너무 답답해서가 7명으로 0.4%이었다. 그런데 한가지 괄목할 만한 것은 이 모든 사람들이 부적을 "안 가지는 것보다는 가지는 것이 훨씬 낫다"하고 그 이유를 "마음에 의지가 되기 때문"이라 하고 있다는 사실이다. 부적이 얼마만한 위력이 있는가에 대해서는 다음 결론에 규명하겠지만 문명이 이기에 쫓기어 의식 상실증에 도착(倒着)되어 가고 있는 현대인에게는 오히려 부적이 좋은 우상이 되고 있는지도 모른다.

직업	성별\이유	사고 방지	시험 합격	사업 번성	안심 임명	도액	병 치료	첩떼기 위해	좋다 해서	답답 해서	계
운전수	남	783		5		2		4			794
운전수	여	119		3	2	1	1	1			127
학생	남	35	238	6	1	33	17		55		405
학생	여	6	121	4	14	20	21		26		212
사업	남	63		61			19	2	2		147
사업	여	26		24			13				63
일반인	남	3	7	24	2		16	9	9	7	77
일반인	여	2	3	3				19			27
3,000명중 1,852명		1,037 (56%)	389 (21%)	130 (7%)	19 (1%)	56 (3%)	74 (4%)	48 (2.6%)	92 (5%)	7 (0.4%)	

(3) 부적의 출처와 권한 자

그러면 이러한 부적이 누구에 의해서 가지게 되고 어느 곳으로부터 제작되어 나왔는가? 나이 어린 사람들은 부모나 일가 친척의 권유에 의해서 갖게 되고, 성인은 대부분 자의에 의해서 가지는데 부모(혹은 부인이나 남편)에 의해서 가진 사람이 748명으로 제일 많고, 다음은 무복(巫卜), 점술가(占術家)의 권유에 의해서 가진 사람이 654명이고, 친지의 권유로 가지는 자도 상당히 많으나(384명) 순전히 자의에 갖는 사람도 65명이나 되었다. 또 부적의 출처는 점상가(占相家), 성명철학가, 무당, 절, 서적상 등인데 그 가운데 점상가에게서 구한 것이 978명으로 제일 많고, 다음은 절(502명), 무당(200명), 성명철학가(156명), 자작(自作 23명), 서적상(3명)의 순으로 차례가 정해진다. 그런데 한가지 깜짝 놀란 일은 국민학교 학생들이 자의에 의하여 2, 3천원하는 부적을 사서 갖는 경우가 있다는 사실이며, 부적 1매에 최하 1,000원부터 최고 50만원에 해당되는 것까지 있다는 사실이다. 물론 부적의 위대한 영험으로 죽어가는 생명을 구원한다면 50만원이 아니라 500만원이라도 살 사람은 싸다할 것이다. 그러나 부적은 일종의 카페인과 같다. 잠시 인간의 마음을 진정시킬 수는 있을지라도 영원히 인간의 고통을 근본적으로 제거할 수 있는 것은 되지 못한다.

〈부적 소지의 경위〉

권한자 직업 출처	권	한	자		소지자수	출				처	
	부모(남편과부인)	친지	무복점술가	자의		점상가	성명철학가	무당	절	서적상	자의
운전수	189	326	371	35	921	523	41	97	251	2	7
학생	512	37	62	6	617	316	83	52	164		2
사업가	42	13	146	9	210	107	5	39	58		1
일반인	6	8	75	15	104	32	17	12	29	1	13
계	749	384	654	65	1,852	978	146	200	502	3	23

그런데 그러한 부적을 1년에 1회도 아니그 매월 1회 이상 같은 기금을 내고 사가는 사람이 있다니 세상은 알고도 모를 것이다.
　위의 통계는 10여년전의 것이나 필자가 부산의 불교 서적상에서 상당한 수량이 팔리는 것을 확인하였다. 2개의 불교 서적상에서 1년에 약 6만매에서 10만매의 부적이 팔린다고 한다.
　전국의 무복자(巫卜者)가 약 30만명인데 그 가운테 부산을 위시한 경상남도에 약 6만명이 있다. 6만명이 한 사람당 1년에 부적 500매는 소비시킬 것이다. 1년간 3,000만매의 부적을 소비할 것이다. 부적 1매당 평균 5,000원으로 잡아 보면 부산을 위시한 경상남도에서 년간 1천 500억이라는 거액이 어리석은 사람들의 주거니를 털어 점장이, 사이비 중들의 주머니 속으로 들어 간다. 점장이의 횡포와 사회의 악을 조정하는 일이 비일 비재하다.
　이제 정부 당국에서 이들 점쟁이들을 정화할 때가 되었다고 생각한다.

제 7 부
갠지스강에서 요단강까지

제 7 부
갠지스강에서 요단강까지

미륵(彌勒)과 메시아

1. 불고의 미륵

민희식교수의「법화경과 신약성서」에 나오는 글의 내용을 그대로 인용해 보자.

메시아의 근원이 되는 바바리(波婆梨)의 16제자 중 한 사람인 장로 티사 메티야(Tissa Metteya)의 이름은 「수타니파아타」에는 나오지만 미래불로서의 미륵보살은 등장하지 않는다. 그러나 「미란다왕문경」에는 『미륵은 수천명의 수행자의 단체를 지도할 것이다』라는 말에서 볼 수 있듯이 이미 미륵(메시아)의 사상을 엿볼 수 있다. 또 같은 경 속에서 『석가모니는 자기를 죽이려고 한 제바달타에 대해서나 도적 앙구리마라에 대해서나 미친 코끼리 다나바라카에 대해서나 아들 아후라에 대해서도 평등하다』고 말하고 있다.

「법화경」에 의하면 석가에서 비롯하여 미래불(올 자)이 될 수 있는 가능성을 지닌 자는 미륵보살 뿐아니라 갠지스강의 모래알 수 만큼 많은 자가 그 가능성을 지니고 있으며 악인이라고 불리우는 제바달타도 미래의 세계에 나타나「천왕」(天王)이라는 이름을 지닌 부처가 되리라는 예언을 받고 있다.

아득한 옛날(前生 : 어머니 뱃속에서 태어나기 전 세상) 석가가 왕위를 떠나서 최고의 법을 구할 때 한 선인(仙人)이「법화경」을 가지고 있었다. 석가는 그 경을 손에 넣기 위하여 그의 노예가 되어 평생 그를 위하여 일을 하였다고 한다. 그 선인이 제바달타이다.

이처럼 제바달타야말로 전생에 있어서 최고의 법전을 석가에게 준 사람이다. 석가가 생존시 여러번 석가를 살해코자 한 제바달타는 산채로 지옥의 불 속에 떨어졌다고 하지만 당시 석가의 정통 후계자인 불교승단에 대한 반항이 석가를 비판하게 되어 그 결과 석가의 제자중 직접 석가에게서 설교를 들은 제자를 가장 아랫자리에 놓고, 아무의 설교도 듣지 않고 독자의 방법으로 깨달은 자가 그 위에 놓이고, 그 위에 석가의 설법을 듣고 깨달음을 구하는 자로서의「보살」이 놓이게 된다.

「법화경」에서는 보살의 선두에 미륵(메시아)이 있고 온갖 보살과 대중은 미륵을 통하여 석가에게 합장한다.

이상이 민교수의 글이다.

「법화경」은 A.D 1~7백년 사이에 나타났다. 기독교 메시아 사상은 훨씬 그 이전 창세기까지 거슬러 올라간다.

2. 기독교의 메시아

메시아는 그리스도로「기름부음을 받은 자」란 뜻이다.

모세시대에는 대제사장에게만 기름을 부었다(참고, 레 4 : 3, 5, 16, 6 : 15). 왕에게 기름을 부었다. 선지자에게 기름을 부었다. 대제사장, 왕, 선지자는 여호와의 기름부음을 받은 직분이므로 여호와께서 존중히 여기라고 말씀하셨다(시 105 : 15, 대상 16 : 32).

메시아 사상은 발전하였으며 하나님의 구속사역의 중심이다.

민교수는 기독교의 중심사상을 불교의 미륵불과 연관시킨다. 문자의 음이 비슷하다 하여 그 사상마저 동일시 하는 어리석음을 본다.

미래를 다스리는 사상은 불교의 미륵불 뿐아니라 정감록의 정도령도 있다.

불교는 미륵불이 여러명 나타난다고 하였으나 기독교의 예수

제7부 갠지스강에서 요단강까지 151

그리스도는 오직 한 분 뿐이다.
　예수 그리스도는 시간과 공간을 주관하며, 미래 뿐아니라 현재도 역사하고 있다.
　불교의 미래불인 미륵사상은 이 세상의 교화를 말하고 있으나 기독교의 메시아는 하나님의 나라 확장을 위해 더 많은 사역을 하고 있다.

필자는 37년만의 승려 생활에서 기독교로 개종을 하였다.

약초비유와 일반은총

1. 불교의 약초비유

　법화경의 7비유 중에 약초유품이 있는데 그 내용을 살펴보면 『하늘에서 비가 내리고 있다. 땅의 초목들은 모두 똑같이 비를 맞고 있다. 그러나 그 초목의 크기와 모양에 따라서 비를 맞는데 차별이 있다. 즉 하늘에서 비는 똑같이 내리는데 받아들이는 초목의 크기에 따라 비의 양이 다르다. 이것은 불타가 우리 중생 누구에게나 똑같이 자비를 내려 주시는데 우리 중생들은 자기가 규정한 범위안에서 받아들이고 있다는 것이 약초유품의 비유이다』라고 말하고 있다.
　그러면 여기서 민희식 교수의 주장을 살펴보자.
　『석가가 누구에 대해서나 평등하게 설법하는 것을 비로 비유하여 마치 비가 약초나 독초위에 내리듯 석가는 사랑과 증오를 초월하여 누구에게나 공평하게 설법을 한다.
　신약에서는 이것을 「너의 적을 사랑하라」는 표현으로 나타내고 있다.
　기독교가 악인 선인에 대해서 공평한 비를 내리고 악인에 대해서도 자비를 베푼다면, 지상보살처럼 지상에 머물러 마지막 한 사람까지 구원하는 것과는 달리 최후의 심판의 날에 악인을 저주하고 기독교도만이 축복받고 천국에 가는 불공평한 일은 없을 것이다. 이 모순은 기독교 속에 유태인의 「선민의식」이 뿌리박혀 있기 때문이다.

기독교란 대승불교와 유태교의 혼합물로 불교에서 빌려온「자비」가 기독교로, 세계적인 종교로 발전시킨 것이다. 그러나 두 종교간의「자비」에 대한 해석은 매우 다르다.

성경의 누가복음 10장에 나오는 비유중 사마리아인은「적」을 사랑한 것도 아니고「이웃」을 사랑한 것도 아니다.

강도들의 습격을 받고 죽어가는 사람은 불쌍하다. 그것을 볼 때 그 사람을 통해서 인생의 무상을 느끼고 따라서 우리 인간도 언제 무슨 일이 자기에게 닥쳐 올는지 모른다는 생각 때문에 그는 자비로운 행동을 한 것이다. 그러기에 유태인과 사마리아인은 서로 적으로 증오하는 대상이며 여기에는 참된 자비는 없는 것이다』 이상이 민교수의 논리이다.

2. 기독교의 일반은총, 이웃사랑

민교수는 기독교의 일반은총을 원수 사랑하는 것과 착각하고 있다.

『여호와께서 너희 땅에 이른 비 늦은 비로 적당한 때에 내리시리니 너희가 곡식과 포도주와 기름을 얻을 것이요』(신 11 : 14)

『하나님이 그 해로 악인과 선인에게 비춰게 하시며 비를 의로운 자와 불의한 자에게도 내리우심이니라』(마 5 : 45).

여기서 기독교는 비록 일반은총이라 할지라도「하나님의 절대주권」아래서 이루어진다는 것을 말하고 있다.

이야기 내용이 비슷하다고 해서, 법화경에서 신약성경이 나왔다고 하는 것은 어불성설이다. 이와 비슷한 내용은 노자의 도덕경에도 있고 사마천의 사기 이사전에도 있다.

민교수는 자비 즉 이웃사랑도 너무 인간적으로 생각한다.

사마리아인의 비유해석은 크게 잘못하였다. 불교인은 인생의 허무 내지 무상을 느껴서 자비를 베풀지 모른다. 그러나 성경은 말한다. 『소망이 부끄럽게 아니함은 우리에게 주신 성령으로 말미암아 하나님의 사랑이 우리 마음에 부음바 됨이니』(롬 5 : 5)라고 말했다. 즉 우리 가슴 속에 성령으로 하나님의 사랑이 넘치게 하여 주시므로 우리가 원수를 사랑하는 것이다.

말세에 나타나는 현상

1. 불교의 현상

불교를 크게 구분해 말한다면 「선」(禪)과 「교」(敎) 두 가지로 나누어 말할 수 있다.

「선」은 부처의 마음이요, 「교」는 석가모니가 49년간 설법한 것이다. 그래서 「선」을 제일로 치고 「교」를 다음으로 친다.

서산대사의 글에서 석가모니는 『어찌하여 도둑들이 나의 옷을 빌려 입고 부처를 팔아서 가지가지 나쁜 업(행위의 결과)을 짓느냐』라고 말했다.

말세의 비구에게 여러가지의 이름이 있다.

중도 속인도 아닌 「박쥐중」, 입으로 설법하지 못하는 「벙어리 염소중」, 중의 탈을 갖추고 속인의 마음을 쓰는 「머리 깎은 거사」, 지은 죄가 무거워서 움직일 수 없는 「지옥 찌꺼기」, 부처를 팔아 생을 이어가는 「가사(중들이 겉에 입는 옷) 입은 도둑」 등이다.

서산대사는 이러한 여러 형편들을 보고 『털을 쓰고 뿔을 이고 있는 것이 무엇인줄 아느냐? 그것은 지금 신도들이 주는 것을, 공부하지 않으면서 거저 받아 먹는 이들을 두고 하는 말이다』라고 하면서 한탄했다.

지도론(智度論 : 불교 반야경의 해설서)에 이르기를 『한 도인(道人)이 다섯 낱좁쌀 때문에 죽어서 다음 세상에 소가 되어, 살아서는 뼈가 닳도록 일해주고 죽어서는 가죽과 살로써 빚을 갚았다』

라고 했다. 즉 한번 남의 신세를 지면 갚지 않을 수 없는데 부처를 이용하여 자기 손을 채우는 현상들이 많음을 말하고 있다.

2. 기독교의 현상

예수께서는 거짓선지자들에 대하여 단호히 경계하라고 했다.

『거짓 선지자들을 삼가라 양의 옷을 입고 너희에게 나아오나 속에는 노략질 하는 이리라 그의 열매로 그들을 알지니 가시나무에서 포도를 또는 엉컹퀴에서 무화과를 따겠느냐 이와같이 좋은 나무가 아름다운 열매를 맺고 못된 나무가 나쁜 열매를 맺나니 좋은 나무가 나쁜 열매를 맺을 수 없고 못된 나무가 아름다운 열매를 맺을 수 없느니라 아름다운 열매를 맺지 아니하는 나무마다 찍혀 불에 던지우느니라 이러므로 그의 열매로 그들을 알리라…』 (마 7：15-23).

옛날이나 지금이나 거짓과 참은 공존하여 왔다. 인간의 눈으로 볼 때 말세가 될수록 거짓은 번창, 득세하고 참은 겨우 그 명맥을 이어가는 것 같다.

오늘날 불교에서 중같은 중의 숫자는 줄어들고 기복불교와 샤머니즘이 혼합되어 서산대사가 지적한 현상들이 한국 불교계에 독버섯처럼 만연하고 있다.

우리 기독교도 강건너 불구경 하듯이 남의 일로 보아선 안된다.

여러가지 기복신앙으로 복음과는 거리가 먼 불법을 자행하고 있지 않는가 ?

신학교육을 제대로 받지도 않은 상태에서 느닷없이 목사가 되는 경우는 없는가 ?

불교는 우상종교라 타락할 수밖에 없는 것이지만 기독교는 살아계신 하나님 앞에서 타락하면 안된다.

아나니아와 삽비라처럼 악을 행하는 부부 사역자들이 이땅에서 사라지고, 브리스길라와 아굴라같이 경건되게 말씀대로 살아가는 종들이 많이 나와야 하겠다.

교회에서도 평신도 하나 하나를 잘 양육함으로 독버섯처럼 돋아나는 불법을 경계해야 하겠다.

진리와 생명

1. 불교의 진리와 생명

수가무명월청풍(誰家無明月淸風) : 가난한 집이라도 명월은 환하게 비추고 맑은 바람은 분다.

이 말은 벽암록에 나오는 유명한 글귀로, 아무리 죄가 깊더라도 또 학문이나 지위가 없어도 부처의 생명, 순수한 인간성을 지니고 있지 않은 자는 한 사람도 없음을 나타내고 있다.

비록 거리의 움막이라도 한떨기 매화 꽃이 화병에 꽂혀 있다면 누구나 다 들여다 보게 된다. 가난하면 가난한대로 넉넉하고 여유있는 가치를 느끼는 것은 이 향기로운 매향이 있기 때문이다.

인간이 존엄한 까닭도 그 마음에 부처의 생명이 있기 때문이다. 즉 실유불성(悉有佛性)이다. 이 말은 『존재하는 것에는 다 불성이 있다』는 의미가 아니고 『존재하는 것은 다 그대로 불성이다』는 의미이다.

명혜라는 스님은 「한 장의 휴지에라도 불성이 있다」하여 합장 배례 하였다.

명월도 청풍도 땅에 흩어진 휴지도 각기 부처의 생명이 깃들고 있다고 생각할 수 있는 것이 지혜다. 더 나아가 그대로 부처의 생명과 직결할 수 있는 것, 즉 불교의 생명은 사물의 개체의 성질을 파악하여 그 존재 의미를 부여하는 것이다.

2. 기독교의 진리와 생명

예수님은 성경에 진리와 생명에 대하여 많은 부분을 할애하여 교훈했다.
　『내가 진실로 진실로 너희에게 이르노니 하늘에서 내린 떡은 모세가 준 것이 아니라 오직 내 아버지가 하늘에서 내린 참 떡을 너희에게 주시나니 하나님이 떡은 하늘에서 내려 세상에서 생명을 주는 것이니라 저희가 가로되 주여 이 떡을 항상 우리에게 주소서 예수님께서 가라사대 내가 곧 생명의 떡이니 내게 오는 자는 결코 주리지 아니할 터이요 나를 믿는 자는 영원히 목마르지 아니하리라』(요한복음 6 : 31-35).『나는 세상의 빛이니 나를 따르는 자는 어두움에 다니지 아니하고 생명의 빛을 얻으리라』(요한복음 8 : 12).
　『진실로 진실로 너희에게 이르노니 사람이 내 말을 지키면 죽음을 영원히 보지 아니하리라』(요한복음 8 : 52).
　기독교에서는 예수님 자신이 「빛」이며 「생명의 떡」이며 「진리의 본체」라는 것을 강력하게 말하고 있다.
　죄인된 인간은 누구나 예수님을 통해서만 죄사함 받고 영생을 얻을 수 있다.
　불교와 기독교는 진리와 생명에 대해 가치관의 큰 차이를 보이고 있다.
　불교에서는 불성(즉 생명)이라는 것은 주관도, 객관도 없고, 선과 악, 죄와 복, 진리와 생명 그 자체도 부정하며 다만 존재의 의미만 있는 것이다. 금세와 내세도 이름 뿐이다.
　「부처」도 「휴지」와 다를 바 없다. 「사탄」과 「부처」가 존재론적으로 같다. 즉 진리에 있어서 가치 판단의 기준이 없다.
　그런데 이런 보잘 것 없는, 「휴지」와 같은 「부처」를 왜 그렇게 많은 사람들이 신봉할까? 그들은 영적으로 죽었고 진리의 눈을 뜨지 못하였기 때문이다.
　기독교에서는, 하나님께서 자기의 형상대로 인간을 창조하셨고 또한 우리에게 그의 아들 예수 그리스도를 보내 주셨다. 누구든지 이를 믿음으로 사탄의 자녀에서부터 존귀한 하나님의 자녀가 된다.
　진리와 생명의 참 본체이신 예수 그리스도 안에서 모든 사물을 분별하고 판단하는 참 지혜를 얻을 수 있다.

돌들이 외치는 소리

돌은 인류의 생활과 가장 가까운 곳에 있었다. 석가시대부터 오늘 원자시대에 이르기까지 우리의 주변에서 떨어질 수 없는 것으로 귀하게도 사용되고 천하게 버려지기도 하였다.

때로는 부처, 혹은 또 다른 우상으로 조각되어 숭배의 대상이 되어지기도 했다.

이러한 돌들이 큰 소리를 외치면서 말을 한다고 한다.

1. 불교에서의 소리

고운 최치원은 신라가 망하고 고려가 개국하는 어지러운 정세 하에서 지리산, 가야산 등지의 사찰을 전전하면서 은둔생활을 하였다.

경남 합천 해인사에 입산할 때 들고 다니던 지팡이를 꽂아 놓으니 싹이 나서 나무가 되었다고 하여 지금도 「최고운의 지팡이 나무」가 해인사 경내에 있다.

고운이 전국의 산수를 유람하다가 가야산 해인사에 입산할 때 읊은 칠언절구가 있다.

　　왕분첩석후중밀
　　인어난분지척간
　　상공시비도이안
　　고교유수진농산

(往奔疊石厚重密
人語難分只咫間
常恐是非到耳岸
故敎流水盡聾山)

『분주하게 다니보니 첩첩산중에 빽빽이 박힌 돌들이 크게 부르짖어 가로되, 사람의 말소리는 지척간에도 분간하기 어려워라. 항상 무서운 시비의 소리가 귓가에 닿는구나. 그러므로 흐르는 물소리가 다 하도록 벙어리 되어 말없이 으뚝 서 있는 산을 보고 배우리라.』

고운은 조정의 어지러운 시비 소리가 듣기 싫어서 산속을 유람하였건만 산골 물이 돌에 부딪쳐 내는 물 소리, 바위 소리 마저도 인간의 시비소리로 들렸다.

불교에서 현실을 도피하는 사람에게는 자연현상 그 자체마저도 괴롭고 귀찮은 존재가 된다.

이렇게 마음이 괴로운 사람에게는 영원한 안식처가 없다.

2. 기독교에서의 소리

예수님께서는 그의 구속 사역의 완성을 위해서 고난과 승리가 교차하는 당당한 예루살렘의 입성의 장면이 있었다.

『주의 이름으로 오시는 왕이여 하늘에는 평화요 가장 높은 곳에는 영광이로다 하니 무리 중 어떤 바리새인들이 말하되 선생이여 당신의 제자들을 책망하소서 하거늘 대답하여 가라사대 내가 너희에게 말하노니 만일 이 사람들이 잠잠하면 돌들이 소리 지르리라 하시니라』(눅 19 : 39-40).

여기서 우리는 불교와 기독교에서 자연물에 대한 존재인식의 차이를 느낄 수 있다.

불교에서는 최치원 같은 위대한 학자도 산속에 있는 돌들의 현상을 그대로 보고 자기의 마음이 괴로우니 돌에 부딪치는 물소리, 돌의 소리마저도 괴로움으로 느꼈던 것을 볼 수 있다.

그러나 기독교에서 예수님의 예루살렘 입성 사건은 고난의 십자가에서, 사망의 권세로부터 승리하는 십자가를 의미한다.

자연계에 굴러 다니는 돌들은 창조주 하나님의 위대한 창조의 사역이 숨쉬고 있다. 그렇기 때문에 사람 뿐 아니라 보잘 것 없는 돌들도 소리지르면서 하나님께 영광돌리는 것은 당연하다.

불교에서는 하나님의 창조사역을 모르기 때문에 인간의 존재 의미와 그 가치를 알 수 없다. 더욱 자연계에 굴러 다니는 돌들의 존재 가치를 알 턱이 없다.

불교에서처럼 사람도 돌들도 고통으로 원망하는 무기력한 소리를 보라. 기독교에서의 하나님 나라 건설을 위해서 사람도 돌도 하나님을 영화롭게 하고 찬송을 돌리는 그 소리가 귀하다.

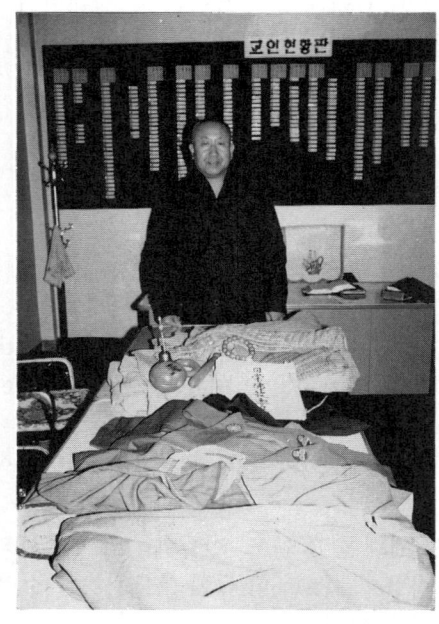

37년동안 입었던 승복을 벗고나서 참 생명을 얻는 기쁨에 차 있다.

죽음에 대한 가치관(價値觀)

1. 불교의 죽음

인간의 미망(迷妄)을 불교에서는 삼독(三毒) ; 욕심내며, 성내며, 어리석은 것을 두고 말한다.

독이란 마시면 곧이 병들고 죽게 되는 것과 마찬가지로 이 세가지 독은 인간에게 욕망으로 번뇌를 일으켜 인간의 마음을 병들게 하고 우리의 정신을 죽음에 이르게 한다.

그러나 성내며, 어리석은 것은 한계가 있다. 평생 화만 낼 수 없으며, 가르침에 의해서 깨칠 수 있다. 그러나 욕심은 한계가 없다.

이러한 끝없는 욕심은 사람을 아귀도(굶주려 허덕이는 귀신의 길), 즉 지옥에 떨어뜨리는데 죽어서만이 아니라 살아서도 이곳에 떨어지게 된다. 이러한 탐욕이 많은 사람에 대해 불경에는 「항상 만족할 줄 알라」고 가르치고 있다. 즉 지족(知足)하는 마음이다.

인간이 평등하다 함은 본질적인 면이고 현실 세상에서는 천차만별의 생활양상을 보여주고 있다. 외모 뿐 아니라 삶의 가치관, 경제적 수준 등 다양하다.

이러한 사회에서 개인적으로 욕심을 완전히 끊는 것은 불가능하나 물질주의, 물질만능의 가치관 등 이러한 것들이 잘못된 것임을 깨달아야 한다.

이러한 가치관이 잘못된 것임을 알면서 이 물욕 속에 사는 것과, 물욕의 허망함을 알지 못하고 오직 물욕만을 추구하는 것은 커다란 차이가 있다.

우리가 사는 이 사회에서 경쟁의 원리는 현대문명을 만들어 낸 원동력임에 틀림없으나 모든 것을 경쟁의 원리로 파악하게 되면 파멸의 길로 달리게 된다.

2. 기독교의 죽음

기독교에서도 죽음의 원인은 죄이며 그 죄는 욕심으로 인하여 일어난다고 성경은 가르친다.

『욕심이 잉태한즉 죄를 낳고 죄가 장성한즉 사망을 낳느니라.』
또 죄는 사람 아담으로 인하여 왔으며, 사람 예수로 인하여 해결된다고 했다(롬 5 : 12). 예수님의 십자가 사건을 통해서 죽음의 권세를 이기고 영광의 부활 승리가 있음을 명백히 천명하고 있다.

『사망아 너의 이기는 것이 어디 있느냐 사망아 너의 쏘는 것이 어디 있느냐 사망의 쏘는 것은 죄요 죄의 권능은 율법이라 우리 주 예수 그리스도로 말미암아 우리에게 이김을 주시는 하나님께 감사하노니』(고전 15 : 56-57). 예수님을 통해 승리의 삶을 누리는 것을 우리 모두는 감사해야 할 것이다.

불교에서는 죽음에 이르는 병의 원인을 비교적 정확하게 지적했으나 피상적인데 지나지 않으며 더욱 그 원인을 해결할 방도를 제시하지 못했다.

기독교에서는 죽음에 대한 원인 즉 죄를 지적할 뿐만 아니라 그 죽음을 이기는 방법을 제시했다. 그 길은 하나님의 아들 독생자 예수, 그분이 십자가에 죽으시고 부활하시므로 우리에게 부활의 참 소망을 주신 것이다.

불교에서는 자기의 노력으로 삼독(욕심내며, 화내며, 어리석은 것)을 제거하기 위해 애쓴다. 그래서 죽음에서 벗어나려고 애쓴다. 어느 정도는 할 수 있을 것이다. 할 수 있는 것도 정도 문제이지 결코 근원적인 것은 못된다. 근원에 대한 해결은 삼독을 있게한 원인 제거에 있다. 그 원인이 바로 하나님 앞에서 불순종, 즉 죄이다.

아담에게서 출발한 죄, 그 해결은 오직 예수 그리스도이다.

불교의 죽음은 죽음이다.

기독교의 죽음은 부활이다.

자자(自恣)와 회개

1. 불교의 自恣

자자는 하안거(수행자들이 우기 중에 한 곳에 모여서 공부하는 것)가 끝나는 7월 14일 혹은 15일 밤에 다른 비구로 하여금 자기의 잘못을 지적하게 하는 것으로 연장하부터 한다.

석가모니가 슈라바아스티에서 하안거를 끝내고 자자를 행하려고 수행자들과 함께 무리를 지어 앉아 있었다.

한 수행자가 소리쳤다.

『오늘은 자자다. 이날까지 3개월간 우리를 피하면서 모두 함께 생활하였다. 그 동안 자기도 모르는 사이에 범한 죄가 있다면 지적해 주기 바란다.』

그런데 이날의 자자에서 으뜸가는 장로는 붓다였다. 비구를 향해 소리쳤다.

『자진해서 묻노라. 나의 언행에 있어 비난받을 만한 그 어떤 것을 보지 않았는가?』

한참 동안 침묵이 계속 되다가 샤알리푸트라는 제자가 경배하며 말했다.

『석가모니여, 우리들은 당신의 언행에 아무 비난할만한 것을 보지 못했습니다. 당신은 이때까지 없었던 길을 있게 하였으며, 이때까지 알지 못하였던 길을 알게 하였으며, 이때까지 설명하지 않았던 길을 설명하였습니다.』

이것은 자자의 예식에서는 어울리지 않는 일이었지만 그는 감명을 받은 바 있어 이러한 찬사를 스승 앞에 했다.
　결국 불교의 자자는 석가모니 자신이 제자들로부터 칭찬받는 일로써 끝나버리고 말았다.

2. 기독교의 회개
　기독교는 철저하게 회개의 종교이다. 그 회개는 사람에게 하는 것이 아니라 하나님께 하는 것이다.
　구약시대에는 각 선지자들을 통해서 회개의 메시지를 전파했다.
　세례요한도 『광야에서 죄사함을 받게하는 회개의 세례를 전파』 했다.
　예수님도 『회개하라 천국이 가까이 왔다』고 외쳤다.
　회개는 사람이 사람에게 용서를 비는 것이 우선이 아니라 인간이 하나님께 회개하고 죄사함을 받아야 한다.
　『저희가 이 말을 듣고 마음에 찔려 베드로와 다른 사도들에게 물어 가로되 형제들아 우리가 어찌할꼬 하거늘 베드로가 가로되 너희가 회개하여 각각 예수 그리스도의 이름으로 세례를 받고 죄사함을 얻으라 그리하면 성령을 선물로 받으리니 이 약속은 너희와 너희 자녀와 모든 먼데 사람 곧 주 우리 하나님이 얼마든지 부르시는 자들에게 하신 것이라』 (행 2 : 37-39).
　기독교인들의 신앙의 순서는 회개하고 죄사함 받고 성령을 선물로 받는 것이다. 죄인된 인간이 회개함은 사람에게가 아니라 하나님께 해야 하며 죄를 사해주는 것도 사람이 아니라 하나님으로부터 받아야 한다.
　의식 종교인 불교와 천주교에서는 사람들로부터 받으려 한다. 그래서 면죄부나 부적을 돈으로 팔고 산다.
　그러나 기독교에서는 결코 그렇게는 되지 않는다. 예수님의 십자가 보혈만이 우리를 살게 한다.
　불교의 자자는 죄인이 죄인을 용서하는 것으로 모순이며 힘이 없고 구원이 없다. 기독교의 회개와 사죄 은총은 능력과 기쁨이다. 생명이다. 영생이다.

길과 生命

1. 불교의 길

불교는 다만 길을 가리킬 뿐이다.

석가모니에게 못가리아나라는 수학자가 찾아와서 두가지 질문을 한 일이 있었다.

그 하나는 수학에 학습과정이 있듯이 석가모니의 가르침에도 과정이 있는가 하는 것이다.

석가모니는 그것에 대답하여 이 가르침의 길에도 순서에 따라서 찾아 들어갈 과정이 있음을 말한 후에 또 그 과정을 상세하게 설명하고 있다.

또 하나의 질문은, 그렇게 가르침을 받고 지도해온 제자들이 반드시 목적(열반)에 도달하지 못하는 것은 무슨 이유인가 하는 것이었다.

그것에 대해서 석가모니는 예를 들면서 반문하여 대답하고 있다.
『여기에 한사람이 있어 라쟈그리하에 가기 위해서 그대에게 길을 물었다고 하자. 그대는 자세히 이야기 할 것이다. 그러나 어떤 사람은 정확하게 도착하겠지만 또 어떤 사람은 방향을 잘못 잡아 방황하게 될 것이다. 틀림없이 라쟈그리하는 있으며 이르는 길도 있다. 길을 안내하는 자가 분명히 가르쳐 주었음에도 불구하고 어찌하여 어떤 이는 갈 수 있으며, 어떤 이는 갈 수 없는가?』

『석가모니여, 어찌하여 제가 알 수 있습니까? 나는 다만 길을 가리키는 것 뿐입니다.』

166

『못가리아나여, 나도 또한 마찬가지이다. 열반도 있고, 그 길도 존재하며, 나 또한 도사로 있지만 그럼에도 불구하고 제자들 가운데는 능히 도달할 수 있는 이도 있으며 도달할 수 없는 이도 있다. 여래는 다만 길을 가리킬 뿐이다.』

2. 기독교의 길

기독교에서는 예수님 자신이 길과 진리, 생명이라고 교훈하신다. 『예수께서 가라사대 내가 곧 길이요, 진리요, 생명이니 나로 말미암지 않고는 아버지께로 올 자가 없느니라』(요 14 : 6).

불교의 석가모니는 다만 길을 안내하는 이정표일 뿐이다. 그 길 안내문을 읽고 목적지에 도착하는 사람도 있지만 도착하지 못하는 것은 전혀 자기의 책임이 아니라고 말하고 있다.

기독교는 예수님이 길 안내자가 아니라 바로「길」이시며, 진리의 안내자, 즉 교과서가 아니고 바로「진리」이시며「생명」이라고 말한다.

불교에서는「생명」이라는 말은 감히 언급하지 못하고 있다. 다만「열반」—번뇌가 없는 고요한 상태 또는 평안한 상태로 죽어 사라져 가는 현상을 거론한다.

기독교는 생명없는 죽음의 종교가 아니다. 부활 승리하였다. 생명의 종교다.

사도 바울은『십자가의 도가 멸망하는 자들에게는 미련한 것이요 구원을 얻는 우리에게는 하나님의 능력이다』(고전 1 : 18)라고 말하고 있다.

불교에서처럼 부처를 믿어도 길을 잘못 찾아드는 것이 아니라 예수님을 믿으면 어느 누구도 구원 받을 수 있으며 이 길은 하나님의 능력이라고 한다.

그런데 오늘날 문제가 있다.

예수를 이해하되 단순히 석가나 공자처럼, 도덕 군자, 길 안내자, 또는 선지자 정도로 밖에는 인정하려 들지 않는 부류가 있다.

잘못되면, 기복신앙에 빠지게 되며, 믿음은 한갓 정신적인 후기의 수단으로, 헌금은 뇌물과 같이 되어 버린다.
　부처 앞에서 돈을 놓고 복을 비는 것과도 별다른 차이가 없어진다.
　축복받는 것은 부수적인 면이며 길과 생명, 진리로 구원받는 것이 주된 것이다.
　『너희는 먼저 그의 나라와 그의 의를 구하라』

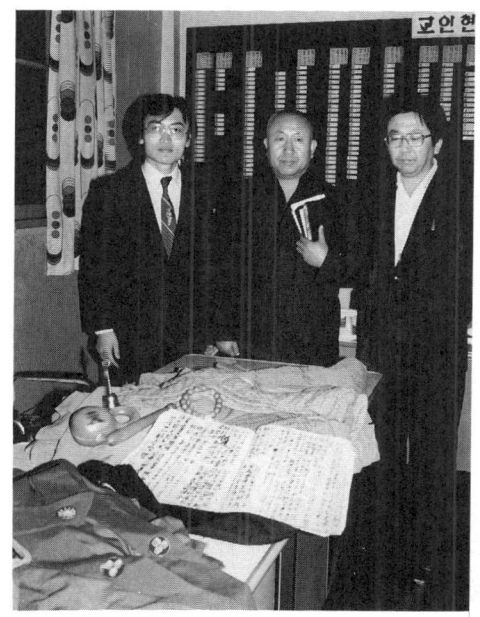

그를 하나님 앞으로 인도하기 까지는 부산 북교회 교역자님들의 기도의 힘이 무엇보다 소중했다 한다.

마지막 남긴 교훈

1. 불교의 自燈明, 法燈明

석가모니가 죽음을 앞에 두고 제자들을 가르치며 남긴 중요한 교훈이 있다.

『아난다여, 스스로를 주(洲)로 하며 스스로를 의소(依所)로 하여 다른 이를 의소로 하지 말며 머물라』고 했다.

여기에 주(洲)라고 번역한 말의 산스크리트원어는 디파(dipa)이다. 모든 것이 유전하는 세상에서 마치 강속의 주(洲)처럼 움직이지 않는 것이라고 생각한다.

이러한 의지처의 상징으로 주(洲)라고 표현했고 한문 번역에서는 등명(燈明)이라고 했다.

이 교훈의 구절을 자등명, 법등명으로 부르는 일이 옛부터 있었다. 이 교훈은 또 자귀의(自歸依), 법귀의(法歸依)의 가르침이라고 불려지고 있다.

그 이유는 이 구절 안에 있는 『스스로를 의소로 하여』와 『법을 의소로 하여』라고 하여 인생의 마지막 의지할 곳이 자기 자신과 부처의 가르침이라고 열거한다.

『자기가 의지할 곳은 자기 뿐이로다
다른 곳 어디에 의지할 곳이 있을 것인가
자기가 잘 조어되었을 때 사람들은 얻기 어려운 의지처를 얻는 것이니라
진실로 자기는 자기의 주(主)이며 자기는 자기의 의소이다.
그러므로 자기를 제어하라
마치 상인이 양마를 길들이듯이』 - 소부경전에서.

2. 기독교의 보혜사 성령

예수는 십자가를 지기 전에 제자들과 최후의 만찬을 하는 자리에서 죽고 부활할 것을 말했다.

또한 승천하고, 늘 함께 할 것을 언급했다.

『내가 너희로 고아와 같이 버려두지 아니하고 너희에게 오리라』(요 14：18)고 밝힌다.

또한『내가 아버지께 구하겠으니 그가 또 다른 보혜사를 너희에게 주사 영원토록 너희와 함께 있게 하시리니』(요 14：16)라고 했다.

예수는 일시적으로 이 세상에 왔다가 스쳐 지나가는 존재가 아니다. 영원토록 성령으로 함께 하겠다고 밝힌다. 얼마나 든든한 말씀인가.

불교의 석가는 비참한 죽음을 맞았다. 「쿠시나가라」로 가는 도중에『춘다』라는 신도가 대접하는 돼지고기 요리를 먹고 죽었다. 『춘다』는 돼지 요리에 독버섯을 넣었던 것이다. 석가모니는 그 요리를 먹고 설사병에 걸려서 죽어갔다.

만일 석가모니가 부처이며 신통력이 있다면 그 돼지고기 요리에 독버섯쯤 들어 간 것을 알아맞추어야 할 것이 아닌가？

팔순노인이 힘없이 설사병에 걸려서 죽어 가면서『우리는 누구를 의지하고 살아야 합니까？』라고 안타깝게 묻는 그의 제자들에게 『너 스스로 의지하라』고 냉정하게 말하였다.

그러나 예수는 미리 예정된 죽음과 또 부활을 맞았으며 승천했다. 예수는 그의 제자들에게 고아와 같이 버려두지 아니하겠다고 하였으며, 또 보혜사 성령을 보내어 항상 함께 해 주겠다고 말한다.

십자가 사건 이후 연약한 제자들이 각기 살길을 찾아 흩어졌을 때에도 부활하신 예수는 원망과 책망도 없이 제자를 찾았다.『함께 하겠다』는 예수의 교훈은 지상명령인 선교사역에도 힘이 되신다. 말할 수 없는 탄식으로 우리를 위해 간구하시는 성령의 위로함을 명심하자.

苦와 은혜

1. 불교의 苦

석가모니는 삶을 구성하는 모든 것은 「고(苦)」라고 가르친다.

만일 이러한 진리가 바로 이해되었을 때, 우리는 여전히 천연스럽게 이 고(苦)의 진리 앞에 서 있을 수 있겠는가.

우리는 즐거운 것을 추구해 왔다. 그러나 이제 무서운 인생의 진상이 명백하게 나타난다.

여전히 태연한 자세로 살아가는 사람이 있다면 이는 「고」의 가르침을 바로 이해한 것이라 볼 수 있을까 의심이 간다.

「나무아미타불」의 「나무(南無)」는 두렵고 떨린다는 뜻이다. 불교에서는 두렵고 떨리는 그 상태를 성스럽다고 한다. 역시 「고」라는 것도 두렵고 떨리므로 성스럽다고 보는 것이다.

이러한 의식의 움직임으로써 상대할 때 성스러운 교법으로 작용하며 성스러운 지혜가 정말로 성스러운 지혜로서 우리들을 새롭게 하는 것은 이때이다.

그러면 불교에서 「성스러운 것」이란 어떤 것일까? 이것에 대한 답은 이미 옛부터 설명하고 있듯이 「성자정야」(聖者正也 : 성이란 올바른 것이다)라고 설명할 수 있다. 이것은 불교에만 있는 「성스러운 것」의 독특한 해석내용이다. 아마도 불교의 종교성에 관한 큰 맹점이 있었던 것이 아닐까 싶다.

고로 보고 두렵고 떨리는 사실을 바로 아는 것도 성스럽다는 뜻이다.

게는 그 껍질에 맞도록 구멍을 판다고 한다.
제행무상(諸行無常 : 모든 행위는 고정됨이 없이 유동적이며 변한다), 일체개고(一切皆苦 : 일체 모든 것이 고(苦))다.
게가 그 껍질에 맞도록 구멍을 파듯이 단편적으로 진리를 말하려 하였다. 여기에 모순이 있다.
게가 판 그 좁은 구멍이 우주일 수 없듯이 인생은 「고」이고 그 「고」는 두려움과 떨림이며, 그 두려움과 떨림이 성스럽다는 논리는 어불성설이며 진리일 수는 결코 없다.
진리는 좁은 구멍에만 통하는 것이 아니라 광대한 우주 공간에도 통해야 하는 것이 참 진리이다.

2. 기독교의 은혜

기독교는 은혜의 종교이다. 탄생, 삶, 죽음, 승천, 그 모두가 은혜이다.
『너희가 그 은혜를 인하여 믿음으로 말미암아 구원을 얻었나니 이것이 너희에게서 난 것이 아니요 하나님의 선물이다』(엡 2 : 8)고 말한다.
우리의 구원은 고(苦)에서 나온 것이 아니라 은혜에 있다.
『그러나 나의 나 된 것은 하나님의 은혜로 된 것이니 내게 주신 그의 은혜가 헛되지 아니하여 내가 모든 사도보다 더 많이 수고하였으나 내가 아니요 오직 나와 함께 하신 하나님의 은혜로라』(고전 15 : 10)고 기록하고 있다.
사도 바울은 복음전파를 많이 했으나 자기의 공로를 조금도 내세우지 않고 하나님의 긍휼하신 은혜라고 이야기 한다.
불교의 사고방식처럼 자기의 조그마한 구멍에 하나님의 은혜를 집어넣어 버리고 그외 모든 것은 자기의 힘과 노력으로 된 줄로 생각하고 있다.
하나님의 은혜를 이야기하면서 복음송에는 염세적이고 고(苦)를 부르짖고 음미하는 내용이 적지 않게 있다. 1천6백년의 불교 역사가 이땅에 내려 오면서 마음 속에 은연 중 인생이 고(苦)라는 사고가 깊이 스며들어 있는 것은 아닌가?
  크리스챤들은 사고를 정리하는 날마다의 개혁이 있어야 한다.
『나의 나된 것은 하나님의 은혜로다』.

강연을 하고 있는 필자

보살행(菩薩行)과 그리스도인

1. 불교의 보살행(菩薩行)

보살은 「나」라고 하는 것을 내세우지 않는다. 다른 사람을 위해서 좋은 일을 하겠다는 생각을 지니고 중생의 아픔과 고통을 자신의 아픔으로 삼고 중생의 아픔을 없애기 위해 원력(부처에 기원하는 것)을 세우고 생사속에 들어와 용감하게 사는 사람이 보살이다. 나를 위해 사는 사람은 보살이 아니다. 도인이 되기 위해 사는 사람은 아무리 열성이 강하더라도, 수도가 뛰어 나더라도 보살이 아니다. 보살은 거룩하고 훌륭한 모습으로만 보이는 것도 아니다.

우리들이 살아가는 모든 곳에 자신을 희생하며 타인을 위해 사는 사람들의 마음에 보살은 있는 것이다.

아파하고 괴로워 하는 사람을 의해 자기 생각을 안하고 헌신적으로 그 사람을 불쌍하게 생각할 때 그 사람은 보살이 된다. 이 세상을 행복하게 하고 자기 스스로도 일체의 여러가지 어려움을 갖게하지 않고 자기 이익을 생각하지 않는 사람이 보살이다. 천성적으로 남을 위해서 일생동안 헌신하면서 살도록 된 사람이 보살이다.

이러한 보살의 자세에 비추어 우리들의 자세는 어떤가 ?

원효대사는 『보살이 안된 처지에 성불하겠다는 소리는 틀린 것이다. 아무 것도 아닌 것으로 되라』고 가르치고 모범을 보였다.

보살의 길은 험하고, 멀고, 어렵다. 좌절의 가능성도 높고 또한 억지로 되지 않는다. 습관 때문이 아니라 하지 않고는 견딜 수 없는 그런 마음이 자연스레 일어나야 되는 것이 보살의 길이다.

-佛光 10월호에서-

2. 그리스도인

　기독교인은 누구나 예수님의 제자로서 그의 삶을 살아가려고 노력하는 사람이다.

　병을 치료받고 재산을 모으고… 하는 현실적인 복이 그의 목적이 될 수 없다. 이것은 부수적일 뿐이다.

　믿는 자들이,「그리스도인」이 되려는 그런 믿음의 사람이 가장 보람되고 행복한 삶을 사는 사람이다.

　『누구든지 하늘에 계신 내 아버지의 뜻대로 하는 자가 내 형제요, 자매요 모친이니라 하시더라』(마 12：50).

　그리스도인은 불교에서처럼 단순히 선행을 하는 것이 아니라 하나님 뜻에 준행해야 한다.

　『내가 그리스도와 함께 십자가에 못박혔나니 그런즉 이제는 내가 산 것이 아니요 오직 내 안에 그리스도께서 사신 것이라 이제 내가 육체 가운데 사는 것은 나를 사랑하사 나를 위하여 자기 몸을 버리신 하나님의 아들을 믿는 믿음 안에서 사는 것이라』(갈 2：20).

　그리스도인은 자신은 죽고, 부활하신 예수님과 함께 사는 삶이 되어야 한다.

　우리는 예수님과 같이 자기 자신을 십자가에 죽이지 않고 단순히 도덕적인 선행인 불교의 보살행을 하면서도 그리스도인이라는 착각 속에 살고 있지는 않는지？

　그리스도와 함께 죽고, 그리스도와 함께 산다면 도덕적인 선행은 자동적으로 이루어지는 것이다.

　불교의 보살행을 하듯이 기독교인들이 육신에 속한 원리로 삶을 살아가는 것이 실로 큰 문제이다.

　우리 크리스챤들은 예수께서 몸소 보이신 십자가의 승리의 삶을 살아가도록 노력해야 할 책임이 있다.

사랑에 대해서 ①

1. 불교의 자기 사랑(我愛)

불교에서는 자기보다 더 사랑스러운 것은 없다.

불교에 「말리(末利)」라는 경전이 있다. 이 경전은 인간적 사랑(愛)의 문제를 다룬다. 그 인간적 사랑의 취급방법은 불교의 무아(無我)의 가르침에 의해 지금까지 인상 받아온 것과는 달리 이 경전을 접하게 될 때 이상한 느낌이 들 정도로 다른 일면을 간직하고 있다.

「말리」라고 하는 경전은 원래 「말리카」라는 꽃 이름에서 온 것이다. 그 꽃은 작고 백색 혹은 황금색이며 머리를 꾸미는 장식을 만들기에 적합하다. 「프라세나짓트」의 왕비는 매일 이 꽃으로 머리꽃을 만들었다고 해서 붙여진 이름이다.

석가모니가 「기원정사」라는 절에 있을 때의 일이다. 그 때 왕 프라세나짓트가 찾아와서 그 소견을 말하면서 스승의 가르침을 기다렸다.

그 내용은 다음과 같다.

어느날 왕은 왕비인 말리카와 함께 성곽의 높은 누각에 올라가서 사방을 둘러보며 즐거운 시간을 보내고 있었다. 그 때 우연히 이 세상에서 중요하며 자랑스러운 것은 무엇일까 하고 생각했다.

결국 어쩐지 자기 자신인 것같이 생각되었다. 그래서 왕비를 돌아보며 물었다. 『말리카여, 당신에게는 무엇이 자기 자신보다 더 사랑스럽다고 생각하는가?』

『왕이여, 나에게는 자신보다 더 사랑스러운 것은 생각할 수 없습니다. 왕께서는 자기 자신보다도 더 사랑스러운 것이 있다고 생각하십니까?』

결국 두 사람의 의견은 일치되었다. 그러나 무엇인가 석연치 않아서 두 사람은 석가모니의 가르침을 들으려 찾아갔다.

석가모니는 조용히 왕의 말을 듣고 있다가 고개를 끄덕이면서 그 결론으로 노래로써 대답했다.

사람의 생각이란 어디에도 갈 수 있는 법 /
그러나 사람은 자기보다 /
더 사랑스러운 것을 찾을 수는 없으리라 /
그와 같이 모든 다른 사람에게도 /
자기는 다시 없이 사랑스러움을 아는 자는 /
다른 사람도 해(害)치지 말지니라 /

2. 기독교의 자기 사랑(我愛)

기독교는 하나님을 사랑함으로 남을 사랑하고, 맨 나중이 자기 사랑이다.

『우리에게 이르시되 아무든지 나를 따라 오려거든 자기를 부인하고 날마다 제 십자가를 지고 나를 좇는 것이니라. 누구든지 제 목숨을 구원코자 하면 잃을 것이요 누구든지 나를 위하여 제 목숨을 잃으면 구원하리라』(눅 9:23-24)고 했다.

불교에서는 먼저 이기적인 인간이 되고 난 후에 이타적인 사람이 되라고 가르친다. 그러나 기독교는 하나님 사랑 안에서 남을 먼저 사랑하고 그 다음에 자기를 돌아보라고 한다. 하나님을 사랑하듯이 이웃을 사랑하라고 교훈하고 있다.

동정심에 의해서 남을 도우면 안된다. 주님은 나 위해 죽으셨을 뿐 아니라 이웃 역시 주님께서 그를 위해 죽으셨다.

『예수께서 가라사대 네 마음을 다하고 목숨을 다하고 뜻을 다하여 주 너의 하나님을 사랑하라 하셨으니 이것이 크고 첫째되는 계명이요, 둘째는 그와 같으니 네 이웃을 네 몸과 같이 사랑하라 하셨으니』(마 22:37-39)라고 주님은 가르치고 있다.

사랑에 대하여 ②

1. 불교의 인간愛

　인간이면 누구나 자신에게 관심이 크다는 사실은 붓다 또한 긍정하고 있다.
　이것은 당연한 일이며 주목할 만한 가치가 없는 것처럼 보인다. 그러나 여기에 불교의 중요한 특색이 있다.
　사실 인간적 사랑을 긍정하고 있다는 것은 불교에 대한 여태까지 이미지와 상이하게 생각되기도 한다. 왜냐하면 무아의 가르침을 붓다 자신이 했기 때문이다.
　붓다가 늘 강조하면서 설명한 무아의 가르침이란 과연 자기를 사랑하면 안된다는 것을 뜻하는 것일까?
　아니면 인간에게 있어 자기 자신이 무엇보다도 소중하다는 것과 전혀 상반되는 가르침이었을까? 만일 그렇다면 잘 알려진 법구경의 다음과 같은 구절은 우리에게 이해하기 어려운 가르침이 될 것이다.

　자기의 의소(의지할 곳)는 자기 뿐이다 /
　다른 것에 어떠한 의소가 있겠는가 /
　자기가 능히 조어 되었을 때 /
　사람은 얻기 어려운 의소를 얻는 것이다 /
　비록 어떠한 큰 일이라 할지라도 /
　다른 것을 위해서 힘을 다하며 /
　자기의 의무를 소홀히 하여서는 안 되리라 /

자기의 의무를 알면서 언제나 자기의 의무에 전심전력 하라 /
만일 자기를 사랑하여야 한다는 것을 안다면 /
능히 자기를 지키리라 /
현명한 사람은 밤의 삼분(三分)가운데 /
일분(一分)은 각성(覺醒)하여야 하리라 … /

2. 기독교의 인간愛

불교는 본래 인간의 문제를 그 근본으로 한다.

불교가「인간의 종교」라고 불릴 수 있다면 기독교는「신의 종교」라고 불려져야 할 것이다.

이 사실을 좀더 명백히 하기 위해서 성경 한 구절을 인용한다.

『너희가 너희를 사랑하는 자를 사랑하면 무슨 상이 있으리요 세리도 이같이 아니하느냐 또 너희가 너희 형제에게만 문안하면 남보다 더 하는 것이 무엇이냐 이방인들도 이같이 아니하느냐』(마 5 : 46-47).

불교에서는 자신이 사랑스럽다는 감정은 본래의 감정이라고 생각한다. 우리들은 자기가 사랑스럽기 때문에 부모를, 아들을, 아내를, 친구를, 이웃을 사랑한다.

그러나 복음서는 그러한 사랑은 가치 없다고 말한다. 에로스 사랑은 끊어야 한다고 했다. 신적 사랑 즉 아가페 사랑을 가져야 한다고 하는 것이 기독교의 기본적 태도이다.

인간의 사랑과 신의 사랑은 전혀 다른 성질의 사랑이라고 말하고 있다. 오히려 이 두가지는 전혀 서로 상반되는 사랑의 모습이라는 것이 기독교에 있어서「사랑」에 관한 사고 방식이다. 그러나 아가페는 에로스를 감싸고 있다. 하나님을 사랑한 그 사랑이 넘쳐 인간을 사랑할 수 있다.

불교적 사랑으로는 갈등과 모순이 있고 참 평화가 없다.

기독교 사랑만이 인간 서로의 마음을 녹일 것이며 신의 평화가 넘치게 될 것이다.

백성의 참상을 보며

1. 불교의 원각국사

고려때 몽고족이 일본원정을 준비하면서 우리 백성을 못 살게 구는 것을 보고 경남 김해 감로사 주지 원각국사는 절에 있는 양식을 풀어서 가난한 백성을 구제하고, 70노구를 이끌고 원나라 황제에게 가서 탄원함으로 원의 황제가 국사의 인품에 감동, 부역을 두번이나 중지시킨 일이 있었다.

당시 개성의 사찰은 왕족과 권문세가와 어울려 팔관회, 연등회 등 나라살림을 탕진하며 호의호식을 일삼고 있었다.

원각국사는 백성과 같이 눈물 흘렸다.

영남의 참상 /
눈물이 앞선다 /
두 도(道)의 공출한 물자로 /
바닷가에서 전함을 만드는데, 부역도 평소의 백배 /
그 일이 삼년이 걸렸다. /
성화같은 물자의 징수… /
백성의 어깨도 쉴새 드무니 /
새벽녘 칡 뜨으러 산에 들어가 /
달빛 밟고 떼풀 베어 돌아오는 것 /
농부들은 사공으로 징발하고 /
바닷가 사람들도 씨를 말렸다 /
장정 뽑아 갑옷 입히고 /

젊은이 가려 무기 들리니 /
빨리 가라 독촉이 성화 같거니 /
어찌 잠시나마 때를 늦추랴? /
날로 심하게 병드는 백성들 /
지친 그 몸 무엇으로 소생시키리? /
일이란 일 모두 슬픔 돋구니 /
산다는 자체가 가련하기만! /
어떻게도 지탱할 길이 없지만 /
누구에게 하소연 한단 말인가? /
다행히 황제의 덕 하늘을 덮고 /
그 총명 일월같이 빛나시거니 /
어리석은 백성들 잠시만 기다리면 /
반드시 그 은혜 고루 미쳐서 /
이윽고 보리라 온 나라 안 /
집집마다 베게 높여 잠자는 양을 /

2. 기독교 예레미야 애가서
 어떻게 계약의 하나님이 거룩한 도성 예루살렘의 파괴를 묵인 하셨을까?
 이스라엘의 멸망을 슬퍼하는 깊은 감정의 표현에 있어서, 멸망의 원인이 되는 민족의 죄를 지적하면서 눈물로 호소하는 예레미야의 모습을 볼 수 있다.
슬프다 /
이 성이여 본래는 거민이 많더니 /
그가 이제는 과부가 되었구나 /
열국 중에 크던 자가 /
열방 중에 공주가 되었던 자가 /
조공 드리는 자가 되었구나 /
밤새도록 애곡하니 /
눈물이 뺨에 흐름이여 /

사랑하는 자 중에 위로하는 자가 없고 /
친구가 다 배반하여 원수가 되었도다 /
유다는 사로 잡혀 갔도다 /
환난과 많은 수고로 인하여 /
저가 열방에 거하며 /
평강을 얻지 못함이여 /
그 모든 핍박하는 자가 저를 쫓아 /
협착한 곳에 미쳤도다 /(애가 1∶1-4)
　우리는 여기서 종교지도자들이 백성의 아픔을 어떻게 보는가가 문제다.
　고려때 염불소리 요란했으나 종교지도자들이 백성을 외면했을 때 나라는 망하고 말았다.
　오늘날 종교지도자들이 하나님과 사람 앞에서 바로 서야 한다.
　집회가 많다는 것, 이것이 종교 부흥이 아니다.
　목소리 크게 외치는 민주주의, 이것이 참다운 민주주의가 아니다.
　민족의 죄를 지적하며 눈물로 호소하는 여레미야의 모습을 모든 종교지도자는 깊이 간직해야 할 것이다.

죄의 본성?

1. 불교의 견해

신심명(信心銘)은 중국의 달마로부터 3대째의 제자인 승찬이 지은 글이다.

명(銘)이란 일반적으로 금석(金石), 그릇, 비석 따위에 남의 공적 또는 사물의 내력을 찬양하는 것을 내용으로 하여 새긴 한문 글귀를 말한다.

신심명은 승찬대사가 처음 부처를 믿고자 하는 마음이 일어날 때부터 마지막 성불할 때까지 가져야 하는 신심에 대해 사언절구로 남긴 시이다. 옛부터 수도인의 좌우명으로 되어 왔다.

승찬은 본래 대풍질(문둥병의 일종)이라는 큰 병에 걸려 죽을 지경에 놓여 있었다.

달마의 제자 혜가에게 찾아가서『제자는 문둥병을 앓고 있습니다. 저의 죄를 참회케 해주소서』라고 말했다.

『죄를 가져 오너라. 참회시켜 주리라.』

『죄를 찾아도 찾을 수 없습니다.』

『그렇다면 그대의 죄가 모두 참회되었느니라. 그대는 그저 불·법·승 삼보에 의지하여 평안함을 누려라.』

승찬은 혜가에게 또 다시 물었다.

『화상을 만나 승보(僧寶)는 알았으나 어떤 것을 법보(法寶), 불보(佛寶)라 합니까?』

『마음이 부처이며 또한 법이니라. 법과 부처는 둘이 아니요, 승보도 또한 그렇다.』
 승찬은 혜가의 대답을 듣고 다음과 같이 말했다.
 『오늘이야 비로소 죄의 성품은 마음 안에도, 밖에도, 중간에도 있지 않음을 알았으며 마음이 그러하듯 불보와 법보도 둘이 아닌 줄 알았습니다.』

2. 기독교의 견해

 창세기에 보면 아담이 불순종 하므로 죄가 세상에 들어왔다고 한다.
 『이러므로 한 사람으로 말미암아 죄가 세상에 들어오고 죄로 말미암아 사망이 왔나니 이와같이 모든 사람이 죄를 지었으므로 사망이 모든 사람에게 이르렀느니라』(롬 5 : 12).
 『내가 죄악 중에 출생하였음이여 모친이 죄중에 나를 잉태하였나이다』(시 51 : 5).
 『마음에서 나오는 것은 악한 생각과 살인과 간음과 음란과 도적질과 거짓증거와 훼방이니』(마 15 : 19).
 죄는 마음에서 나오며 죄악 중에서 잉태된다고 말한다.
 불교에서는 죄를 인정하려 하지 않고 일장춘몽이오 환상과 같다고 한다. 마음 안에도 밖에도 없으며 그저 공(空)이나 무(無)로 돌린다. 죄의 본성을 인정하지 않으니 자기가 한 행위에 책임질 하등의 이유가 없다. 양심의 마비상태에서 살아가는 것이 불교인의, 아니 도인의 최상급의 생활이다.
 기독교는 죄의 원인과 결과 등 그 본질에 대해서 잘 말해주고 있다.
 마음에서 죄악이 나온다고 한다. 이 마음도 내가 어떻게 할 수 없다.
 마음의 주인이 되시는 하나님께 회개하고 간구하는 것 뿐이다.
 기독교인은 적어도 자기가 한 행동에 대해서 하나님과 사람 앞에서 최소한의 책임을 질 줄 안다.

불교는 죽음의 종교로 영적으로 갈급할 줄 모르며 회개할 줄 모른다.

생명의 종교인 기독교만이 영혼이 목말라 갈급하며 죄에 대해 오뇌의 울음을 터뜨릴 줄 안다.

메마른 사회를 탄식함이 아니라 메마른 자신의 영혼에 대해 탄식해야 할 것이다.

불교의 허구성에 대한
강연을 하고 있는 필자

불교와 기독교에서 「참다운 친구」란

1. 불교의 「친구」

불교 교단의 대중들이 다 「선한 벗」이다. 장로도, 신참 대중도 서로가 선한 벗이며 스승도 제자도 모두 그렇다. 그리고 그 중에 고타마(석가의 어릴 때의 이름)도 예외는 아니었다.

불경 중에 상응부(相應部)의 선우(善友)라는 제목의 설법이 있다.

그 내용을 살펴보면 다음과 같다.

고타마와 그 제자들의 일상생활은 아직 해도 뜨기 전인 이른 새벽에 일어나는 것으로 시작된다. 그후 아침 공기가 상쾌한 거리나 마을로 탁발을 나간다. 그제서야 동녘 하늘이 밝아오고 햇빛이 비치기 시작한다.

고타마는 그 아침해가 떠오르는 것을 비유해서 제자들에게 이렇게 설한다.

『비구들이여 그대들은 아침해가 떠오르는 광경을 잘 알고 있으리라. 해가 뜨기에 앞서 먼저 동쪽 하늘이 밝아 온다. 이윽고 빛이 쫙 비치고, 해가 떠오른다. 즉 동녘 하늘이 밝아오는 것은 해가 뜨려는 징조이며 선구이다.』

아침 일찍 거리로 향해 탁발(밥 얻는 것)에 나서면 오른쪽의 광활한 초원 저쪽에서 해가 솟아 오르고, 왼쪽 초원에는 비구들의 그림자가 길게 드리운다. 비구들이 매일 아침마다 보는 그 정경을 마음속에 그린다. 그리고 스승의 설법에 귀를 기울인다.

이 모습을 보는 석가는 또다시 설법을 한다.
『비구들이여 그와 마찬가지로 그대들이 여덟 갈래의 길(八正道)을 닦으면 역시 그 징조가 보이고 그 선구가 생기노니 그것은 참다운 벗을 사귀는 일이다.
그러므로 비구들이여 참다운 벗이 있는 비구는 머지않아 팔정도를 배우고 닦아 마침내 성취하리라는 것을 기대할 수 있는 것이다.』
불교에서는 여러가지 실천 덕목이 있지만 그 가운데에서도 가장 포괄적이고 기본적인 실천 요강이 이 팔정도이다.
바른 사상, 바른 언행, 바른 수행을 여덟항목으로 나누어 전개한 것이다.
석가선생은, 참다운 친구가 있는 수행자는 반드시 그 실천요강의 관철을 기대할 수 있다고 설법한 것이다.

2. 기독교의 「친구」

예수님도 그의 제자들을 친구라고 불렀다.
누가복음 12장 4절에 『내가 내 친구 너희에게 말하노니 몸을 죽이고 그후에는 능히 더 못하는 자들을 두려워하지 말라』라고 했다.
사람들을 의식하여 자신의 참 마음을 감춤으로써 자신을 속이지 말고 삶과 죽음의 궁극적인 힘을 가지신 하나님을 두려워함으로써 신앙에 부끄러움이 없는 행동을 하라는 것이다.
불교는 친구들과 어울려 서로 눈치보며 의식함으로써 바른 실천덕목에 이를 수 있다고는 하나 자못 형식적일 수가 있다. 그러나 기독교는 사람이 아닌 하나님 앞에 어떻게 바로 서고 행동하는가 하는 이것이 문제이다.
요한복음 15장 13-15절에 『사람이 친구를 위하여 자기 목숨을 버리면 이에서 더 큰 사랑이 없나니 너희가 나의 명하는 대로 행하면 곧 나의 친구라 이제부터는 너희를 종이라 하지 아니하리니 종은 주인의 하는 것을 알지 못함이라 너희를 친구라 하였노니 내가 내 아버지께 들은 것을 다 너희에게 알게 하였음이니라』
 예수님은 죄인된 우리를 위해 친히 죽으셨으며 우리를 향해 친구라 브른다. 친구를 위하여 목숨까지 버리면서 죄악에 허덕이는 친구를 구원하는 것이 참다운 친구라고 가르친다.
 불교에서는 자기 짐을 자기 스스로 지고 고해 같은 이 세상을 살아간다. 친구를 의식하며 실천 덕목을 행하고 있다. 그렇기 때문에 참다운 친구는 없다.

해탈과 구원

1. 불교의 해탈

─불은 땔감이 있는 동안만 탄다. 다 타고 난 그 불은 어디로 갔을까? 어디로 간 것이 아니라 다만 꺼졌을 뿐이다.─

이 문제에 대한 석가선생의 해답은 불교용어로는「니르바나(nirvana : 열반)」이다.

석가선생이 사밧티의 남쪽 제타숲 정사에 있을 때의 일이다. 거기에 외도(이교도)의 사상가 바라굿다라는 자가 찾아왔다.

바라굿다는 석가선생의 사상에 대해 여러가지 질문을 한다. 그런데 문제가「해탈」에 이르자 그의 질문은 아주 엉뚱한 방향으로 나아갔다.

그가 이렇게 질문했다.

『그렇다면 석가선생이여, 당신의 제자들은 해탈했을 때 어디에 나게 됩니까?』

『바라굿다여 어디로 가서 태어나는 것이 아니오』

『그럼 그들은 아무 데도 안갑니까?』

『바라굿다여 그렇게 생각하는 것은 매우 잘못된 생각이오』

불교에서의 해탈이란「해방」또는「자유」의 개념을 지니고 있는 술어로 불교에서는 흔히〈해탈, 열반〉이라고 한다. 격정의 속박에서 해탈하여 열반의 경지에 이른다는 것이다.

그런데 바라굿다는 사후의 생에 대해서만 관심이 있었으므로「해탈」이라는 개념에 대해서 석가와 아무리 대화를 해도 풀리지 않았다. 바라굿다는 어디엔가 태어나는 것이 아니라는 점을 이해할 수가 없었던 것이다. 그래서 이번에는 석가선생이 질문자가 되어 그를 리드하기 시작했다.

『바라굿다여 그러면 내가 묻겠소. 만약에 여기 불이 타고 있다면 그대는 어찌 생각하겠오?』

『선생이시여 그것은 다만 불이 타고 있을 뿐입니다.』

『바라굿다여 그렇소. 그런데 그 불이 왜 타고 있느냐고 묻는다면 그대는 어찌 대답 하겠오?』

『그야 연료가 있으니까 타지 않겠습니까?』

『바라굿다여 만약 그 불이 꺼졌다면 그대는 무엇이라 하겠오』

『그저 불이 꺼졌을 뿐입니다.』

잠시 숨을 몰아 쉰 후 석가선생은 다시 질문을 했다.

『그렇다면 바라굿다여 그 불은 꺼져서 어디로 갔습니까?』

『그것은 질문이 좀 이상합니다. 그 불은 연료가 있어서 타다가 연료가 다 되어서 꺼졌을 뿐입니다. 그런데 꺼진 불이 어디로 갔느냐고 질문하면, 그 질문 자체가 잘못된 것입니다.』

여기서 불교의 해탈은 우리 몸이라는 정욕적인 연료가 있어서 각종 번뇌의 불길을 태우다가 죽으면 불이 꺼져버리는 것 같이 공(空) 즉 무(無)로 돌아간다는 것이다. 그야말로 허무주의이며 염세적이다.

2. 기독교의 구원

기독교에서는 인간을 하나님의 형상을 닮은 영원 불멸한 존재라고 말한다. 마땅히 하나님께로 들아간다.

불교에서처럼 불이 꺼져버리는 것같이 영혼이 없어지는 것이 아니다.『하나님이 세상을 이처럼 사랑하사 독생자를 주셨으니 이는 저를 믿는 자마다 멸망치 않고 영생을 얻게 하려 하심이라』(요 3:16).

죄인된 인간이 예수 그리스도로 말미암아, 그를 믿음으로 영원히 하늘나라에서 산다. 그와 반대로 예수 그리스도를 믿지 않는다면 영원히 지옥불에서 고통을 당해야 한다.

　불교에서처럼 허무주의에 바탕을 둔 것이 아니며, 권선징악의 성질도 아니다. 창조주 하나님의 주권적인 사역으로 이루어 가는 역사적 사실이다.

　불교에서처럼, 불이 꺼져가는 것처럼 힘없는 자유가 아니다.

　하나님이 살아계심을 믿고, 영혼 불멸을 믿으며 주 예수 그리스도를 믿음으로 참다운 자유가 주어진다.

出家와 所有

1. 불고의 출가 소유

「고타마는 우리들의 참된 친구다」라는 설법이 있다.

출가란 간단히 말하면 집을 떠나고 머리를 깎고 나무 아래 풀 위에 머물며 삼의일발(三衣一鉢)만으로 평생을 사는 것이다.

고타마는 금욕주의자는 아니었다. 그러면서도 출가의 형식은 매우 엄격했다.

아마도 이 세상의 여러가지 생활형식 중에서 가장 간소한 것이라고 생각하면 될 것이다.

출가란 집을 떠난다는 뜻이며 집을 나간다는 그 정신은 모든 것을 버리고 아무것도 소유하지 않은 생활로 들어가는 것이다.

첫째, 식사생활은 빌어 먹어야 한다. 이른바 탁발에 의한 생활이다.

둘째, 의생활이다. 이른바 가사의 분소의(넝마)이다.

셋째, 주생활이다. 이른바 나무 아래 풀 위에서 사는 생활이다.

넷째, 의약이다. 진기약이어야 한다. 오늘날 이 진기약의 정확한 규명을 못하고 있다.

이와같은 출가자의 생활 모습은 옛부터 「삼의일발」 또는 「수하석상」(樹下石上)이라는 말로 표현했다.

삼의란 대의(大衣), 상의(上衣), 내의(內衣)를 말한다. 일발이란 음식을 담는 그릇을 말한다. 거기에 한사람의 하루분 양을 담기 때문이다.

비구들은 이 발우(밥그릇)를 들고 마을이나 동네에 가서 문전에서 남의 음식을 빈다. 마치 동냥아치와 똑 같다. 그것을 탁발이라고 한다. 그들은 하루하루의 생활을 그 발우에 의탁하고 있기 때문이다. 또 출가자의 생활은 일정한 거처를 갖지 않는 것을 원칙으로 한다. 즉 나무 아래 풀 위의 생활이며 다른 표현으로는 운수행각(雲水行脚, 行雲流水)의 생활인 것이다.

고타마 당시에도 이미 몇몇 정사(절)가 신도들에 의해 기증되기도 했지만 그것들이 출가자들의 상주하는 주거지는 아니었다. 오히려 구름 가듯이 흐르는 물처럼 정한 곳 없는 생활이 이상이었으며 심지어는 한 나무 아래에서는 삼숙(三宿)도 하지 않는 것이 규칙이었다.

2. 기독교의 출가 소유

예수님도 제자들을 불러서 복음전도를 위해 파송했다(막 6 : 7-13, 마 10 : 5-14, 눅 10 : 1-24).

예수님은 제자들을 길거리에서 밥을 얻어 먹으면서 노숙시키지 아니하고 간소한 복장을 하고 하나님의 종으로서 가정에 들어가서 검소한 대접을 받고 하늘나라의 복음을 힘있게 전파하도록 능력을 주셨다.

이 세상의 물질적인 향락을 누리지 말고 하늘의 소망을 가지고 하나님께서 주신 물질을 검소하게 선하게 사용하라고 교훈하신다.

불교에서는 염세적인 사고로써 출가하여 자기 한 평생을 무의미하게 그저 흘러가며 살아 가는 것이다.

그러나 기독교에서는 기쁨으로 하늘나라의 복음의 기쁜 소망을 가지고 힘차게 세상에 나아가서 변화시키면서 살아간다.

요즘 불교도 많이 변했다. 탁발승도 없을 뿐 아니라 산사에도 문명의 풍요를 누리어 자가용 승용차를 굴리며 비디오를 감상할 정도가 되었다.

우리는 예수님께서 제자들을 파송하는 그 사명, 그 명령을 바로 깨닫고 물질의 청지기 노릇 잘하며 세상을 향해 나아가야 한다.

자유의지에 대해

1. 불교의 의지

화엄경에서는 산과 시냇물이 따로따로였다. 거기에 사람이 끼더라도 산따로, 물따로, 사람따로여서 연결의 고리를 찾지 못했다. 그러나 화엄경의 사사무애법계(事事無碍法界)에서는 사정이 달라진다. 사람이 산이고 산이 물이고 물이 사람이다. 서로 맺어진다. 이런 세계를 깨닫는 것이 화엄경의 세계이다.

예를 들어 만년필을 가지고 글을 쓴다면 만년필에는 글쓰는 자의 「의지」가 있다. 만년필은 그럴때 더 이상 「한 물건」이 아니다. 「자신의 몸」으로 체화한 살아있는 존재가 된다. 의지와 물질의 결합인 것이다.

선종에서는 시아귀(施餓鬼)라 불리는 행사가 자주 열린다. 죽은 사람에게 음식을 올리는 의식이다. 시아귀단(施餓鬼壇)의 한가운데 「三界萬靈」이라 쓴 커다란 위패가 놓이고 둘레에는 우란분(于蘭盆)에 새로이 맞이한 망자의 작은 위패가 몇개 놓인다.

사사무애법계는 다른 말로 하면 이러한 삼계만령의 세계이다. 「萬靈」의 「靈」은 영혼이 아니라 「의지」이다. 즉 이승이나 저승을 포함한 모든 세상에 「존재하는 의지」이다.

일본인은 바늘공양이나 붓공양을 즐겨한다. 왜냐면 침은 물건에 불과하고 붓도 마찬가지이지만 오랫동안 쓴 바늘에서 그동안 수고했음을 기리라고 식을 올린다. 생명없는 미물에 불과하지만 거기엔 삼계만령의 의지가 깃들어 있는 것이다. 단순한 사물처럼 보일지라도 반드시 의지를 포함하고 있음을 느껴 알아야 한다.

2. 기독교의 자유의지

자유의지가 하나님으로부터 주어졌다. 하나님의 자유의지를 그의 형상대로 지음을 받은 인간에게만 주었다(창 1 : 26-28). 결코 짐승이나 무생물에게는 주시지 않았다.

인간은 자연을 정복하고 다스리며 개조한다. 이것은 인간의 능력과 지혜로 하는 것이 아니라 하나님이 주신 자유의지의 산물이다.

불교에서는 인간의 의지가 모든 만물에게 전달, 만물을 숭배의 대상으로 본다. 그러나 인간이 자연에게 부여하는 것은 의미이지 의지는 아니기에 큰 오류를 범하고 있는 것이다.

불교 경전 중에 가장 위대하다는 화엄경은 「의미」와 「의지」를 분별하지 못하는 어리석음을 나타내었다고 본다.

「의미」는 감각과 이성을 가진 인간이 스스로의 힘으로 자연만물에 부여하는 과정이라 본다. 그러나 「의지」는 나약한 피조물인 인간 스스로의 힘에 의해서가 아니라 창조주 하나님으로부터 그의 형상대로 지음을 받았을 때 우리 인간에게만 주어지는 신의 은총이라고 본다.

「의미」에서는 존경심이 나올 수 있다. 반면에 「의지」에서는 경배와 숭배가 당연히 이루어진다. 하나님 한분 밖에는 숭배의 대상이 결코 존재할 수는 없는 것이다.

불교에서는 신의 은총인 「자유의지」가 없으니 죄악으로부터 놓임받는 진정한 자유를 만끽할 수는 없다. 단순히 「의미」만 부여하는 자기 도취의 상태에서 약간의 만족을 누릴 수가 있을지는 모른다.

그러나 진정한 것은 기독교의 복음 뿐이다. 하나님께서 주시는 무한한 자유의지에 따라 인간의 진정한 자유와 행복을 추구할 수 있는 것이다.

우리는 이 은총인 자유의지를 어둠에 처한 이웃들에게 전하여 주어야 하리라.

마음의 두얼굴

1. 불교의 입장

불교에서는 부처와 중생의 마음은 같다.「마야천궁보살설게품」(摩夜天宮菩薩説揭品)에는「부처, 중생, 그리고 마음, 이 셋은 아무런 차이가 없다」라는 구절이 있다. 즉 일상인의 마음과 부처 중생 사이엔 간격이 존재하지 않는다는 말이다.

우선 부처와 중생을 비교해 보면「부처」는 초월적이고 별난 존재라 여기는 것은 착각이다. 부처와 중생은 같다. 부처가 미륵하면 중생이 되고, 중생이 깨치면 부처일 수 있다. 동일한 것이 길을 잃으면 중생이고 깨달음 쪽으로 향하면 부처이다.

그런데 우리는 부처가 무엇일까? 어디에 있는 것일까? 하고 찾아 나선다.

결국「내 속에 있구나」하고 깨닫는다.

백은(白隱)의 조선화찬(坐禪和讚)에서「중생은 본래 부처이다. 마치 물과 얼음의 관계처럼…」이라 말한다.

물이 얼면 얼음이고 얼음이 풀리면 물이듯 중생과 부처는 다른 것이 아니다. 그래서「부처」「중생」「마음」은 하나이므로「다르나 간격이 없다」고 했다.

마음이 어떤 상태에 있느냐가 중요한 문제일 수밖에 없다. 마음가짐에 따라 부처도 되고 중생도 된다. 마음을 잡으면 부처이지만 흐트러지던 중생이 되었다가 심하면 야차(夜叉 : 흉악한 존재)로 변한다.

요즘 흉악한 범죄가 꼬리를 물고 일어난다. 누구라도 죽여버려야겠다는 이런 마음은 누구에게라도 일어날 수 있다. 다만 실행하지 않을 뿐이다.

불교의 무대에서 보면「저질렀다」해서 나쁘다고 생각지 않는다. 불교적 세계관에서는 악인은 없다고 한다.「마(摩)가 씌었다」는 말이 있듯이 인간의 마음은 한 순간에 부처가 되고 한순간에 미치광이가 된다.

2. 그리스도 예수의 마음

기독교에서는 그 마음이 하나님을 떠나 있을 때는 죄인의 위치에 머문다. 행동도 문제이지만 그 마음의 상태, 즉 그 마음의 중심이 어디에 있었는가가 문제이다.

『형제를 보고 노하는 자마다 살인 죄를 범한 것이며 여자를 보고 음욕을 품는 자마다 마음에 이미 간음하였느니라』(마 5:22, 28) 라고 예수님은 말씀했다. 사람은 연약해서 악한 생각을 품을 때마다 죄를 짓고 죄인의 상태에 머문다.

그런데 우리 인간의 힘으로는 어떻게 할 수가 없다. 성령께서 마음에 악한 생각을 가지지 않도록 도와주시지 않으면 한 순간도 죄에서 헤어날 길이 없다.

빌립보서 2장 5-8절에『너희 안에 이 마음을 품으라 곧 그리스도 예수의 마음이니 그는 근본 하나님의 본체시나 하나님과 동등됨을 취할 것으로 여기지 아니 하시고 오히려 자기를 비어 종의 형체를 가져 사람들과 같이 되었고 사람의 모양으로 나타나셨으니 곧 십자가에 죽으심이라』고 기록하고 있다.

불교에서는 마음 상태도, 행동의 책임도 지지 않는다. 마음의 상태를 바라보면서 스스로 평정을 찾으려 한다. 그저「마에 씌었다」고 말하며 아무런 노력도 헤어날 길도 찾지 않는다.

그러나 기독교에서는 예수님께서 인류의 죄짐을 대신 지고 십자가에 죽으시고 부활하심으로 죄로부터, 마귀로부터 승리하셨다.

그 결과 우리는 죄악으로부터 이끌려 다니는 악한 마음이 아니고 죄로부터 놓임 받고 감히 마귀가 접근하지 못하는 예수 그리스도의 마음을 우리는 성령의 도우심으로 품을 수 있는 것이다.

경건에 대한 교훈

1. 佛敎의 경건

　불교의 나가라주나(용수보살)는 기독교의 바울에 견줄만한 사상가요, 저술가로 불교교리를 체계화하는데 이바지하였다. 그의 저서 「대지도론」(大智度論)에 있는 필릉가바차의 이야기를 소개하겠다.
　장로인 필릉가바차는 항상 안질을 앓았던 사람으로 탁발을 나가 갠지스강에 닿아서는 손가락으로 물을 튕기면서 이렇게 말했다.
　『×할놈. 일단 검춰 물을 흐르게 하지 말라』
　그렇게 말하자 즉시 강은 둘로 갈라져서 그는 그 사이로 지나 탁발까지 갔다.
　이 갠지스강의 수신(水神)은 석가모니께 가서 말하길 『불제자인 필릉가바차는 언제나 저를 욕하고 있습니다. 「×할놈」하면서 일단 멈춰서 둘을 흐르게 하지 말라라고 말합니다.』
　석가모니는 필릉가바차에게 말했다. 『갠지스강의 수신(水神)에게 자기 잘못을 사과하고 참회하여라.』 이러자 그는 즉시 양손을 합장하고 갠지스강의 수신에게 이렇게 말했다.
　『×할 놈, 부디 화내지 마십시요. 나는 지금 나의 과실을 사과하고 당신에게 참회합니다.』
　이때 많은 사람들은 이것을 보고 웃었다.
　『어째서 자기 과실을 사과하고 참회하는데 또「×할 놈」하고 욕하는가?』

석가는 그 수신에게 말하길 『그대는 필릉가바차가 합장을 하고 자기 과실을 사과하며 참회하는 것을 보지 않았습니까? 이미 사과하여 교만한 마음도 없는데도 이 「×할 놈」이라는 말이 나오고 마는 것입니다.』

『이것이 악심에서 나온 것이 아니라는 걸 알지요. 이 사람은 항상 스스로 교만하고 남을 멸시해 온 행동 때문에 습관이 되어 버린 말을 입밖에 내어서 말한데 지나지 않습니다. 마음 속에 교만은 없습니다.』

2. 기독교의 경건

기독교는 경건한 삶을 살도록 예수님의 제자들로부터 오늘날 모든 평신도에 이르기까지 교훈해 주고 있다.

딤전 4장 6-8절에 나타난 바와 같이, 기독교인은 경건에 이르는 연습을 인본주의적으로 할 때 바로 외식이 되며, 하나님 중심인 신본주의로 할 때 참다운 하나님의 능력이 나타날 것이다.

눅 2장 25절에 기록된 시몬, 행 10장 1-2절의 고넬료, 행 22장 12절의 아나니아 같은 사람들은 경건의 대표적인 인물이다. 그들은 많은 주님의 일을 하였지만 겸손하였고 권위주의자는 아니었다.

기독교에서도 이른바 강단에서 하나님의 말씀을 전한다 하면서 욕설이나 비열한 말을 함부로 사용함으로써 자기의 권위를 세우려는 사람이 적지않게 있다. 이것이 오늘날의 문제점이다.

광야에서 외치는 세례요한의 설교 중 『독사의 자식들…』은 경건한 생활의 모범을 보인 그가 가슴이 터질듯하여 회개의 메시지를 전하는 것으로, 오늘날 욕설이나 지껄이는 부류들과는 엄연히 구별되어야 한다.

불교에서는 석가모니가 사람의 습관은 고칠 수 없으니 용서하라고 한다. 그러나 기독교에서는 흙을 빚어서 사람을 만들고 코에 생기를 불어 넣은 창조주 하나님의 능력으로 경건에 힘쓰도록 연습하면 얼마든지 변화될 수 있다고 가르치고 있다.

필릉가바차에게 석가모니가 사과하라고 한데에는 「뉘우침」의 기미가 들어가 있어야 하기 때문에 아무리 습관 운운하지만 욕지거리를 하며 하는 말은 참회일 수 없다. 경건의 도(道)와는 거리가 멀다.

독사의 비유

1. 佛敎의 毒蛇喩經

불교의 독사유경에서는 다음과 같이 설하고 있다.

어떤 사람이 왕에 대해 죄를 지었다. 왕은 그에게 한 상자를 손에 꼭 들고 있게 하였다. 상자 안에는 네 마리의 독사가 있었다. 왕은 죄인에게 칙명(勅命)하여 그 독사를 감시 양육케 하였다. 이 사람은 생각하였다.

『한 마리를 기르는 것도 어렵다. 더구나 네 마리씩이나, 어림도 없다.』

그리하여 즉시 그 상자를 버리고 도망쳤다. 왕은 다섯사람으로 하여 금칼을 빼들고 그를 뒤쫓게 하였다. 죄인이 달아나는 도중 또 한 사람이 있었다. 입으로는 따르는 체하였으나 마음 속으로 중상하려고 원하고 있었다. 이 사람이 죄인에게 말했다.

『기르는데 도리가 있다면 거기에도 또 고통은 없습니다.』

그러나 그 죄인은 그의 생각을 깨닫고 급히 달려서 생명을 구했다. 그리하여 사람이 살고 있지않는 한 마을에 이르렀다. 거기에 한 사람의 선인(善人)이 있어 여러 가지 수단으로 얘기하였다.

『이곳은 도적이 머무는 곳입니다. 당신이 지금 여기 머물러 있으면 반드시 도적에게 해를 입습니다. 여기 머물지 않도록 하십시요.』

그래서 그 죄인은 또 거기를 떠나서 한 큰 강가에 이르렀다. 강 건너쪽은 즉 다른 나라로서 그 나라는 안락하고 평탄하고 청정하여 모든 환난이 없었다. 그래서 많은 초목을 모아서 묶어 그것을 뗏목으로 하여 나아갔다. 네 마리의 독사라는 것은 네가지 요소(地水火風)이다. 다섯겹의 칼을 뺀 도적이란 것은 다섯가지 구성요소의 모임(色·愛·想·行·識 : 색수상행식)이다.

입으로는 좋은 말을 하며 마음이 나쁜 것을 생각하는 것은 집착이다. 사람이 없는 빈 마을이라는 것은 여섯가지 감각 요소(눈·귀·코·혀·몸·마음)이다. 거기를 습격하는 도적이라는 것은 여섯 개의 영역, 색(色) 성(聲) 향(香) 미(味) 촉(觸) 법(法)이다. 한 사람이 연민하여 얘기해 주었다고 하는 이 사람은 선사(善師 : 선한 스승이라는 뜻)이다.

2. 기독교의 비유

기독교에서는 독사를 죄악의 최상의 심벌로 여긴다. 창세기에 우리 인간도 죄악으로 물들게 하고 타락하게끔 한 것이 독사였다.

마 3 : 7에 보면 요한은 바리새인과 사두개인에게, 중심으로 간절한 회개가 깃들인 것이 아니고 형식적이고 의식적인 행위로서 세례에 참여하려고 하기 때문에 『독사의 자식들아』라고 불호령을 내렸다. 예수님도 회개하지 않은 완악한 심정을 『독사』라고 표현하였다.

인간은 죄 문제를 佛敎的인 방법으로써 도망하려고, 자기의 힘으로써 회피해 보려고 하지만 결코 되지 않는다. 인간의 방법을 모색하고 추구할 때 자기의 행위의 가치를 내세우는 공적 사상이 만연한다.

여기에는 필수적인 고행주의가 뒤따른다.

그러나 인간의 죄(罪) 문제는 독사의 상자를 피해서도 안된다. 오직 예수 그리스도의 보혈의 공로를 의지해서 겸손히 간절한 회개가 있을 때 사함 받는다.

그러나 우리의 냉혹한 실정은 자기 공조을 앞세우며 『헌금을 많이 함으로써···』 『40일 금식기도로』 등의 간판을 들고 나오므로 예수님의 십자가의 구속사역이 인간의 얄팍한 공적에 차츰 밀려

나고 있지나 않은지.

  우리는 불교적인 방법으로 죄악의 독사를 물리칠 수가 없다. 오직 예수님의 피로서만이 승리할 수 있다. 우리 모두 다시금 위대한 예수님의 구속사역에 감사하자.

몸과 귀신

1. 佛敎에서의 의미

어떤 사람이 먼곳에 심부름을 갔다가 혼자 빈집에 묵게 되었다. 그러자 밤중에 한 귀신이 시체를 메고 와서 그앞에 놓았다. 그러자 다른 한 귀신이 그 뒤를 쫓아와서 앞의 귀신에게 화를 내며 말했다.

『이 사자(死者)는 내것인데 너는 어찌하여 그것을 차지하려 하느냐?』

먼저 귀신이 말하였다.

『이것은 분명히 내가 가지고 왔다.』

두 귀신이 각각 사람의 한쪽 팔을 잡고 그것을 빼앗으려고 다투었다. 앞의 귀신이 말했다.

『여기 한사람이 있다. 그 사람에게 물어보자.』

뒤의 귀신이 즉시 물었다.

『이 죽은 사람을 누가 메고 왔는가?』

이 사람은 생각하였다. 만약 바른말을 하면 뒤의 귀신이 죽일 것이다. 그렇다고 어찌 거짓말을 하겠는가. 그래서 말하였다.

『앞의 귀신이 메고 왔소.』

그러자 뒤의 귀신이 크게 노하여 사람의 팔을 뽑아버렸다. 앞의 귀신은 죽은 자의 팔을 떼어 그 사람에게 문지르자 즉시 들어 붙었다. 이와 같이 하여 몸 전체를 죽은 자와 바꾸었다. 그 사람은 생각했다.

(지금 내 몸은 고조리 남의 살이다. 나는 지금 몸이 있는건지

없는건지 도무지 알 수가 없다.)
 이런 생각에 그 사람은 미친듯이 고민을 하였다.
 그 이튿날 그곳을 떠나 전에 자기가 살던 나라에 이르렀다. 그곳에는 많은 수행자가 있었다. 그는 수행자들에게 자기의 몸이 있는가, 없는가를 물었다. 많은 비구는 의아하여 물었다.
 『당신은 도대체 누구요?』
 그가 대답하기를
 『나자신도 내가 사람인지 아닌지 모르겠습니다.』고 말하면서 많은 수행자들에게 자신이 겪은 지난 이야기를 설명하였다. 많은 비구는 말했다.
 『이 사람은 스스로 무아(無我)를 알고 있다. 피안에 건너 가는 것이 용이하다.』

2. 기독교의 몸과 귀신
 기독교에서는 사람의 몸을 하나님께서 친히 그 형상대로 빚어 만드시고 코에 생기를 불어 창조하셨다. 또한 우리의 몸은 거룩한 성전이라고 하셨다. 그러므로 인간의 몸은 어디까지나 창조주 하나님의 소유이다.
 그런데 우리 몸에 사탄의 종인 더러운 귀신이 역사할 때 그 사람의 몸 속에 있는 하나님의 역사가 잠시 중단되어 귀신이 시키는대로 움직이는 것이다. 이런 사람을 위해 예수님은 귀신을 쫓아내고 하나님의 형상을 회복시켜 주고 참 자유도 주셨다.
 마태 12장 28절에 『내가 하나님의 성령을 힘입어 귀신을 쫓아내는 것이면 하나님의 나라가 이미 너희에게 임하였느니라』(참조 마 8:16, 막 1:25-26)하신 말씀처럼 기독교에서는 귀신의 역사를 결코 방관하지 않는다. 귀신의 역사를 방관할 때 자신의 존재의미를 상실하고 초라한 모습의, 곧 「무아(無我)」라는 이름아래 자기 합리화의 변명을 늘어놓게 되는 것이다. 그러나 기독교인들은 하나님의 권세로 귀신을 쫓아내고 하나님의 자녀로 자아를 뚜렷이 인식하여 찬양과 경배로 살아가는 것이다.
 귀신에 이끌리어 자기 몸의 존재를 잊고서 방황하는 저들에게 복음의 밝은 빛을 비춰주자.

사랑과 도취

1. 佛教의 사랑과 도취

서경보 박사의 「선(禪)이란 무엇인가?」의 한 대목을 인용하여 보겠다.

청춘남녀가 결혼초에는 허기진 사람처럼 성욕을 서로 탐하는 것을, 사랑하고 있는 것처럼 느끼는 것은 착각이다.

그것은 사랑이 아니라 쾌감의 도취에 지나지 않으며 도취는 사랑이 아닌 것이다.

음식을 탐내서 먹어도 그것은 사랑이 아니다. 그것은 오히려 갈욕(渴慾)이다. 갈욕은 스스로 충족코자 하는 충동이기 때문에 사랑이 아니다. 식욕처럼 성욕도 그것을 탐내어 충족시키려 하는 점에서 사랑이 아니다.

결혼생활이 점점 깊이 진행함에 따라서 성욕의 갈욕적 상태는 정화된다. 그 성적 흥분상태의 감소는 결코 사랑의 감소가 아니라 오히려 사랑의 향상이며 순화라고 말할 수 있다. 세월이 흐를수록 탐욕의 상태는 지나가고 서로의 건강과 운명을 보필하게 된다.

욕심을 버리는 무아(無我), 즉 공(空)의 상태가 불교최고의 경지인 선(禪)으로 육체적이든 정신적이든 모든 욕구를 버리라는 것이다.

2. 기독교의 사랑과 도취

니겔 리(F. Nigel Lee)의 저서 「성경에서 본 인간」의 한 대목을 보자. 「하나님이 자기 형상 곧 하나님의 형상대로 사람을 창조하시되, 남자와 여자를 창조하시고(창 1 : 27)」. 이 말씀은 남자는 직접적인 하나님의 형상이며 영광이요, 여자는 남자를 통해서 그렇다는 것을 시사하는 것이다.

마치 남자가 하나님의 영광을 반영하는 것처럼 여자는 남자의 영광을 반영하는 것이다(고전 11 : 7하). 이는 남자가 여자를 위해서 창조함을 받은 것이 아니고 여자가 남자를 위해 창조된 것이기 때문이다(고전 11 : 8). 물론 이것은 하나님이 여성에 대한 남성의 지도력을 주셨다는 것으로 특히 혼인관계에서 잘 보여주고 있다. 『너는 남편을 사모하고 남편은 너를 다스릴 것이니라』(창 3 : 16). 바로 이렇게 하나님께서는 타락직후 여자에게 말씀하셨다. 그러나 여자 역시 남자를 도와서 우주를 다스려야 한다. 그것은 주안에서는 남자 없이 여자만 있지 아니하고 여자 없이 남자만 있지 아니하다.

『여자가 남자에게서 난 것 같이 남자도 여자로 말미암아 났으나 모든 것이 하나님에게서 났느니라』(고전 11 : 11 − 12). 남편이 그의 아내와 함께 행사하는 이 지배론을 상고하면서 우리는 사람이(남·여 모두) 하나님의 대행자로서 우주를 지배하는 원리를 생각하게 된다. 이는 대개 하나님의 형상인 사람이 하나님의 의(왕직), 거룩(제사장직), 지식(선지자직)의 반영으로 표현된다.

佛敎에서는 부부간의 육체적인 성욕이든 정신적인 사랑이든 마음을 비우는 공(空)의 세계에 들어갈 때, 그것도 자신의 이성적인 노력으로 욕심의 찌꺼기를 버려야 한다고 가르친다.

그러나 기독교에서는 인간의 창조 근본이 하나님 중심이었으며 따라서 부부간의 모든 감정과 욕망, 사랑도 하나님의 절대주권하에 다스림을 받아야 한다고 가르친다.

불교에서는 성적인 욕망이나 사랑 등 이른바 천성적인 성품을 자신의 노력으로 조절, 제어할 수 있다고하나 불가능한 일이다. 기독교에서는 피조물인 나약한 인간이 성령님의 도우심으로써 부부간에 일어나는 사소한 일도 하나님의 다스림을 받으므로 그의 선한 뜻을 실천할 수가 있다.

세상의 환락과 쾌락이 아닌 진정한 하나님의 주권 안에서 사랑의 도취가 충족될 때 하나님의 나라가 이땅에 실현되어질 것이다.

마음의 형태

1. 佛敎의 「마음」

원효의 「금강삼매경론」(金剛三昧經論)에 보면 해탈보살이 석가모니께 『선생님이시여 중생들 마음의 성질이 본래 공적(空寂)하고 공적한 마음의 본체가 색상(色相 : 모양, 형태)이 없다면 어떻게 공부해야 본래의 공적한 마음을 얻겠습니까?』하니 석가모니는 『공적한 마음의 본체는 색도 없고 상도 없다』고 말씀하셨다. 색(色)이 없음이란 나타나고 이루어지는 등의 색이 없기 때문이요, 상(相)이 없음이란 생멸(生滅)의 상이 없기 때문이니 이것은 곧 마음의 진여문(眞如門)을 나타낸 것이다.

위에서 말한 중생의 마음이란 우선 마음의 생멸문(生滅門)을 든 것이요 생멸하는 마음을 들어 진여문을 나타낸 것이니 그러므로 「성질은 본래 공적한 것」이라고 말한 것이다. 그러나 이 두 문(門)의 본체는 둘이 아니므로 모두 일심의 법일 따름이다.

석가모니는 또 다음과 같이 설법하였다. 「일체의 심상(心相)은 본래 근본이 없고 근본이 없는 것은 공적하여 생(生)함이 없다. 만일 마음이 생함이 없으면 곧 공적에 들어가 공적한 마음 자리에서 곧 마음의 공을 얻으리라.

일체의 심상이란 생각을 움직이는 마음과 심소(心所)가 상봉하여 행상(行相 : 행동의 형태)의 차별이 있어진다. 「본래 근본이 없고 본래 근본이 없는 곳」(本來無本 本無本處)이란 일체의 심상은 종자를 근본으로 삼지만 그 근본 종자는 찾아 보아도 전연 얻을 수가 없다는 것이다. 왜냐하면 현재에 있다고 하면 이미 과거가 되기 때문이다. 만일 현재에 있다고 하면 곧 과(果)와 함께 있는 것이니 이는 본과 말(末)이 다름이 없으므로 마치 소의 두 뿔과 같은 것이다.

2. 기독교의「마음」

기독교에서는 사람의 마음이 사람의 것이 아니라 하나님의 것이라고 분명히 말하고 있다. 전도서 3장 11절에「하나님이 … 또 사람에게 영원을 사모하는 마음을 주셨느니라」라고 기록하고 있다. 이것은 마음의 주인이 하나님이라는 것을 말하고 있는 것이다. 마음의 모든 생각을 아시고 또한 성령을 통하여 주신다. 잠언 17장 3절에「여호와는 마음을 연단하시느니라」하여 하나님은 사람의 마음을 연단하시며 훈련시키는 것을 알 수 있다. 마 6장 21절에 「네 보물이 있는 그 곳에는 네 마음도 있느니라」하여 마음이 있는 곳을 분명히 하고 있다.

불교에서는 마음의 상태 뿐만 아니라 그 본질까지도 없으며 따라서 그 행위도 없고 마음이 있는 곳도 없다고 한다. 억지로 자기의 형태를 부인하며 마음 상태의 과거, 현재의 시간성마저 부인하고 아울러 그 공간성마저 부인한다. 그러므로 마음이 사람과는 전혀 관계가 없는 별개의 것으로 생각해 버린다.

그러나 기독교에서는 하나님이 사람을 창조하셨고 사람에게 있는 지・정・의・(智・情・意)와 인격적인 정신작용인 마음까지도 하나님께서 창조하셨다고 가르친다. 시편 51장 10절「하나님이여 내 속에 정한 마음을 창조하시고 내 안에 정직한 영을 새롭게 하소서.」 하나님은 사람의 마음을 창조하셨을 뿐만 아니라 그 마음을 새롭게 하시는 것도 알 수 있다.

출애굽기 9장 21절「여호와의 말씀을 마음에 두지 아니하는 자는 그 종들과 생축을 들에 그대로 두었더라.」세상적인 학문은 머리에 넣어 두지만 하나님 말씀은 마음에 넣어 두라고 가르친다.

벧전 1장 12절에「그러므로 너희 마음의 허리를 동이고 근신하여」

라고 기도하고 있다. 불교에서는 마음의 형태가 없으나 기독교에서는 허리를 동일 정도로 분명히 형태가 있다. 그 형태는 하나님 주권하에서 시간성과 공간성이 분명히 있다. 불교에서는 실재하는 마음의 형태를 부정하여 현대인들에게 문제의 해결 방안보다는 문제점만 제시하고 있다.

 기독교에서는 사람의 마음의 근본적인 문제가 하나님 중심일 때 쉽고도 명백하게 해결되며 사람 중심일 때는 많은 문제를 낳는다. 인간의 소유욕은 무한하지만 마음의 주인이 하나님이심을 알 때, 이 지상은 분명 축복받는 복된 땅이 될 것이다.

頓悟와 重生

1. 佛敎의 頓悟와 三學

　불교의 참선은 최고의 가르침이며 실천이고 최상의 방법이다.
　참선하는 방법은 중국 북쪽의 신수(神秀)가 제창한 점수(漸修) 즉 점차적으로 마음을 닦아가면 깨달음에 이르게 된다는 것과 반면 남쪽의 혜능(慧能)이 제창한 정신을 한곳에 집중할 수 있는 화두(話頭) 즉 문제를 제시하면 그것을 생각하다가 문득 깨닫는다는 것이 있다. 이중 혜능이 제창한 방법이 돈오(頓悟)이다. 우리나라의 선불교(禪佛敎)는 남쪽에서 온 돈오(頓悟)가 대부분이다.
　그럼 여기서 돈오라는 것을 알아보자.
　『선지식이여 무릇 선하다든지 악하다든지 하는 생각을 하지 말라. 바로 이러한 때에 어느 것이 그대의 진면목인가?』 이것은 혜능이 오조(吾祖)의 법을 얻고 남쪽으로 피신할 때 말을 강탈하려 따라온 혜명에게 한 말이다.
　일반적인 해석방법에 의하면 이 구절은 대단히 잘못된 판단이다. 즉 통념적인 계(戒)와 정(定)의 해석방법에 대한 비판의 뜻이 담겨있기 때문이다. 계(戒)란 선악을 분별하는 것이요, 정(定)이란 마음을 한 곳에 집중시킨다는 의미로 해석되었다.
　여기에 부언하여 「신회」의 말을 다시 인용해보자.
　『마음에 시비(是非)가 있는가?』
　『없다.』
　『마음에 거래(去來)가 있는가?』

『없다.』
『마음에 푸르고 누르고 흰 빛깔이 있는가?』
『없다.』
『마음에 머무를 곳이 있는가?』
『없다.』
제자가 물었다.
『스님은 마음을 무주(無住)라고 말씀하지만 마음 자체는 무주임을 압니까?』
『아느니라.』
『틀림없이 알고 있을까요..』
『안다.』
『제 생각에는 무주(無住)라는 곳에 안다는 생각을 세움도 잘못인듯 합니다.』
『무주란 적정(寂靜)이다. 적정의 본체를 정(定)이라 한다. 본체는 자연지(自然知)가 있어서 본래 적정의 본체를 알게 되는데 그것을 혜(慧)라고 일컫는다.』

2. 基督敎의 重生

사람은 자기 습관에 맞추어서 통념적으로 믿는 이들이 적지않다. 그러나 예수님은 이러한 기복적, 통념적인 신앙생활에서 벗어나 거듭나야 한다고 가르친다. 예수님은 밤중에 찾아온 바리새인이며 관원인 니고데모에게 단호히 말씀하신다.

『예수께서 대답하시되 진실로 진실로 네게 이르노니 사람이 물과 성령으로 나지 아니하면 하나님나라에 들어 갈 수 없느니라. 육으로 난 것은 육이요 성령으로 난 것은 영이니 내가 네게 거듭나야 하겠다하는 말을 기이히 여기지 말라. 바람이 임의로 불매 네가 그 소리를 들어도 어디서 오며 어디로 가는지 알지 못하나니 성령으로 난 사람은 다 이러하니라. 니고데모가 대답하여 가로되 어찌 이러한 일이 있을 수 있나이까. 예수께서 가라사대 너는 이스라엘의 선생으로서 이러한 일을 알지 못하느냐.』(요한복음 3장 5-10절)

기독교에서 물과 성령으로 거듭 나야 한다는 말씀을 니고데모는 그의 학문적 지식으로 알 수가 없었던 것이다.

불교에서는 점진적이든 순간적이든 자기의 힘으로 깨달음에 이르려고 고행을 통한 참선을 하나 어떠한 방법으로든지 깨달음에 이르지 못한다. 단지 깨달음에 이른척할 뿐이다.

기독교의 거듭남도 조용히 겸손하게 하나님께 기도할 때 성령님의 도우심으로 이루어진다. 그런데 일부 극성스런 기독교인들은 신비주의에 빠져 확실한 거듭남의 체험을 자기 힘으로 해보려고 기도원에 가서 금식기도란 고행으로 매달리다가 환각상태(엑스타시)에 빠져 중생의 체험을 마치 자기만의 전유물인양 오만하게 떠드는 부류도 적지 않다.

우리는 결코 불교적인 방법으로 거듭남을 체험하려고 노력할 것이 아니라 우리의 구주이신 주님의 십자가의 보혈이 내 영혼 깊숙이 스며들게 해달라고 기도해야 한다.

동전의 佛像에 대하여

　지난번 대통령 선거가 끝나고 난 후 십원짜리 동전에 불상(佛像)이 들어가 있어서 N씨가 대통령으로 당선되었다는 루머가 시중에 파다하게 퍼졌다. 82년도 이전의 동전 십원짜리에는 불상이 없었는데 N씨가 어느 승려의 말을 듣고 십원짜리 주화에 불상을 넣음으로써 대통령이 당선되었다는 내용의 루머가 바로 그것이다.
　이에 기독교 일각에서는 그 사실여부를 정부에 질의한 줄 안다. 그 후에 정부에서는 『그것은 불상이 아니고 탑 안에 사자(獅子)상을 넣은 것이다. 원래 그 탑에 사자상이 있던 것을 넣은 것 뿐이다.』라고 해명하였다. 그러면 佛敎에서 탑과 사자가 어떤 연관이 있는지 한번 생각해 보자.
　옛날 인도에서는 사람이 죽으면 화장한 후 불에 타지않고 남은 뼈를 골라서 이를 「사리」라고 하였다. 특히 존경하는 사람이 죽으면 사리를 탑에 안치하여 숭배하였다. 이것은 유골숭배사상에서 온 것이다. 사리도 숭배 대상이었지만 탑 자체도 종교적으로 숭배의 대상이 되었다.
　불교에 와서는 더 심해졌다. 금강경에 보면 「개응공양 여불 탑묘」(皆應供養 如佛 塔廟)라고 하였다. 이 뜻은 「다 응당 공양하기를 부처의 탑묘와 같이 하거든」이다.
　불교에는 원래 석가모니가 앉아 설법하던 사자좌(獅子座)를 숭배했었는데 석가므니 사후 7백년경 처음으로 불상이 등장하여 이때부터는 불상을 숭배의 대상으로 삼았다.

불교에서는 그 많은 부처중에 「사자후자재력왕불」(獅子吼自在力王佛), 「사자후신족유왕불」(獅子吼神足幽王佛)이라 하여 위엄과 위력이 군왕과 같은 부처로서 사자상을 숭배의 대상으로 삼았던 것이다.

바리새인들이 납세의 의무 문제로 예수를 함정에 빠뜨리려고 시험하였다. 정복자 로마에 납세를 거부하면 반란죄로 처형될 것이고 납세를 권장하면 자기 민족을 배반하는 반역자의 입장에 서게된다. 참으로 진퇴양난이었다. 마태복음 22장 15-21절에 『이에 바리새인들이 가서 어떻게 하여 예수로 말의 올무에 걸리게 할까 상론하고 자기 제자들을 헤롯 당원들과 함께 예수께 보내어 말하되 선생님이여 우리가 아노니 당신은 참되시고 참으로써 하나님의 도를 가르치시며 아무라도 꺼리는 일이 없으시니 이는 사람을 외모로 보지 아니하심이니이다. 그러면 당신의 생각에는 어떠한지 우리에게 이르소서 가이사에게 세를 바치는 것이 가하니이까 불가하니이까 한대, 예수께서 저희의 악함을 아시고 가라사대 외식하는 자들아 어찌하여 나를 시험하느냐 셋돈을 내게 보이라 하시니 데나리온 하나를 가져왔거늘 예수께서 말씀하시되 이 형상과 이 글이 뉘것이냐 가로되 가이사의 것이니이다. 이에 가라사대 그런즉 가이사의 것은 가이사에게 하나님의 것은 하나님께 바치라 하시니 저희가 이 말씀을 듣고 기이히 여겨 예수를 떠나가니라.』

동전의 형상은 단순히 화폐의 표시단위이며 그 소유를 말하는 것 뿐이다. 기독교에서는 화폐를 화폐의 기능 이상의 아무 의미도 부여하지 않는다. 더군다나 종교적 의미의 부여는 있을 수 없다.

그러나 만약 시중의 루머가 사실이라면 종교적 의미까지도 부여한 결과가 되는 것이다. 각종 루머는 황당무계하고 신비적인 미신요소가 있는 종교행사에서 유래되는 경향이 많다. 이번에 십원짜리 동전의 불상소동과 같은 것도 이런 미신적인 불교의 종교행사에서 그 뿌리를 찾을 수 있겠다. 특정 종교의 숭배대상을 새삼스레 새로 도안해 넣은 것은 오해의 여지가 크다.

예수님께서 바리새인들에게 준 동전의 교훈은 각종 의식주의

외식하는 무리에게 통쾌한 일격을 가하는 홈런과 같은 것이다. 동전의 그림에 종교적인 의미를 부여하는 어리석은 우상숭배자에게는 하나님의 절대 통치주권이 보여지지 않는 것이다.

  혹시라도 루머처럼 N씨가 그렇게 해서 대통령에 당선되었다면 그 옛날 바벨론의 벨사살 왕 때 하나님의 손이 나타나서 벽에 글씨를 쓴 것 같이 N씨의 초라한 말로가 영적인 눈으로 보여질 것이다. 루머가 루머로 끝나기를 바랄 뿐이다. 이 땅에 하나님의 나라가 임하시옵소서.

無常과 常

佛敎의 諸行無常

모든 것은 옮겨지며 변화되어 간다. 어느 하나도 이 세상의 것으로 고정되어 멈추어져 있는 것은 없다. 이것이 제행무상(諸行無常)이며 존재하는 것의 진실한 모습이다.

붓다의 가르침을 가장 잘 전하고 있다는 아함경(阿含經)을 읽어보면, 여러 곳에 『무상(無常)』이라는 존재의 진상이 그렇게 중대한 뜻을 갖고 있을 필요가 있겠는가 하는 반문이 생기기도 한다.

우리들을 둘러싸고 있는 모든 것 가운데「無常」하지 않는 것은 하나도 없다. 꽃은 떨어지고 땅은 움직인다. 고향산천도 변해가고 자기의 몸과 마음도 변하며 친구도 변해간다. 두번다시 같은 시간은 돌아오지 않으며 같은 시간이 돌아오지 않는다는 것은 같은 공간도 두번다시 돌아오지 않는다는 것이다. 모든 것이 옮겨지고 변해간다. 오늘이라는 날도 우리를 둘러싸고 있는 모든 것도, 두번 다시 우리들의 인생 속에 나타나는 일 없이 한번 흘러가면 그만이다.

아무리 애석하게 생각하여도 꽃은 떨어진다. 아무리 싫어해도 잡초는 자란다. 우리들의 기분이나 희망으로는 어찌할 수 없는 존재의 진리이며 우리들은 그 진리 속에 휩싸이면서 흘러가고 살아가는 것에 불과하다.

정말로 무상을 볼 수 있다면「나」라는 마음은 생기지 않으며 명리(名利)의 생각은 일어나지 않을 것이다.

基督敎의 常

유한적인 생명은 변할 수밖에 없다. 영원하신 참생명, 즉 영생만이 변하지 않는다. 불고의 사경(蛇經)에 보면 「무화과나무 수풀 속에서 찾아도 얻지 못하고 온 우주에 있는 것들 중에서 찾아도 변하지 않는 것은 얻지 못하니 뱀이 낡은 껍질을 벗어버리듯이 이것도 저것도 모두 버리라」.

요한복음 10장 28절에 『내가 너희에게 영생을 주노니 영원히 멸망치 아니할 터이요, 또 저희를 내 손에서 빼앗을 자가 없느니라』고 했다.

변치않는 영생은 하나님께서 죄인된 우리 인간에게 은혜로 주신 것이다. 사람 자신이 아무리 인간 속에서 변하지 않는 것을 찾아도 인간은 변하는 유한적인 존재이니 변하지 않는 영생은 찾을 수가 없다.

히브리서 6장 17-20절 「하나님은 약속을 기업으로 받는 자들에게 그 뜻이 변치 아니함을 충분히 나타내시려고 그 일에 맹세로 보증하셨나니 이는 하나님이 거짓말을 하실 수 없는 이 두가지 변치못할 사실을 인하여 앞에 있는 소망을 얻으려고 피하여 가는 우리로 큰 안위를 받게 하려 하심이라. 우리가 이 소망이 있는 것은 영혼의 닻 같아서 튼튼하고 견고하여 휘장 안에 들어가나니 그리로 앞서 가신 예수께서 멜기세덱의 반차를 좇아 영원히 대제사장이 되어 우리를 위하여 들어가셨느니라.

이 세상에 변하지 않는 것은 없다. 그러나 변하지 않는 것,즉 상(常)이 있으니 그것은 하나님의 신실하신 약속의 말씀인 성경과, 그의 사랑과, 예수님의 십자가의 구속사건이다.

인생구원은 이성으로 관찰해 볼 때, 인생 그 자체를 스스로 포기하는 길과 모든 감각 이성의 기능으로부터 탈출하는 것으로 보았다.

석가모니의 이성(理性) 교훈으로는 결코 영적인 존재에 도달하지 못한다. 오늘날 기독교가 변치않는 상(常) 종교인데도 불교의 허무주의적인 무상(無常)에 빠져서 신앙생활이 타성에 젖게 되고 좌절에 빠지는 신앙인들이 있음을 볼 수 있다.

  우리는 변치않는 상(常)에 굳게 서는 참으로 소망이 있는 신실한 믿음의 생활로 무상(無常)의 강(江)을 뛰어넘어 가야겠다.

梵我一如와 人格神

국제종교연구소의 제3차 특별세미나가 지난 3월 26일에 있었다. 이 자리에서 김상일박사(전 감신대교수)는 「타종교와의 대화 가능성과 방법론」이라는 주제로 강연하면서 모든 종교의 뿌리는 같다는 문명사적인 안목으로 타종교와의 대화에 나설 것을 주장했다.

또한 그는 결론부분에서 『서양의 기독교(유대교)는 인격신관을 강조하고 역사를 중요시하나 동양의 불교 유교는 자연과 무(無)등 범아일체(梵我一體)를 강조한다는 큰 차이가 있는데, 여기에서 대화의 가능성을 찾을 수 있다.』라고 했다.

佛教의 梵我一如

비인격적 추상적 존재로서 「브라흐마(梵)」는 신(神)보다 높은 자리를 차지하게 되었으며 마침내는 세계의 근본원리라는 칭호까지 받게 되었다.

「우파니샤드」 사상에서는 보편적 진리를 나타내는 중성명사로써 「브라흐마」라는 말을 자주 쓰고 있다. 梵은 우주에서 가장 큰 것보다 더 큰 것을 말하며 높다고 할 때는 이 세상에서 가장 높은 것보다 더 높다는 뜻을 나타낸다. 또 공기처럼 어디에도 편재하기 때문에 「보편자(普遍者)」이며 어떤 사람도 梵과 같을 수 없기 때문에 「유일자(唯一者)」라고 한다.

이와같이 보편자이며 유일자인 이 최고의 원리를 「브라흐마(梵)」

라고 한다.「브라흐마」가 지고(至高) 무한대 보편자를 말하는데 반하여 「우파니샤드」哲人들은 극소 무한소 특수한 존재로서 「아아트만」을 상정(想定)하였다.「브라흐마」가 보편적 중성적 원리라고 한다면「아아트만」은 개별적 인격적 원리라고 할 수 있다.
「브라흐마」가「아아트만」이고「아아트만」이「브라흐마」이다. 즉 범아일여(梵我一如) 사상인데 이것이 불교와 유교의 근본사상이다. 이 범아일여 사상은 김교수의 梵我一體하고는 근본적인 차이가 있는데 이는 단순히 가시적(可視的)인 자연현상에 근거를 두고 한 말인 것이다.

기독교의 人格神
『나 여호와 너의 하나님은 질투하는 하나님인즉 나를 미워하는 자의 죄를 갚되 아비로부터의 아들에게로 삼사대까지 이르게 하거니와 나를 사랑하고 내 계명을 지키는 자에게는 천대까지 은혜를 베푸느리라.』 하나님은 인간이 죄를 지으면 진노하고 질투하신다.
마 6 : 9−13에『그러므로 너희는 이렇게 기도하라 하늘에 계신 아버지여 이름이 거룩히 여김을 받으시오며 나라이 임하옵시며 뜻이 하늘에서 이룬 것같이 …』
기독교는 하나님이 우리들의 아버지가 되시고 우리들은 그의 백성, 아들이 되어 죽은 관계가 아니라 살아있는 관계가 형성된다. 그러므로 우리는 하나님의 이름도 부르고 양식과 생활필수품을 달라고 하며 또한 죄까지도 용서해 달라고 한다. 불교의「梵我一如」의 사상과 기독교의 人格的인 神과는 우리의 생활에 미치는 영향이 엄청나게 다르다.
신앙은 불신앙으로부터 지키는 것이라고 생각된다. 대화와 타협과 양보는 있을 수 없으며 다만 증거만 있을 뿐이다. 기독교가 타종교에 대해서 편협적이고 옹졸하다는 것이 결코 아니라「종교의 근원은 한 뿌리다」라는 조건하에서 대화와 타협이 이루어지는 것이 문제이다. 산 사람이 죽은 시체들 하고 대화할 수는 없는 것이다. 우리 기독교는 인격신을 믿고 있으므로 타종교와의 대화가 아니라 그들에게 하나님이 살아계심을 증거해야 하는 것이다.

　불교의 「梵」이 우주의 근본이 될 수 없으며 창조주 하나님만이 근본이 되실 뿐이다. 그러므로 오늘날 영적으로 혼탁한 이 세계에서 우리는 인격의 완성자이신 하나님의 아들 예수 그리스도만 바라보고 한걸음 한걸음 힘차게 나아가자.

身心의 체험

1. 옛 거울에 마음을 비추어 보라

　예로부터 선문(禪門 : 참선으로 공부하는 불교의 한 교파)에서는 『밝은 창아래에서 옛 거울에 마음을 비추어보라』는 말이 있다. 이는 경전이나 조사들의 어록을 명경으로 삼아 자기 마음을 거기에 비추어보고 스스로 증오(證悟 : 깨달아 증거되는 것)한 것이 그것들과 일치하는지 생각해 보라고 가르치는 것이다.

　그런데 우리는 이 고경조심(古鏡照心)을 한갓 내심(內心)의 사건체험(體驗)으로 여겨서는 아니된다. 일본의 도오겐(道元) 선사(禪師)는 이를 몸과 마음이 함께 체험하는 사건으로 이해했다.

　「古鏡照心」은 신심의 모든 힘을 기울인 「혼신(渾身)」의 체험인 것이다. 고수(苦修)한 부처와 조사들의 「몸」이 행자의 「몸」에 육박해 와서 함께 수행하며 마침내 증오(證悟)의 경지로 인도하는 것이다. 그때야 비로소 부처의 「몸」의 증오가 수행자의 「몸」의 증오와 동일하게 되며 구구절절이 모두 부처의 다사로운 신심(身心)이라고 말할 수 있을 것이다.

　이승의 삶은 얼마 길지 않다. 비록 불조(佛祖)의 말씀을 배운 것이 두서너 구절에 불과하더라도 그 어구가 표현하고 있는 것은 불조 자신들이므로, 이를 배워 익힘은 불조 자신들을 진정 몸으로 체득하는 것이다. 왜냐하면 불조는 몸과 마음이 하나이므로 그분들이 토로한 어구마다 모두 그분들의 따뜻한 피요 신심(身心) 그 자체이기 때문이다. 따라서 그런 불조의 어구를 신심의 힘을 다해 배워 익힌다면 그것은 곧 저 불조의 신심이 와서 내 신심을 도득 (道得)하는 것이다.

2. 이는 내 몸이라

예수께서는 베들레헴 외양간에서 탄생하신 후 나사렛에서 청빈의 사적생활을 하셨으며 때가 오자 40일 동안 광야에서 수행하신 다음 『여우들도 굴이 있고 하늘의 새들도 보금자리가 있지만, 인자는 머리 둘 곳 조차 없다』(마 8:20)고 말하실 만큼 고난의 전도활동을 하시다가 마침내 십자가에 달리시어 죽으셨다.

그분의 생애는 피와 눈물로 얼룩진 고난의 길이었다. 성경을 읽는다는 것은 예수 그리스도의 생애를 더듬는 것이다. 이는 머리속에 2천년 전의 그리스도의 모습을 그리면서 그분의 말씀과 행적의 의미를 묵상하고 본받으려 애쓴다는 것이 아니다. 그리스도의 생애를 더듬는다는 것은 신심의 모든 힘을 다해 그리스도와 함께 걸으며 그리스도의 「다사로운 신심」이 자신에게 육박해 와서 자신의 「몸」을 부추겨 같은 길로 몰아 세우게 하고 마침내 자기 「몸」 안에 그리스도의 「다사로운 신심」이 살아있음을 깨닫게 하는 것이다. 그때야 비로소 바울과 같이 『나는 살아있지만 이미 내가 아니라 그리스도께서 내 안에 살고 계시다』(갈 2:20)고 말할 수 있다.

마태복음 26:26에 『저희가 먹을 때에 예수께서 떡을 가지사 축복하시고 떼어 제자들을 주시며 가라사대 받아 먹으라 이것이 내 몸이니라 하시고』라 기록되어 있다.

카톨릭에서는 초대교회 때부터 그리스도의 이 말씀을 문자 그대로 받아들여 미사를 드릴때 그 떡은 그리스도의 「다사로운 산 신심(身心)」이 된다고 한다. 이런 카톨릭의 전통에 따라 미사 때 성체를 받아 먹는다. 그순간 그리스도의 「몸」은 그들의 「몸」과 하나가 된다고 그들은 굳게 믿고 있다.

이렇게 볼 때 불교의 선(禪)과 카톨릭의 전통과는 유사한 점이 있다. 불교는 고행즈의로 부처의 몸과 하나를 이루려 한다. 그러나 기독교에서는 우리가 그리스도와 한 몸이 되는 것은 은혜로 말미암아 성령께서 한 몸이 되도록 해주신다

샤론의 꽃과 우담발화

어느 지역의 단체나 국가는 그들의 상징을 꽃나무 새 동물 등으로 그 단체 특유의 성질이나 사상을 나타내려고 하는 것을 볼 수 있다. 종교에서도 그런 경향이 있는데 기독교와 불교에서는 어떻게 나타나며 어떤 것이 그 사상을 가장 잘 나타내는 꽃인가? 이들 꽃에 대해서 한번 생각해 보자.

1. 佛敎의 우담발화(優曇鉢華)

요즈음 독실한 불교신자인 남지심 씨가 「우담발화」라는 소설을 내어 놓았다. 이는 나약한 여자가 비구니의 길을 가면서 그에 대한 애환을 그린 작품인 것 같다.

그러면 이 「우담발화」는 어떤 것일까? 인도의 고대어 산스크리트어 우담바라(udumbara)에서 한문으로 음역된 것인데 뽕나무과에 딸린 무화과 나무의 일종으로 나무 크기도 한길 남짓하고 잎은 뾰쪽하며 끝이 가늘고 암수 구별이 있는 꽃이다.

석가모니가 설법할 때 삼천년만에 한번 꽃이 핀다 하여 아주 어렵고 희귀한 일에 비유하여 사용하였다. 「우담발화」는 온갖 어려움을 겪고난 후에 죽지 않고 생명을 이어 가다가 3천년만에 한번 꽃이 핀다하여 그만큼 진리를 찾아가는 구도자의 길이 길고 어려운 것임을 비유하고 있는 것이다.

어렵고 어렵게 생명을 바쳐 고행하면 「우담발화」처럼 진리의 꽃을 피울 수 있다는 것이다.

2. 샤론의 꽃

아가서 2:1에 『나는 샤론의 수선화요 골짜기의 백합화로구나』에서 찬송가 89장 〈샤론의 꽃 예수〉라는 가사가 지어졌으며 누구나 즐겨 부르고 있다. 아가서는 솔로몬의 많은 시 중에 가장 아름다운데 이것도 예수님으로 표상되는 솔로몬이 성도를 향해서 들과 산을 향해서 나오도록 손짓하는 말이다. 〈샤론의 평지에 피는 들꽃〉이라고 생각해도 좋을 것이다. 꽃은 사람이 손을 대지 않아도 저절로 자라난다. 들에서 피어난 꽃은 세련미는 적으나 자연미 그대로 향기는 일품이다. 그래서 예수님은 자신을 들에서 피어난 수선화에 비해본 것이다.

이 꽃들은 들판에서 시들어 죽으면 또 살아나고 또 죽으면 살아나고 하는 영원성이 있는 꽃을 의미하기도 한다. 들의 꽃은 아무나 볼 수 있고 원한다면 누구나 꺾어갈 수 있다. 이것은 예수님의 무한하신 희생정신 박애정신을 의미한다.

예수님이 세상에 오셔서 얻은 것은 십자가와 모친 마리아의 태반을 빌리는 것 이외에는 아무것도 소유한 것이 없었다. 『공중에 나는 새도 깃들 곳이 있고 여우도 굴이 있으나 인자는 머리 둘 곳이 없다』고 하셨다.

아가서에는 메시야를 상징하는 꽃을 수선화 또는 붉은 장미로 표현하고 있다. 그러므로 그리스도를 수선화라고 할 때 그 기쁨은 단순히 자연미의 기쁨이 아니고 구원의 기쁨이다. 자연의 아름다움이 하나님이 살아계시는 것을 증거할지라도 구원의 은총이 그곳에 담겨 있어야 한다. 우리도 불교의 석가모니의 비과학적이고 황당무계한 「우담발화」의 교훈과 기독교에서 예수님의 신선미가 넘치는 〈샤론의 꽃 예수〉와는 엄청난 차이가 있음을 알아야 한다. 3천년만에 한번 피는 「우담발화」의 교훈에는 결코 진리의 꽃을 피우는 기쁨은 맛볼 수가 없다.

들꽃은 피었다가 지고 또 피고 있다. 들판에는 아무나 갈 수 있다. 우리가 조건도 제한도 없이 예수님을 믿음으로 소유할 때 우리의 마음속에서는 〈샤론의 꽃 예수〉가 거룩하고 아름답게 피어 날 수 있을 것이다.

시간과 영원

불교의 시간과 영원

알렉산더대왕이 인도를 정복하고 대리통치자로서 헬라인 메란도스를 왕으로 세워 놓았다. 이 메란도스왕과 불교승려인 나가세나가 토론한 「미란다팡하」라는 불경이 있다. 이 부분을 요약해 보면

1) 시간은 존재하는가

왕은 물었다.

『도대체 시간이란 존재하는가?』

『존재하는 시간도 있고 존재하지 않는 시간도 있습니다.』

『어떤 시간은 존재하고 어떤 시간은 존재하지 않는가?』

『대왕이여, 지나가 버렸거나 끝나버렸거나 없어져버린 과거에 대해서는 시간도 존재하지 않습니다. 그러나 시간은 결과를 낳거나 결과를 낳은 선천적인 가능성을 갖거나 딴 곳에 다시 태어나게 될 사상에 대해서 존재합니다. 죽어서 딴 곳에 다시 태어날 존재에게 시간은 존재하지 않습니다.』

2) 영원한 시간은 어떻게 성립하는가

왕은 물었다.

『과거시간의 근거는 무엇이고 현재시간의 근거는 무엇이며 미래시간의 근거는 무엇인가?』

『과거 현재 미래 시간의 근거는 무명(無明 : 진리에 대한 무지)입니다. 무명을 인연하여 행(行)이 생기고 행을 인연하여 식별

(識別) 작용이 생기고 식별작용을 인연하여 명칭과 형태가 생기고 명칭과 형태가 인연하여 여섯가지 감관(感官)이 생기고 여섯가지 감관을 인연하여 감관과 대상과 식별작용과 접촉이 생기고 접촉을 인연하여 느낌이 생기고 느낌을 인연하여 사랑의 갈망이 생기고 사랑의 갈망을 인연하여 집착이 생기고 집착이 인연하여 생존일반이 생기고 생존일반을 인연하여 늙음과 죽음과 비애와 비통과 쓰라림과 괴로움과 절망 등이 생깁니다. 이 모든 시간의 과거의 궁극점은 분명히 인식되지 않습니다.』

기독교의 시간과 영원성

하나님은 세상을 무(無)로부터 창조하셨다는 것과 또한 그 창조는 시간과 함께 이루어진 것이기 때문에 시간이 맨처음(태초)에 있었던 사건이라는 어거스틴의 주장을 우리 다시 생각해보자.

그의 주장을 다른 말로 요약하면 세상이 창조되기 이전에는 변화되어 측정할 수 있는 시간이 없었다는 것이다. 이러한 주장의 배후에는 그 당시 유행하고 있었던 철학사상 즉 세상은 영원하고 무한하다는 견해를 반박하고 하나님만이 영원한 존재라는 그의 사상을 확고히 주장하고 싶었던 것으로 보이며 하나님의 영원성은 피조물인 시간적인 세계와는 질적으로 다르다는 것이다.

모든 피조물은 무로부터 창조되었기 때문에 가변적인 존재이지만 창조자로서의 하나님의 존재는 불변하시고 영원하시다 어거스틴은 영원은 무한하나 시간의 연속으로 보지 않는다. 시간은 항상 지나가는 것이지만 영원은 항상 머물러 있는 현재적인 것이라 하나님의 영원한 현재 앞에선 모든 시간과 모든 존재가 다 현존하게 된다.

불교에서는 인간의 감각작용으로서 시간의 영원성을 측정하려고 하였다. 불완전하고 가변적인 인간의 감각기관은 측정의 표준단위가 될 수 없다. 그러므로 허무 또는 무(無)에 빠져서 시간의 영원을 정립하는데 실패하고 말았다.

『그는 만세의 왕이라(딤전 1 : 17)』

이와같은 그의 통치권은 홀로 그만이 구속사역의 「카이로이」 또는 「기회」를 알고 있으며 그 만이 홀로 「하늘에 있는 천사들도 아들도 알지 못하는」(막 13 : 32) 그 날과 그 시를 알고 있다는 사실에서 규명된다.

우리 크리스챤들은 영원하신 하나님의 품속에서만이 영원한 생명을 가질 수 있다. 결과적으로 하나님은 절대 시간의 통치자이시다.

극락과 천국(1)

근자에「펄시 콜레」의「내가 본 천국」이 대단히 히트를 치고 있으며 또한 본인이 내한하여 간증집회를 가진 적도 있다. 요사이「천국 갔다 왔다」는 사람들의 간증집회가 적지 않다.

「펄시 콜레」의 간증 내용은 불교에서 말하는「극락」과 유사점이 많다. 아미타경이라는 불경을 통해 생각해보자.

1. 불교의 극락

「아미타경」이라는 불경에 보면 이 사바세계(지구)에서 서쪽으로 90만 8천리 떨어진 곳에「아미타불」이라는 부처가 다스리는 극락세계가 있다. 그「아미타불」은 금빛 몸이며 엄숙단정하여 위엄이 가득하다. 극락은 안락하여 7가지 보배로 장식된 연못이 있고 그 연못에서 맑은 물을 뿜어 올리는 물줄기와 아름다운 음악 그 주변에 화려하게 장식된 누각이 즐비하게 늘어서 있다. 또한 계절의 변화도 없고 밤과 낮의 구별이 없으며 스물네가지의 즐거움과 설흔가지의 이로움이 계속 이루어지고 있다. 극락세계에는 악한 사람이 없고 누구든지「아미타불」이라는 부처의 이름만 부르면「극락세계」에 태어나서「아미타불」을 직접 볼 수 있다.

2. 기독교의 천국

막 1 : 15에『가라사대 때가 찼고 하나님 나라가 가까왔으니 회개하고 복음을 믿으라 하시더라』, 또 마 4 : 23에『예수께서 온 갈릴리에 두루 다니사 저희 회당에서 가르치시며 천국복음을 전파하시며 백성중에 모든 병과 모든 약한 것을 고치시니』, 마 24 : 14 에『이 천국 복음이 모든 민족에게 증거되기 위하여 온 세상에 전파되리니 그제야 끝이 오리라』. 이외에도 많은 말씀이 있으나 예수님은 이 세상에서 복음 전파와 천국을 별개의 것으로 구분하지 않으셨다. 물론 사도요한이 기록한 요한계시록에「천년왕국」에 대한 것이 있다. 이 천년왕국은 예수님이 선포한「복음과 하나님의 나라」와 동떨어진 별개의 것은 아니다.

불교에서는 가만히 앉아 참선을 하다보면「자기도취」및「환각상태」즉 엑스타시 상태에 들어가게 되어 시간과 공간이 단절되며 그때 본 환상이 나중에는 자기 신념 또는 고집으로 굳어진다.

「펄시 콜레」도 밀림에서 인디언들에게 선교하다 보면 이러한 상태에 들어갈 수도 있으며 그 결과 자기 신념으로 굳어질 수도 있다고 한다.

「하나님 나라」의 장소에 대한 언급은 복음서에 없다.

그러나「정감록」「도교의 무릉도원」「불교의 극락」은 장소성을 강조하고 있다.「펄시 콜레」도 이 장소성을 강조하고 있다.

불교의 극락에는 아름다운 궁전과 누각이 있으며 한사람이 극락세계에 들어올 때마다 새로 지어진다고 한다. 그것도 아미타불의 능력으로.

「펄시 콜레」의「내가 본 천국」에도 아파트가 있고 새로운 사람을 위해서 아파트를 짓고 있다고 한다. 또한 극락세계에 보석으로 단장한 것이나「내가 본 천국」에서 보석으로 단장되어진 것은 너무나 유사점이 있다.

어느 목사와의 대화 중에 펄시 콜레의 위대한 점은「예수님이 곧 재림한다는 것」을 깨우쳐 준 것이라고 한다. 이 목사는 성경보다 천국갔다온 간증을 더 중요시 여기는 것 같다.

성경에 예수님께서는「도적같이 속히 오겠다」고 하셨다. 기록 계시인 성경보다도 어떤 환각 상태에 들어간 신비주의자들의 간증을 더 믿으려는 한국 교회는 큰 문제가 아닐 수 없다. 교회에서 절간에서나 말하는 극락세계와 같이「하나님 나라」를 이야기한다는 것은 있을 수 없는 일이다.
　예수님이 지금도 십자가상에서 자기 몸을 주시고 피흘려서 완성시킨 「복음과 하나님 나라」는 펄시 콜레가 말하는 것같은 장소성이나 아파트가 건축되어 이루어지는 것이 아니다.

극락과 천국(2)

1. 불교의 극락
　극락에 있는 사람들은 얼굴모습이 똑같고 과거와 몇만리 밖의 것도 훤히 알 수 있는 능력을 얻는다. 어디 그 뿐인가. 몇만리 밖에 떨어진 소리도 다 알아들을 수 있으며 다른 사람의 마음도 알아 맞힐 수 있는 능력이 있으며 몇만리도 단숨에 달려갔다 올 수 있다. 모든 진리를 깨달아 저절로 알 수 있으며 영원히 살 수 있다. 죽어서는 극락세계 연꽃 못속에 연꽃으로 장식된 수레를 타고 들어간다.
　「극락세계」에서는 「아미타불」이라는 부처를 중앙에 모시고 그 좌우 옆으로 여러 사람이 둘러서서 깨끗한 음식을 먹고 즐긴다. 이 음식은 아무리 먹어도 배가 부르지 않다. 이 세상에 있던 사람들은 서로 만나서 대화도 할 수 있고 서로가 그간의 안부도 물을 수 있다.

2. 기독교의 천국
　예수님께서 빌라도에게 심문을 받을 때, 영적 눈이 어두운 빌라도가 「하나님 나라」에 대한 것을 알 수 없어 『네가 유대인의 왕이냐』고 묻는다. 예수께서 대답하시되 『내 나라는 이 세상에 속한 것이 아니라 만일 내 나라가 이 세상에 속한 것이었더면 내 종들이 싸워 나로 유대인들에게 넘기우지 않게 하였으리라. 이제 내 나라는 여기에 속한 것이 아니니라』(요 18 : 36)고 분명하게 말씀하셨다.

또한 요 3 : 3에 『사람이 거듭나지 아니하면 하나님 나라를 볼 수 없느니라』, 행 14 : 22에 『하나님 나라에 들어가려면 많은 환난을 겪어야 할 것이라』, 롬 14 : 17에 『하나님의 나라는 먹는 것과 마시는 것이 아니요 오직 성령 안에서 의와 평강과 희락이라』.

「펄시 콜레」의「내가 본 천국」에서는 솔로몬 왕도 만나고 수녀도 만나고 자기가 한 행위와 공적에 따라 큰 아파트와 작은 아파트가 배당되며 자기가 하는 일이 주어진다고 하였다. 처음에는 예수님을 만날 수 없었으나 나중에 안내하는 천사의 특별주선으로 만났다고 한다. 천국에 갈 때 지구를 떠나 성층권을 넘어가는데 수레를 타고 갔다고 한다.

이는 성경과는 거리가 먼 불교의 극락과 상당히 가깝다고 아니할 수 없다.

예수님의 천국은 역사적 사건이며「거듭난 사람」은 지금도 예수님과 동행하며 볼 수 있고 하나님 나라에 들어 갈 수 있다. 펄시 콜레처럼 수레를 타고 지구를 벗어나 가는 것이 아니라 지금 이 땅에서 이루어지며 내 마음 속에서 살아 역사하시며 미래를 향하여 한발한발 이루어질 것이다.

하나님 나라는 세상에서처럼 먹고 마시고 즐기는 것이 아니고 성령안에서 하나님의 의가 이루어지며 하나님께서 주시는 평강과 희락이 넘치는 곳이다. 펄시 콜레는 공덕사상과 같이 자기가 한 행위에 따라서 큰 아파트도 차지하고 또 좋은 직책도 맡는다고 하였는데 성경 어디에 천국에서 아파트 공사하고 공덕에 따라 배정한다고 하였는가? 오히려 예수님은 인간의 행위와 공덕사상을 지극히 싫어하시어, 포도원에 일하는 일꾼의 품삯을 계산할 때 아침부터 하루종일 일한 사람도 한 데나리온이고 저녁늦게 와서 한시간 일한 사람도 한 데나리온을 주니 공평치 못하다고 불평하는 무리에게 예수님은 하나님의 절대주권을 말씀하시고 계신다.(마 20 : 1-16)

우리나라에 어떻게 이런 부류의 책들이 베스트셀러가 될 수 있는지 한국 기독인들의 신앙 척도가 의심스럽기까지 하다.

「하나님 나라」는 펄시 콜레가 말하는 것처럼 죽어서 수레타고 가는 그런 나라가 결코 아니다. 우리는 예수님께서 오셔서 복음 전파하시며 이루어 놓으신 그 하나님 나라를 위해서 여기에 미혹되는 일이 없어야 할 것이다.

통치자와 욕심

1. 佛敎 아함경의 교훈

　석가모니는 불经의 하나인 아함경에서 통치자와 욕심에 대해 교훈하였다.
　「마하아나아마」여 이것은 나의 경험이라. 내가 아직 깨달음을 얻기 전에, 탐욕은 어디를 가도 만족할 줄 모른다. 그 자체는 고통으로 가득차 있어 사람을 절망으로 이끌고 무서운 불행을 가져오는 것이라고 바르게 알기는 알았지만 이 탐욕밖에 어떤 행복에 이르지 못했기 때문에 그 탐욕에 쫓기면서 지내왔던 것이다. 그러다가 그 뒤에 그것이 그런 줄을 바르게 아는 마음이 생기지 않을 때 탐욕에 대해서 기쁨과 즐거움이 생긴다. 이것이 탐욕의 즐거움이다.
　「마하아나아마」여 또 그처럼 노력하고 고생해서 부자가 되었다고 하자. 그는 이제 그 부(富)를 지키기 위해 온갖 고통을 겪어야 한다. 어떻게 하면 임금에게 몰수 당하지 않을까. 불에 태우지 않을까. 도둑에게 빼앗기지 않을까. 미운 친척에게 뜯기지 않을까. 이렇게 온갖 걱정을 하지마는 임금에게 몰수당하기도 하고 도둑에게 빼앗기기도 하며 미운 친척에게 뜯기기도 한다. 그래서 그는 지친 끝에 가슴을 치면서 슬피 운다. 모두가 내것이던 것이 이제는 하나도 내것이 아니라고. 이것이 탐욕의 재화다. 현자의 고통은 모두 탐욕을 원인으로 하고 탐욕에 의한 것이다.
　「마하아나아마」여 탐욕 때문에 임금은 임금과, 브라흐만은 브라흐만과, 부모는 자식을, 형제는 형제와, 친구는 친구와 다툰다. 다투고 싸우고 욕하다가 마지막에는 몽둥이를 쥐거나 칼을 휘둘러 서로 죽인다. 이것이 탐욕의 재화다.

2. 기독교의 국왕에 대한 교훈

하나님은 종 모세를 통해 신명기에서 통치자에 대한 교훈을 하신다. 신 17：16-17에「왕된 자는 말을 많이 두지 말 것이요. 말을 많이 얻으려고 그 백성을 애굽으로 돌아가게 말 것이니 이는 여호와께서 너희에게 이르시기를 너희가 이 후에는 그 길로 다시 돌아가지 말 것이라 하셨음이며 아내를 많이 두어서 그 마음이 미혹되게 말 것이며 은 금을 자기를 위하여 많이 쌓지 말 것이니라」고 기록하고 있다.

이렇게 하나님은 국왕된 자는 겸손하게 욕심을 버리고 위로는 하나님을 공경하며 아래로는 청빈하게 모범적인 삶을 살라고 엄히 교훈하신다. 왕권을 남용해서 부당한 이득을 취하는 것은 하나님이 용납하지 않으신다. 더구나 힘없는 백성의 기업과 재물을 약탈하는 것은 추호도 용납하지 않으신다.

열왕기상 21장 이하에 보면 이런 기록이 있다. 탐욕에 눈이 멀은 아합왕과 이세벨은 무고한 백성 나봇을 조직적인 비류 즉 깡패를 동원해서 죽이고 부당하게 그 재물을 강탈하였다. 그 결과 선지자 엘리야를 통해서 아합왕의 가족에게 무서운 심판이 선포된다.

왕상 21：27-29에『아합이 이 모든 말씀을 들을 때에 그 옷을 찢고 굵은 베에 누우며 행보도 천천히 한지라. 여호와의 말씀이 디셉 사람 엘리야에게 임하여 가라사대 아합이 내 앞에서 겸비함을 네가 보느냐. 저가 내 앞에서 겸비함을 인하여 내가 재앙을 저의 시대에 내리지 아니하고 그 아들의 시대에야 그 집에 재앙을 내리리라 하셨더라.』

폭군이며 탐욕자인 아합은 하나님의 말씀을 듣고 겸비하며 회개할 줄 알았다. 불교의 교훈에서도 임금은 탐욕으로 인하여 백성들의 재물을 함부로 몰수하지 못하도록 교훈하셨다. 기독교에서는 살아계신 하나님께서 엄격하게 금하셨다.
　박정희 대통령 이후 지금까지 빚어진 일련의 사건들을 보며 우리 크리스챤들은 성경 속에서 통치자를 향해 아합과 이세벨의 사건을 통해 교훈하신 내용을 기억하게 되고 두려움을 느끼게 된다.

나라를 다스리는 교훈

1. 佛敎의 교훈

어느 때에 승광(勝光) 천자(天子)는 석가모니께 물었다.

『석가모니여 내게 국왕이 되는 법을 잘 개시(開示) 하시어 나로 하여금 현세에 안락을 누리다가 죽은 후에 극락에 태어나며 보오디(깨닫는 마음) 도에 착한 마음이 상속하게 하소서』

석가모니는 대답했다.

『대왕이여, 국왕은 마땅히 법을 따라 정사를 행하고 악한 일도 덜어 버려야 합니다. 국왕이 악한 법을 행하면 현세에는 사람들의 경멸을 받으며 가까이 하는 이가 없고 원수를 맺는 일이 많아 죽은 후에는 지옥에 떨어집니다.

대왕이여, 국왕이 악한 법을 멀리하고 착한 법을 닦으면 현세에는 사람들이 우러러 공경하는 바 되어 모두와 친하게 되고 의심하지 않으므로 능히 원적(怨敵)을 물리치고 뉘우칠 것이 없으며 죽은 후에는 극락에 나게 되며 보오디도(깨달음의 도)에 합해 참되고 항상 낙을 얻게 될 것입니다.

대왕이여, 비유하면 부모는 모든 자식을 불쌍히 여기고 사랑하여 항상 아들들이 안온하고 폐해가 없기를 원하고 악한 행위는 막아 착한 업(業)을 닦도록 권합니다. 국왕도 그와 같아서 모든 신하와 국민들을 도와주며(보시) 사랑스런 말을 하며 이롭게 하며 같이 일하며 은혜를 베풀면 국가가 편안하고 두가지 이익이 있을 것 입니다.

첫째, 국왕은 부모와 같이 사랑하는 마음에 차별이 없고, 둘째, 국민은 아들과 같이 모두 충성과 효도를 생각하는 것입니다.
　대왕이여, 국왕은 마음에 항상 은혜와 용서를 생각하여 세금을 적게하고 노역을 덜어주며 관리로 직책을 맡게 하되 번다하지 않도록 힘을 쓰고 악한 사람은 벌을 주어 내쫓으며 착한 사람은 상을 주고 충량(忠良)하지 않은 자는 멀리 여의며 예전 성인의 법을 순종하여 가혹한 형벌이나 목숨을 죽이지 말아야 합니다.』

2. 기독교의 교훈

　역사의 주관자는 하나님이시며 따라서 그 정사와 권세도 하나님으로부터 나온다. 그러므로 마땅히 국왕된 자는 하나님의 권리를 위임받은 겸손한 자가 되어야 하는 것이 이상적이다.
　신 17 : 15에『반드시 네 하나님 여호와의 택하신 자를 네 위에 왕으로 세울 것이며 네 위에 왕을 세우려면 네 형제 중에서 한 사람으로 할 것이요 네 형제 아닌 타국인을 네 위에 세우지 말 것이며』.
　우리는 여기서 국왕된 자는 반드시 하나님께서 택한 자라야 하며 또한 그 택한 자도 백성이 세우는 민주주의 절차가 있는 것을 볼 수 있다.
　잠 16 : 10에『하나님의 말씀이 왕의 입술에 있은 즉 재판할 때에 그 입이 그릇하지 아니하리라』. 바른 정사도 하나님께서 지혜를 주셔야만 할 수 있다는 것을 교훈하신다. 잠 20 : 26에『지혜로운 왕은 악인을 키질하며 타락하는 바퀴로 그 위에 굴리느니라』. 국가의 형벌권은 하나님의 뜻에 맞도록 행사해야 하는 것을 알 수 있다. 잠 20 : 28에『왕은 인자와 진리로 스스로 보호하고 그 위도 인자하므로 말미암아 견고하니라』. 하나님의 지혜로 백성을 다스리기 때문에 공의가 드러나며 그 왕위가 견고하게 된다는 것을 우리에게 밝히 교훈하신다.
　지금 제5공화국의 비리가 백일하에 그 추악한 모습을 드러나고 있다. 정치 권력을 잡은 사람들은 권세의 원천이 하나님이라는 것을 분명히 알아야 한다. 역사의 주관자는 냉정하여 조금의 손해도 보지 않는다는 사실을 깨달아야 한다.

  우리 모두 인류의 생사화복을 주관하시고 통치하시는 하나님을 바라보면서 겸손하게 하나님 앞에 머리 숙이는 생활을 하자.

여인과 우물

1. 佛敎의 여인과 애욕

석가모니가「슈라아바스티이」의「기원정사」에 있을 때 일이다. 아아난다 존자는 이른 아침에 바리때(승려들의 밥그릇)를 들고 슈라아바스티이로 들어가 걸식을 마친 후에 어느 가을로 돌아 오다가 목이 말랐다. 마침 어느 우물에서 물긷는 여인을 보고『아씨, 내게 물 한그릇 주오』『소녀는 천한 종족(마아탕기)의 딸이옵나이다』하고 자못 주저했다.『아씨, 나는 사마나(수행자)이라 마음에 귀·천·상·하의 구별을 두지 않소』하고 다시 물을 청했다. 이에 마아탕기는 기뻐하며 맑은 물을 떠서 바쳤다. 아아난다 존자는 그 물을 마시고 기원정사로 돌아갔다.

존자가 돌아간 뒤에 마아탕기의 가슴에는 존자의 숭고한 용모와 우아한 말소리가 깊이 새겨졌다. 그녀는 어머니 마아탕기에게 존자를 만난 인연과 사모하는 심정을 고백하고 그를 남편으로 맞게 해 달라고 간청했다.

2. 기독교의 여인과 애욕

예수님은 세상에 계실 때 많은 여인들과 접촉하고 대화를 나눈 적이 있다. 요 4:5-26에『사마리아에 있는 수가라 하는 동네에 이르시니 야곱이 그 아들 요셉에게 준 땅이 가깝고 거기 또 야곱의 우물이 있더라 예수께서 행로에 곤하여 우물 곁에 그대로 앉으시니 때가 제 육시쯤 되었더라 사마리아여자 하나가 물을 길러왔으매 예수께서 물을 좀 달라하시니 … 사마리아여자가 가로되 당신은 유대인으로서 어찌하여 사마리아 여자인 나에게 물을 달라 하나이까 하니 이는 유대인이 사마리아인과 상종치 아니함이러라 예수께서 대답하여 가라사대 네가 만일 하나님의 선물과 또 네게 물 좀 달라 하는 이가 누구인줄 알았더면 네가 그에게 구하였을 것이요 그가 생수를 네게 주었으리라 … 하나님은 영이시니 예배하는 자가 신령과 진정으로 예배할지니라 여자가 가로되 메시야 곧 그리스도라 하는 이가 오실 줄을 내가 아노니 그가 오시면 모든 것을 우리에게 고하시리이다.』

예수님께서는 물 긷는 사마리아 여인에게 『물좀 달라』고 접근하였다. 그러나 예수님은 다섯 남편 가진 허물 많은 여인으로 하여금 스스로 회개할 수 있는 길을 열어 주시고 드디어는 하늘나라의 비밀과 축복, 그리고 자신이 「오실 메시야」라는 것까지도 밝히 말씀하셨다.

불교의 석가모니 수제자 「아아난다」는 천한 여인 「마아탕기」에게 물 한 그릇을 얻어 마시고는 아무것도 해주지 못하고 절간으로 돌아오고 말았다. 더구나 「마아탕기」의 가슴 속에는 애욕의 불길을 붙여 놓고 말았다.

얼마전에 어느 불교 큰 종단의 책임있는 간부 스님이 한 여인의 가슴 속에 애욕의 불을 붙여 놓고 슬쩍 외면함으로써 급기야는 법정문제로까지 되는 것을 보았다.

예수님은 우물가의 도덕적으로 떳떳치 못한 여인이 감히 애욕의 불길을 붙일 수 없게 만들었고 그녀에게 하나님나라의 복음을 전했고 그녀로 말미암아 사마리아가 복음을 받아들이는 놀라운 역사가 있었다.

현대에 사는 우리들은 다섯살짜리 아이들 앞에서는 몸가짐을 조심하면서 육적으로 보이지 않는 하나님 앞에서는 함부로 행동하고 있지나 않은지. 하나님은 살아계시며 그 눈길을 피할 수 없다. 다만 하나님은 우리의 죄악을 회개하도록 인내하시면서 기다리는 것뿐이다.

오늘날과 같이 복잡한 사회구조 속에서는 항상「우물가의 여인들」을 만날 가능성이 있는 것이다. 요셉처럼 슬기롭고 용감하게 죄의 길을 뿌리치며 나아가자.

충신의 힘

1. 불교 충신의 설득력

「아자아타사투루」왕은 태자로 있을 때 「데바밧타」의 간특한 꾀임에 빠져 반역을 도모하였다. 그래서 왕위를 빼앗고 아버지 「빈비사아라」왕을 옥중에 가둬 굶겨 죽이려고 음식물을 주지 못하게 했다.

여러 날이 지나 「아자아타」왕은 부왕이 갇혀 있는 감옥의 수문장을 불렀다. 『부왕이 아직 살아계시느냐』 『예, 아직까지 살아계십니다』 『무슨 목숨이 그리도 길더란 말이냐. 옥중에 가둔지가 거의 한달이나 지났을 터인데 아직까지 죽지않고 살아있다니』 『황공하오나 그럴 수밖에 없습니다. 황태우「바이데히이」마마께서 몸에다가 꿀을 바르고 그위에 볶은 찹쌀가루를 묻혀 가지고 오시면서 화장품통에다가 물과 장을 담아가지고 매일 출입해 그 쌀가루를 손톱으로 긁어내어 물과 장과 같이 먹게하고 있습니다. 소인이 어찌 감히 제지할 수 있겠습니까』.

「아자아타」왕은 이 말을 듣고 화가 치밀어서 『황태우가 어머니라 할지라도 적과 같은 부왕을 도와준다면 국법에 저촉되는 국적이다』하며 칼을 빼어 들고 어머니 「바이데히이」부인을 한칼에 베어 죽이려고 하였다.

이 때에 대신 월광(月光)과 지이바카가 왕에게 읍하고 간하기를 『베라의 경전에 기록된바에 의하면 천지가 개벽한 후 악한 왕들이 나랏님의 지위를 탐해서 그 아버지를 죽인 자는 1만 8천명이나 있다고 하였으나 죄없는 약한 어머니를 살해하였다는 일은 한 사람도 보지 못하였습니다. 이러한 대역(大逆)의 거사를 하신다면 이것은 왕족을 더럽히는 일이라 신들은 방관하고 참을 수가 없나이다. 사람으로서 어찌 이런 일을 할 수 있사오리까. 짐승만도 못한 일이라 신들은 충성을 바칠 수 없는가 하오』

2. 기독교의 충신의 설득력

역사를 통해서 볼 때, 정부의 고관이나 지조있는 선비라도 어려운 환경에서는 그의 신의와 절개를 굽히는 예가 많이 있었다.

다니엘은 고국을 떠나 먼 이방나라에 포로가 되어 가서도 하나님을 향한 뜨거운 신앙심으로 절개를 변치않고 삼대에 걸친 봉사를 할 수 있었다.

단 6 : 4에 『다니엘을 고소할 틈을 얻고자 하였으나 능히 아무 틈, 아무 허물을 얻지 못하였으니 이는 그가 충성되어 아무 그릇함도 없고 아무 허물도 없음이었더라』.

여기에서 본 바와 같이 다니엘은 하나님과 사람앞에 온전한 사람으로써 이방나라의 독재자 군왕 앞에서도 지혜롭고 바르게 충성된 말을 하였고 수석총리의 직책을 성실히 수행하였다.

또 대하 31 : 20-21에 『히스기야가 온 유다에 이같이 행하되 그 하나님 여호와 보시기에 선과 정의와 진실함으로 행하였으니 무릇 그 행하는 모든 일 곧 하나님의 전에 수종드는 일이나 율법이나 계명이나 그 하나님을 구하고 일심으로 행하여 형통하였더라』.

사방에 적들이 있는 어려운 처지에서도 히스기야가 하나님과 사람 앞에서 선한 왕이 된다는 충성된 신하가 많았다고 본다.

오늘날 신앙생활과 실제 사회생활과의 아무런 상관관계가 없는 괴리현상이 당연시되고 있는 것이 문제다. 기독교는 적극적이며 하나님과 사람 앞에 온전하기를 강조한다. 상급자가 불의와 부정을 행할 때 기독교인 공직자들이 가슴을 찢으면서 바른 충고를 했더라면 오늘날과 같은 사태는 없었을 것이다.

지금 이 시점에서도 사회 각계각층의 지도자급에 있는 기독교인들은 주인되시는 하나님과 사람 앞에 시원케하며 충성하는 삶을 살아가길 바라는 마음에서 이 글을 쓴다.

佛國土와 하나님나라

1. 佛敎의 佛國土건설

우리가 살고 있는 이 사바세계는 어떠한가? 물론 아직 미완성의 예토(穢土:더러운 땅)이다.

그러나 지금으로부터 56억 7천만년을 지나면 미륵불이 출현하여 훌륭한 정토(淨土:깨끗한 땅)로 꾸며진다고 한다. 이 미륵불이 출현하도록 기다릴 수도 없다. 우리도 날로 이 국토를 정화해야 겠다. 서방의 아미타불이라는 부처나 동방의 아촉불이라는 부처도 그들이 살고 있는 그 국토를 훌륭하게 건설하기 위해 꾸준히 고행하고 있다.

아미타불의 48서원 중에 18서원에는 불타의 가르침인 『기쁜 마음으로 믿고 염불하는 중생은 누구나 불국토에 들어 갈 수 있다』고 하였다. 진실하고 성실한 마음으로 미망과 죄악의 범부(凡夫)라는 자각을 앞세우고 불타께서 어두운 먹구름에 휩싸여 괴로움의 멍에를 짊어진채 당황하는 중생들을 어여삐 여기시어 다함이 없는 자비를 베푸심에 감사보은 하려는 마음을 가지고 염불 수행하면 저절로 성불은 이루어질 것이다.

우리 인간이 불타가 되고 불국토를 건설한다는 것은 불교의 2대 목적으로 자기가 완성되어 도덕적으로 마음에 부끄러움이 없고 자기 심신에 괴로움이 없으며 또 인생과 우주의 진리에 어두운 바가 없으니 이것이 대성(大聖)이 아니고 무엇이겠는가?

인격향상의 표준이라면 이 이상의 예가 다른 종교에는 없는 것이다. 이와같은 인격자가 나타나면 그러한 대성(大聖)이 사는 국토는 자연히 훌륭한 국토가 되는 것이니 이것을 불국토라 하는데 곧 중생의 교화요 사회정화 이 두가지가 불교의 목적이다. -불교학 입문에서-

2. 기독교의 하나님 나라

만약에 우리들이 하나님의 비밀들에 대하여 얼마나 무식하며 우리가 하나님의 일들을 얼마나 불신하는가를 우리 자신이 냉철히 생각해볼진대 신앙이란 분명히 우리 인간본성의 능력을 능가하는 것이며 또한 하나님의 유일하고도 고귀한 선물임을 우리는 믿어 의심치 않는다. 그것도 그럴것이 사도바울이 주장한대로(고전 2 : 11) 인간 안에 있는 정신이 아니고는 아무도 인간의 의지를 중지할 수 없다면 인간은 도대체 어떻게 하나님의 뜻을 확신할 것인가? 그리고 우리가 보는 사물 안에서도 하나님의 진리를 파악할 수 없다면 인간의 눈에 보이지 않고 인간의 이해가 닿지 못하는 것들을 주님이 약속하실 경우 그것이 어찌 확고부동할 수 있겠는가?

이런 점을 미루어 볼 때 신앙이란 성령의 빛이다. 이 성령의 빛을 통하여 우리의 지성이 조명되며 우리의 의지가 확고해진다. 그래서 우리는 이 조명된 이해력과 확고해진 의지를 가지고 다음의 사실을 확신한다. 즉 하나님의 진리는 분명한 것이어서 그가 그의 거룩한 말씀으로 약속하신 바를 성취하실 수 있다는 사실, 그래서(고후 1 : 22, 엡 1 : 14) 성령이란 우리의 마음속에 하나님의 진리의 확실성을 확고히 하는 보증자라 불리우며 주님의 날을 기다리는 우리의 마음도 인(印) 치는 도장과 같다.

우리들이『하나님의 나라가 임하옵시며』라고 기도할 때 우리들이 바라는 것은 이 하나님의 나라가 하나님의 마지막 심판 때에 하나님께서는 그의 택한 백성들을 그의 영광으로 영접하며 사탄의 통치를 완전히 파멸시킨 다음 돌로 그의 이름이 높아지게 할 것이며 그의 백성들 안에 충만히 거할 것이다.

-칼빈의 기독교 강요에서-

진정한 기독교의 「하나님 나라」는 불국토(佛國土)와 같이 사회정화가 아니다. 「하나님의 나라」는 물리적 힘에 의한 현실참여의 사회정화가 아니라 빛과 소금과 누룩같이 점진적으로 스며들어 사회의 구원을 이끌어가는 것이다.

한 중생과 한 영혼

1. 佛敎의 한 중생

 석가선생이 사밧티의 저타숲에 있을 때였다. 아난다는 석가모니께 물었다.『석가모니께서 예전에 어떤 인연으로 큰 보제심(菩提心·도를 깨치려는 마음)을 내게 되었는가를 궁금히 여기고 있습니다. 원컨데 그것을 말씀하시어 중생들을 두루 이롭게 해주시기 바랍니다』하니 너희들을 위해 설명하리니 자세히 듣고 명심하여라. 아득한 옛날 이 세상에 대광명(大光明)이라는 왕이 있었다. 왕은 이웃나라 왕으로부터 어린 코끼리 한 마리를 얻고 몹시 기뻐하였다. 그때 코끼리를 잘 다루는 상사(象師)가 있었는데 왕은 그에게 코끼리를 주면서 잘 보살펴 길들이라고 하였다. 상사는 왕명을 받고 오래지 않아 코끼리를 잘 길들이게 되었다. 그는 어느날 왕에게 나아가『제가 길들인 코끼리는 이제 잘 훈련이 되었습니다. 왕께서는 한번 시험해 보십시요』라고 아뢰었다. 왕은 아주 기뻐하며 시험해 보려고 북을 쳐서 신자들을 모이게 하고 코끼리 시험하는 광경을 보도록 하였다. 문무백관이 모인 자리에서 왕은 그 코끼리 등에 날쌔게 올라탔다. 왕은 즐거운 마음으로 신하들을 거느리고 성밖으로 나갔다. 기운이 왕성한 그 코끼리는 이때 여러 코끼리들이 정답게 연못에서 연뿌리를 먹고 있는 것을 보았다. 이것을 본 순간 곧 음욕이 발동하여 암 코끼리의 뒤를 따라 마침내 깊은 숲속으로 치달렸다. 이 바람에 왕이 머리에 썼던 관이 땅에 떨어지고 옷은 나무가지에 걸려 갈기갈기 찢기었으며 몸은 상처를 입고 피를 흘렸다. 왕은 상사에게 호령하였다. 『나는 이제 다시는 너나 코끼리를 생각하지 않겠노라 그 코끼리 때문에 내 목숨을 잃을뻔 하였구나』하니 상사가 아뢰었다. 『만약 왕께서 저와 코끼리가 필요 없으시다면 제가 코끼리 다루는 법이나 한번 친히 보시기 바랍니다』 왕은 상사의 간청에 따르기로 하였다. 상사(象師)는 코끼리에게 먹으라고 시뻘겋게 달군 철판을 내다놓았다. 코끼리가 머뭇거리자 상사는 재촉했다.

『너는 어째서 이 철판을 먹지 않느냐』 코끼리는 슬픈 얼굴로 사방을 둘러보면서 『이 대중 가운데도 내 목숨을 구해줄 사람이 없구나』 이렇게 생각하고 드디어 철판을 입에 물고 삼키었다.

그것을 보고 이내 왕은 후회하면서 상사에게 물었다. 『너가 길들인 코끼리가 그처럼 잘 순종하는데 그날 숲속에서는 어째서 제지시키지 못했었나』 『저는 코끼리의 몸단 다룰 수 있을 뿐이요 그 마음은 다루지 못합니다』.

2. 기독교의 한 영혼

기독교는 한 사람의 영혼구원이 그 첫째 목적이다. 그러므로 하나님께서는 자기의 형상대로 지은 우리 인간의 마음도 주관하신다. 창 6 : 5에 『여호와께서 사람의 … 그 마음의 생각과 모든 계략이 항상 악할 뿐임을 보시고』. 이처럼 우리 인간들의 마음의 악한 계획까지도 미리 아신다.

시 34 : 18에 『여호와는 마음이 상한 자에게 가까이 하시고 중심에 통회하는 자를 구원하시도다』. 하나님은 마음이 상한 자에게 가까이 오셔서 위로하여 주시고 눈물로 통회하는 자에게는 은총으로 한 없는 기쁨을 주신다.

롬 8 : 27에 『마음을 감찰하시는 이가 성령의 생각도 아시나니』. 마 15 : 8에 『입에서 나오는 것들은 마음에서 나오나니 이것이야 말로 사람을 더럽게 하느니라』. 우리 인간도 아담의 범죄 이후에 죄의 본성이 마음을 지배하므로 악한 생각이 그 마음에서 입을 통해서 혹은 다른 신체의 기능을 통해서 나타난다. 갈 4 : 6에

『너희가 아들인 고로 하나님이 그 아들의 영을 우리 마음 가운데 보내사 아바 아버지라 부르게 하셨느니라』. 악한 생각도 우리 사람의 스스로의 힘으로는 고칠 수가 없다.

불교에서는 한 중생을 제도한다고는 하나 자기의 힘으로써 하라고 하니 약한 인간이 어둠의 세상에서 헤어날 길이 없다.

과거 박정희씨는 정권을 잡자마자「인간을 개조」한다는 생각을 가졌다. 이 얼마나 미련하고 바보같은 짓이었는지 모른다. 또한 그 후임자인 전두환씨는「삼청교육」이라는 미명아래 사람을 **변화시**키려 하였으나 실패하였으며 자기 집안도「삼청교육」을 시키지 못해서 지금 지상에 오르내리며 지탄을 받고 있다. 불교적인 방법으로는 사람을 근본적으로 **변화시킬** 수 없다. 오직 예수 그리스도 그 분만이 우리의 마음의 주인이시며 **변화시킬** 수 있다. 불교처럼 의식주의자들은 한 사람의 중생을 외면하면서 전체가 무조건 복종하기를 바란다. 그러나 기독교는 예수님처럼 아흔아홉마리의 양을 두고 길 잃은 한마리의 양을 찾아 나선다. 오늘도 주님은 한 영혼의 상한 심령을 찾아서 마음의 문을 두드리고 다니신다. 우리 다같이 주님의 음성을 듣고 마음의 문을 열고 한 발자욱 한 발자욱 그 분에게로 겸손하게 나아가자.

돈과 지조

1. 佛敎의 돈과 지조

한때 성중에 있는 〈리차〉족 사람들은 석가모니를 뵈려고 5백명이 함께 수레를 몰아 성을 나왔다. 푸른 빛깔의 수레에는 푸른 깃대와 푸른 일산을, 푸른 빛깔의 수레에는 흰 깃대와 흰 일산을 꽂고 세웠다. 또 누런 빛깔의 수레에는 누런 깃대와 누런 일산을 붉은 빛깔의 수레에는 붉은 깃대와 붉은 일산을 사용했다. 그리하여 여러 사람들의 몸에 장식한 모든 구슬과 옥은 실로 휘황하고 찬란하여 사치스럽기 그지없었다. 그 사람들이 오고 있을때〈암바파알리〉는 그가 데리고 온 5백인의 창기(娼妓)들과 같이 석가모니의 자리를 떠나 성중에 있는 자기집으로 급히 돌아가는 길이었다. 그런데 〈리차〉들과 만나 피차의 수레가 맞부딪쳐 수레의 축(軸)과 축이 바퀴와 바퀴가 서로 맞받아 수레도 부서졌거니와 〈리차〉인들의 깃대와 일산이 많이 부서졌다. 〈리차〉인들은 누가 나서 〈암바파알리〉일행을 『무슨 까닭으로 너희들은 우리들의 수레에 손해를 입히고도 돌아보지 않느냐?』고 꾸짖으니 『내일 아침에 석가선생과 그의 제자들을 저희집으로 청하여 공양을 올릴 허락을 얻었기 때문에 아무것도 생각하지 않고 길을 급히 재촉하여 가느라고 이와같이 실례를 하였습니다』하고 〈암바파알리〉는 사과하였다. 그러자 〈리차〉족들이 말하기를 『너는 벌써 초대의 허락을 얻었느냐. 〈암바파알리〉야 잠깐 너의 초대를 우리들에게 양보해 줄 수 없겠느냐? 만일 양보해 준다면 우리들은 너에게 백천량 금을 주겠다.

어떠냐?』하니 〈암바파알리〉들은 『설사 온 나라의 재산을 다준다 하더라도 우리들은 절대로 양보할 수가 없습니다』고 끝까지 거절했다.

2. 기독교의 돈과 지조

이스라엘 민족은 40년 광야생활이 끝나고 요단강을 건너서 첫번째 성 여리고를 공격하기 위한 준비과정으로 정탐군을 보냈다. 수 2:3-6에 『여리고왕이 라합에게 기별하여 가로되 네게로 와서 네 집에 들어간 사람들을 끌어내라. 그들은 이 온 땅을 탐지하려 왔느니라. 그 여인이 그 두 사람을 이미 숨긴지라. 가로되 과연 그 사람들이 내게 왔었으나 그들이 어디로서인지 나는 알지 못하였고 그 사람들이 어두워 성문을 닫을 때쯤 되어 나갔으니 어디로 갔는지 알지 못하되 급히 따라가라 그리하면 그들에게 미치리라 하였으나 실상은 그가 이미 그들을 이끌고 지붕에 올라가서 그 지붕에 벌여놓은 삼대에 숨겼더라』. 기생 라합은 이스라엘의 정탐군을 데리고 왕의 회유와 위협으로부터 숨겨 주었다. 만약에 고자질 했더라면 여리고 성을 지키는 애국심이 강한 여성으로서 많은 존경과 상금을 받았을 것이다. 그러나 하나님의 절대주권과 역사의 주관자이심을 알고는 하나님편에 섰다. 그러나 그녀도 위험을 느꼈을 것이다. 그 결과 예수 그리스도의 혈통을 이어주는 족보상의 한 축복받은 여인으로 성경에 등장하게 된다. 기생 라합은 돈보다 신앙의 지조를 지켰다고 볼 수 있다.

세상이 어지러울수록 우리 모두 돈과 지조에 대해서 상식적인 선만 지켜나가도 하나님의 영광이 나타날 줄 믿는다.

극락의 불나비(증보판)

1991년 1월 31일 초판 1쇄발행
2009년 3월 2일 1판 7쇄
지은이 • 김 성 화
펴낸이 • 이 승 하

펴낸곳 : 성광문화사
121-011서울 마포구 아현동 710-1
☎(02)312-2926, 312-8110, 363-1435
FAX • (02)312-3323
E-mail • sk1435@chollian.net
http://www.skpublishing.co.kr

출판등록번호/ 제 10-45호
출판등록일/ 1975. 7. 2
책 번호/ 498

파본은 교환해 드립니다.
이 출판물은 저작권법으로 보호 받는 저작물이므로
무단 전재나 무단 복제를 할 수 없습니다.

값 12,000원